The Thinking Machine

重磅导读

01 **不断工程化自己，他的勤奋异于常人**

周健工 / 未尽研究创始人

02 **黄仁勋，敢于在未来才会显现竞争壁垒的项目上冒险押注**

王小川 / 百川智能创始人

03 **一个技术与商业完美结合的传奇**

芮　勇 / 联想集团高级副总裁、新兴技术集团总裁
中国计算机学会，中国人工智能学会会士

04 **为什么是英伟达和黄仁勋?**

汪　波 / 资深芯片研究专家

05 **从游戏显卡到 AI 之王：黄仁勋的三十年“逆袭”**

檀　林 / 北京大学汇丰商学院未来实验室首席未来学家

06 **如何从别人的传记中学到对自己有益的知识**

韦　青 / 微软（中国）首席技术官

01 不断工程化自己，他的勤奋异于常人

周健工
未尽研究创始人

英伟达被称为我们这个星球上最重要的公司。整个人工智能技术革命都在它所提供的基础设施的基本单元 GPU 之上构建。正如我们已经生存在其间的数字文明遵循着摩尔定律，我们正在形成的智能文明，会不会开始踩着黄氏定律的节奏前行呢?

这本书是关于英伟达创始人黄仁勋的故事。英伟达已成为 21 世纪最大的财富故事，自 1999 年 1 月 22 日首次公开募股至今，英伟达的股价飙升了 450 000%，它已经成为市值最高的公司之一。

技术信仰

黄仁勋的成功，首先在于他对计算的深刻理解，并建立起前瞻洞察。1993 年创办英伟达时，他早在大多数人之前就认识到显卡的潜力，其视野超越了游戏领域，并且英伟达在游戏硬件领域取得垄断地位之后，他将 GPU 从图形渲染工具重新想象为大规模并行计算平台，相信它对人工智能、科学计算和机器学习产生革命性影响。

黄仁勋从这一技术轨迹中还看到了商业路径，他后来解释说："视频游戏是计算难度最大的问题之一，同时销量也非常高。视频游戏是我们的杀手级应

用，它是一个飞轮，可以进入更大的市场，为解决大规模计算问题提供巨额研发资金。”

如果说人类进入了探索智能并且用智能推动科学发现的又一个大航海时代，那么这片蔚蓝深邃的海洋，是黄仁勋发现的。他最早敏锐地发现了少数游戏发烧友和科学工作者开始将多个 GPU 卡结合起来，把并行计算用于科学研究，能大大加快对数据的处理速度。于是他决定创造这个市场，投入资金开发能把 GPU 连接成高性算力的软件系统 CUDA。而且他坚信，一旦有人在科学研究的领域取得突破，带来的机会将是难以估量的。这样就把一家赋能游戏玩家的显卡公司，转变成一家赋能科学研究的公司，并且把加速计算从游戏应用领域转变到通用计算领域，改变了计算范式。

这可能是本书中写得最为精彩的一部分。除了英伟达的创办本身，CUDA 绝对是英伟达发展史上最重要的事件。它奠定了英伟达对计算的革命性影响，奠定了英伟达是一家像苹果一样伟大的、软硬件结合的公司地位，也奠定了它将颠覆英特尔，成为生成式 AI 时代通吃科技巨头的垄断者。因为他们在技术上的追求，远远超越了那个时代。

黄仁勋最早聘用了 CUDA 之父约翰·尼科尔斯，让他负责开发 GeForce 的科学应用试点项目。他在加入英伟达之前是并行计算的连续创业者，也是连续失败者。他让黄仁勋相信摩尔定律正在走向尽头，英伟达有一天会超过英特尔。

这是一种无声的使命宣言，这种使命也来自计算技术所面临的挑战。2005 年，人类开始进入移动互联网时代，CPU 的计算速度和进步速度，已经无法及时处理爆炸式增长的数据。各行各业都有一部分人开始寻找和构建更快的计算机。这一非常早期的业余爱好者的需求，被黄仁勋发现了，也被英伟达伟大的尼科尔斯当成了燃烧生命的事业。

英伟达这家企业并没有什么使命、愿景、价值观之类的东西。如果说有信仰，那就是对技术的信仰。尼科尔斯是在检测出癌症之后，对家人和同事隐瞒病情所带来的痛苦，每周工作 72 小时，推出 CUDA 的第一个版本。他是一个比黄仁勋更加纯粹的技术狂人，尼科尔斯对电子游戏并不感兴趣，他甚至不关心计算机图形，只专注于如何让微芯片运行得更快。尼科尔斯相信他在发明一项有史以来最重要的技术。但是，CUDA 的开发和推广异常艰难。尼科尔斯于 2011 年去世。

黄仁勋向所有相关学科和行业领域推广 CUDA，并且与各行业的专家一起开发应用，这样在从 GPU 到 CUDA 的技术栈之上，就形成了一个不断扩展的生态。从 CUDA 推出的 2006 年到 2017 年，英伟达在 CUDA 上的投入达到 100 亿美元。对华尔街来说，没完没了地在一项短期内看不到回报的技术上砸下重金，是不能容忍的。除了来自公司股价方面的巨大压力，黄仁勋本人也遭到机构投资者的逼宫，甚至要求他辞职。

深度学习的黄金时代看似突然降临，但其实背后真正的推动力量是英伟达。深度学习的几个最重要的里程碑，对英伟达来说仿佛是天降大任，从 2012 年的 AlexNet 到 2016 年的 AlphaGo，再到 2022 年的 ChatGPT，这背后是从 2 块 GPU 到 200 块 GPU，再到 2 000 块 GPU，直到 GPT-4 的约 20 000 张卡。加速计算在走上一条自我实现的预言之路，扩展定律就好像是为英伟达量身定制的，它通向十万、百万卡级的更新一代 GPU 的算力，而大模型的参数也指向十万亿与百万亿级别，直至达到人类大脑突触总量 150 万亿左右。与此同时，扩展定律的重心也在向推理阶段转移。

人类一思考

那么，黄仁勋这样不顾一切地把人工智能推向人类未知的领域，就不怕人工智能比人类聪明，会反过来控制人类，甚至毁灭人类物种吗？作者坦言，这也是他当初研究英伟达的初衷，也是撰写此书的动因。

作者遍访了杰弗里·辛顿、约书亚·本吉奥、杨立昆等人，在得到截然相反的回答之后，转向了英伟达内部。这里是未来所有最强大的人工智能系统的策源地。除了追问内部的员工，他也反复追问黄仁勋。

人类一思考，上帝就发笑。当人类对人工智能展开过多的哲学思考时，在一旁发出冷笑的，正是黄仁勋。黄仁勋帮助创造了现代人工智能。在他看来，人工智能无非就是在 GPU 和 CUDA 上运行的软件应用，如果掌握了人工智能的工作原理，你会发现它看起来一点都不神秘。机器人并没有做什么出奇的事，它们只是在处理数据而已。2022 年，ChatGPT 的出现震惊了世界，黄仁勋并没有参与那些人工智能毁灭人类的争论，正如他从来都不议论政治。他正忙着推出下一代 GPU，忙着把数据中心改造成人工智能工厂。黄仁勋对马斯克和奥特曼深感不满。他们一面购买他的硬件，一面又表演性地制造人工智能风险的言论。

"你看，你买了个热狗，于是机器就推荐你加番茄酱和芥末酱，难道这就意味着人类的终结吗？"他反问作者。在黄仁勋看来，人工智能并没有从根本上改变人与技术的关系，社会快速适应了汽车和手机等事物，我们也会同样习惯机器人来清扫家里。"机器人并没做什么出奇的事。"当记者问黄仁勋是否认为自己是人工智能时代的奥本海默时，黄仁勋反驳说，他在造原子弹，我在造计算机。

作者提及了辛顿的顾虑。"人类仅是智能进化中的过渡阶段罢了。"黄仁勋对此嗤之以鼻，他不乏尖刻地说："许多研究者都不明白他为何这么说。也许他只是想博取人们对他工作的关注罢了。"黄仁勋的看法有巨大的影响力，在他的影响下，辛顿的 p（doom）=50%，即人工智能毁灭人类的机率为 50%，已经下降到了 10%～20%。目前真正坚持这一点的，只有本吉奥。

这让作者有些失望，但并不甘心。在最后一次采访黄仁勋时，再次提出了这个问题，终于惹恼了黄仁勋，把作者狠狠地训斥了一通，就像家长训斥一个"有些叛逆的少年"。采访不欢而散。作者被带到一处超级计算机的机房里，他在服务器以 1 000 亿亿次 / 秒疯狂计算的轰鸣声中，敬畏而又带点绝望地感受到自己生物大脑的迟缓和躯体的衰老。这是本书精彩的结尾，就像一部大片一样。

创始人模式

黄仁勋是美国标普 500 中任职时间最长的科技企业 CEO。这在硅谷极为罕见。他已经 61 岁，依然思维敏捷、身体灵巧。他唯一的工作就是英伟达。

他的管理风格一定是直觉式的。他从不戴表，因为最重要的时间就是现在。 有 60 个人需要直接向他汇报，他们同时开会讨论，每个人要知道其他人的工作、想法和困难，并且公开向别人求助，也了解其他人是如何解决问题的。黄仁勋的企业沟通方法，是从绝对的透明中追求最大的效率。

他没有副手、也没有接班人。 他的管理，在工作场所有点像是家长式的。他没有固定办公室，而是在不同的总部大楼和会议室流动。他喜欢处于中心的位置，在总部楼顶上也能对开放透明的格子间一览无余。无论企业的规模把他的地位抬得多高，他始终保持对技术一线的关注与投入。

黄仁勋没有学过管理。他把工作当学习，把学习当成工作。 黄仁勋的官方办公室里摆满了书。他曾经对克莱顿·克里斯坦森的《创新者的窘境》非常着迷，不仅读了他所有的著作，而且聘请他担任公司管理顾问。实际上，黄仁勋坚持 CUDA，也是因为他相信颠覆创新理论，即一项新技术的早期需求，来自业余爱好者，科学家、专业人士会自己动手，用 GeForce 显卡攒高性能计算机。黄仁勋从中看到了下一代计算的需求。但是，对一家上市公司来说，投入研发资金满足一个业余爱好者的需求，会面临巨大的压力。而且当时英伟达已经是一家在游戏行业领先的公司，黄仁勋必须从战略上考虑：如果你不做，别人会做——下一个"英伟达"可能正在某个角落做这件事，他们就是要颠覆现有的英伟达。

黄仁勋相信自己的判断，而不是教条。"你必须汲取他书中的智慧与教训，但克里斯坦森的错误同样不胜枚举。事情远比表面复杂得多。"在克里斯坦森的理论中，早期低利润用户是越野摩托车手与挖沟工人；而在黄仁勋看来，新用户则是从事科研的科学家，在服务他们的过程中，英伟达或许能帮助其中一位改变世界。

黄仁勋喜欢谈论"零亿美元市场"。 这可能是科技企业最重要的一个战略概念，是指从一个尚未得到市场验证的技术中，去判断它未来的市场前景。这听起来是一个悖论，它有时绝对不能错过，但有时又必须放弃。它需要公司创始人敢于押注新技术，但又不停地根据第一性原理进行因果性的分析。战略性下注新技术，是创始人、CEO 最重要的作用。例如，黄仁勋很早就把人工智能称为他的“零亿美元市场”，这并非来自科幻小说，而是因为他判断它极有可能改变计算范式。黄仁勋认为，这实际上就是创造新市场，而不是去接受市场，不是与竞争对手共享市场。

黄仁勋最为独特的管理风格，是要求公司每位员工每周提交一份清单，列出他们手头最重要的 5 件事。自那以后，每逢周五，他都会收到两万封电子邮件。他提倡言简意赅，因此常于深夜里随机查阅这些邮件。

这是公司庞大臃肿之后，创始人想保持初创公司状态的最有效方法了。英伟达汇聚了世界各地的顶尖人才，每天读到每个人的思想和工作精华，相当于他把两三万名员工连接成一个超级计算机，让自己的大脑永远能站在技术和业务的最前沿，预测出技术的下一个重大事件。例如，他最早从这些电子邮件中获得关于 Transformer 架构的讨论；他也会掌握哪家公司的 GPU 成群地在训练什么。用这种方法，英伟达消除了官僚体系和大公司病。

黄仁勋讨厌用图表，他喜欢文字，认为文字能呈现真正的因果性思考和推理。他工作中最享受的部分，除了解决公司的问题，就是展开对公司各种可能性的想象，然后用第一性原理去分析。他每周工作 7 天，会议几乎占满了他的工作日。他不喜欢开例会和汇报会，而是一天到晚开头脑风暴、解决问题、提出创意的会。他每天早上首先把当天最重要的事情处理完，剩下的时间就是帮助下属解决各种各样的问题。“这样我每天都有充分的时间。”

当然，**当发现员工的问题时，他会当面指出并立即解决这个问题。如果员工犯了错，他会当场批评，往往会在大庭广众之下大声训斥犯错的人。**黄仁勋认为，这样会让所有在场的人印象深刻，吸取教训。“从他人的失败中吸取教训，难道不是最好的学习吗？商学院的案例教学，本质上就是拿别人的失败当教材。”黄仁勋当众训斥员工，但他会就事论事，并不会因此解雇员工。

在公司日常运营中，黄仁勋强调的工作节奏是“光速”：先找最快的可能进

度，然后按照实际情况调整。他永远都在赶进度，给人一种疲于奔命的感觉。但是，当企业的方向是正确的，就会成为全员运转的高效机器，也会取得更快的进展，成就日积月累会更大。英伟达 2025 财年人均净利润超过 200 万美元，这样的业绩也激励着员工持续以“光速”的方式工作。

黄仁勋的管理，是典型的创始人模式。硅谷孵化器 Y Combinator（简称 YC）创始人保罗·格雷厄姆提到了企业的创始人模式与经理人模式。他发现越来越多的初创企业在做到一定规模之后，往往会听从建议找经理人去管理企业，但是结果往往是灾难性的。

商学院里只教经理人模式，甚至不知道还有创始人模式。商学院里培养出来的经理人，善于向上管理，而他们所管理的部门，则象一个技术模块一样，成为一个对外的黑箱。经理人模式向人们灌输只要把这一个个管理模块组合起来，就能管好企业。而这实际上正是许多企业的悲剧所在。经理人当然具备了有用的技能。但如果大企业最终由这些人管理，创始人、CEO 可能永远无法掌握企业经营的细节，那些向他汇报的经理人，会把 CEO 蒙在鼓里，甚至会有意无意地形成系统性的“欺骗”。**想想看乔布斯用了什么方法，马斯克用了什么方法，黄仁勋用了什么方法：创始人模式。**

华人企业家的时代

黄仁勋说，他内心深处认为自己是个移民，是一个中国人。黄仁勋 40 年的工作与创业都在硅谷，甚至在一个方圆 5 平方英里的区域里，处于全球技术创新的浪潮之巅。

黄仁勋的勤奋和对工作持续的全情投入，也塑造了英伟达的企业文化。黄仁勋在用了一连串的严肃来定义英伟达的工作作风。“我们不是重演科幻剧。我们是认真的人，做认真的工作。这是一家认真的公司，我是个认真的人，只是做着认真的工作。”

黄仁勋的老同事认为，黄仁勋的成功在于付出了超人的努力，并以工作热情和成效不断征服周围的人。也有老同事认为，黄仁勋并非天生就是一位优秀的CEO，他通过不断的抽象化，解决了一个CEO的输入输出问题，他不断“工程化”自己，把自己变成了一个优秀的CEO。这体现出他超凡的适应能力。最后还是张忠谋的评价点破了其中的奥秘，黄仁勋的勤奋在台积电也就是略高于平均水平。“他的智慧的确超乎常人。”

华人企业家主导了半导体这个领域。华人从最早的科学家、工程师、管理者、创业者开始奋斗，已经成为这个领域的游戏改变者。这些人以黄仁勋为代表，还有AMD的苏姿丰、博通的陈福阳，更不用说以张忠谋为代表的中国台湾半导体行业，以及正在崛起的中国大陆半导体产业。

AI芯片是21世纪最重要的技术，英伟达不仅处于全球技术神经系统中的关键节点，而且处于地缘政治角逐的中心。技术从未像今天这样塑造国家、社会与文明，黄仁勋无疑是这场宏大技术与历史变革中的代表人物。

我们再次回归技术。英伟达是终究难以摆脱技术发展周期的支配，终将逐流而去，还是主导一场仍在展开的“无限游戏”？它已经不仅仅是一家企业，历史上从未有一种通用技术如此集中地掌握在一家企业手中，它推动和支撑了其他技术领域的突破与创新。黄仁勋的故事，还在继续。

02 黄仁勋，敢于在未来才会显现竞争壁垒的项目上冒险押注

王小川
百川智能创始人

拿到这本关于黄仁勋的传记，会有一种沉甸甸的神圣感，如同面对2011年的《史蒂夫·乔布斯传》。相同之处在于，两位都是时代的缔造者。不同之处是乔布斯已经离我们而去，而黄仁勋还在继续创造历史。

2024年11月23日，英伟达创始人兼CEO黄仁勋被授予香港科技大学工程学荣誉博士学位。当天，他现身学位颁授典礼现场并发表演讲，谈及了人工智能的变革和展望。他谈到了科学的变革，杰弗里·辛顿和德米斯·哈萨比斯因为创造和应用人工智能，分别获得诺贝尔物理学奖和化学奖。他还说很快，公司将有人工智能体和人类组织并肩作战。他也预测，机器人时代即将到来。他还展望，人工智能工厂将在人工智能时代涌现。

这是他最近一次的报道。这些年，我们看了很多对黄仁勋的报道：一方面，发布会上，科技教父身着黑皮衣，庄严的发布能拨动科技进程的芯片与服务器，富有远见地给人类文明“指明方向”。另一方面，这个“大男孩”又能独自在夜市里遛弯儿，加入街边女歌手来上一曲。这种严谨睿智，与好奇俏皮，形成了对立感极强的人性画面。有时候我会想，**或许正因为他能够同时驾驭这两种看似矛盾的性情，才能创造出今日这些最伟大的科技成就。**

英伟达，毫无疑问站在了这个新时代的中心舞台。可你知道吗？其实英伟达是一个很有历史的老牌公司。成立于 1993 年的英伟达，到现在经历了 30 多个春夏，比已经退出历史舞台的雅虎成立还早两年。这个公司蛰伏了很多年，穿越了整个互联网时代，迎来了新的辉煌。

说英伟达“蛰伏”很不严谨，毕竟它的 GeForce 游戏显卡、Tesla GPU 也都是让计算机行业万人空巷的明星产品。如今，基于 H100 的高性能 GPU 以及以 CUDA 为核心建立的生态帝国，已经成为几乎所有人工智能公司不可绕过的基石，可以说英伟达是毛毛虫化蝶了。

我现在很好奇黄仁勋这个人和他的公司。我还后悔 10 年前没有足够好奇他这个人和他的公司，错过了发财的机会。

大概在 2012 年，我要求搜狗的输入法团队加快发展语音识别功能，认为这代表未来交互。有一天团队和我说，需要购买英伟达的“显卡”来加速训练。当时我觉得用“显卡”来训练“语音”是挺滑稽的一件事，但在了解技术原理后也迅速批准了这个采购。到后来，英伟达的显卡已经一卡难求，我们算是比较早深刻感知到这个技术趋势和需求将要爆发。而此时我满脑子想的是如何组织资源，从大洋彼岸更快、更便宜地买到显卡，并没有想过购买英伟达的股票。一年后，股价提升了 4 倍。

相反，黄仁勋好像是来自未来的人，很有预见性地踩准了每一个关键的技术节点。他的神来之笔是早在 2006 年就开始发展 CUDA 这种统一计算架构。那会儿英伟达的资源还不算丰富，**如此持续大地押注在未来才能显现出竞争壁垒的项目上，是怎样的一种洞见和浪漫？**

在 2018 年举办的超级计算大会上的演讲中，黄仁勋就提出人工智能正在掀起科学革命。从那时起，人工智能和机器学习几乎融入了科学的每一个领域。人工智能正在以令人难以置信的规模分析数据、加速模拟、实时控制实验、建立预测模型，以及催化从药物发现、基因学到气候科学等多领域的革命性变革。

2022 年底 ChatGPT 横空出世，大语言模型惊世骇俗的突破，让人们惊呼通用人工智能时代已经到来。无数资本、创新者、研究人员纷纷加入这一场盛宴，并给出了自己的“豪赌”，争相开始训练和应用大模型。而这一切背后的支撑，都需要英伟达的产品。2023 年的 A100 GPU 卖疯了，成为市场上的硬通货。谁囤积了 A100，就如同囤积了黄金。玩笑称，走私黄金不如走私英伟达的显卡：同等重量，同等价格。

2024 年 6 月 18 日，英伟达股价上涨 3.5%，市值达到 3.34 万亿美元，超越了微软和苹果，首次成为全球最值钱的公司。而这可能仅仅是一个开始。

通用人工智能时代刚刚拉开序幕，黄仁勋和英伟达的故事还在续写。**了解过去，能更好地预测未来。**当我们翻开这本书，回看历史，去品味黄仁勋的深邃，更能感受这波澜壮阔的新征程。

写于智能纪元二年

03　一个技术与商业完美结合的传奇

芮　勇
联想集团高级副总裁、新兴技术集团总裁
中国计算机学会，中国人工智能学会会士
ACM/IEEE/AAAS/IAPR/SPIE Fellow
欧洲科学院、加拿大工程院外籍院士

2024 年 10 月，瑞典皇家科学院将诺贝尔物理学奖和化学奖同时授予人工智能领域的研究者：物理学奖表彰了德米斯·哈萨比斯与杰弗里·辛顿在人工神经网络理论上的奠基性贡献，化学奖则表彰了以 AlphaFold2 为代表的人工智能技术在蛋白质结构预测中的革命性突破。这一至高荣誉标志着人工智能已成为推动多学科创新与变革的核心引擎。而在这个引擎的背后，有一个名字和一家公司的故事不容忽视——黄仁勋与英伟达。

正巧 10 月份在西雅图举办的联想科技创新大会上，杨元庆、黄仁勋和我进行了一场愉快的交流，也一起见证了双方战略合作的重要产品发布。我作为一位在人工智能领域耕耘 30 年的研究者，有幸亲历了英伟达的崛起历程与黄仁勋的非凡领导力。因此，当我翻开这本有关黄仁勋和英伟达的书时，我仿佛重新走进了这段激荡人心的科技变革岁月。

这本传记的独特之处在于，它超越个人奋斗的叙事框架，全面展现了计算产业的深刻变革，以及英伟达如何在技术潮流中前瞻布局，最终引领一个时代。**从图形加速卡到 AI 超级计算平台，英伟达的每一步都紧扣产业需求，书写了技术与商业完美结合的传奇。**

英伟达的故事始于1993年，当时，图形处理器（GPU）的市场尚在萌芽阶段，计算机图形学也仅限于少数专业领域。然而，图形处理能力对未来计算的深远影响已初露端倪。这一点我也深有体会。20世纪90年代中后期，我正在伊利诺伊大学厄巴纳－香槟分校（UIUC）攻读博士学位，有幸跟随恩师黄煦涛教授参与了美国国家数字图书馆计划（Digital Library Initiative, DLI），专注于“多媒体信息检索”的研究。我当时的一些研究成果，包括在相关反馈、图像检索等方向的工作，都成了该领域的高影响力论文。多媒体数据相较于文本数据处理具有更高的计算复杂度，然而在当时，特征提取和高维索引搜索等算法严重依赖CPU的单线程计算能力，计算资源的限制始终是研究的一大瓶颈。在以DLI计划为代表的科研领域，已经清晰展现了对并行计算的强烈需求，这些需求逐渐成为技术发展的风向标。而正如书中第5章所述，黄仁勋早在英伟达创立之初对并行计算的探索与投入，为日后其在AI领域的主导地位埋下伏笔。

2006年CUDA平台的问世则是彻底改变了GPU的用途和计算的本质，使其从图形渲染扩展到科学计算、金融分析等领域，为深度学习的崛起提供了强大的计算支持。关于这一里程碑式的变革，书中第9章有着精彩的还原。通过CUDA，英伟达从图形硬件公司成功转型为AI计算基础设施的领军者，推动了计算密集型任务的革命性进步。**曾经研究者在实验室中遥不可及的计算梦想，如今已变得触手可及。**

2012年，深度学习的突破性进展让英伟达再次站上技术革命的风口。AlexNet在ImageNet挑战赛上的胜利，震撼了整个计算机视觉领域，也证明了GPU在深度学习训练中的巨大潜力。从书中第11章和第12章可以看到，英伟达通过软硬件协同，不仅重塑了AI开发范式，更确立了其在AI革命中的核心地位。随之而来的是进入大模型时代，“如果AlexNet是第一架飞机，Transformer便如同喷气发动机般强大”一节形象地概括了大模型的爆发和算力需求的激增。英伟达推出的新一代AI芯片不仅为大模型训练提供了核心支持，更定义了AI基础设施的新标准。**硬件进化与AI算法的协同发展，成为推动这一时代变革的**

关键力量。

本书最后几章以理性且深刻的笔触揭示了 AI 快速发展背后的复杂矛盾。从算力与能耗的瓶颈，到全球 AI 供应链的博弈，再到辛顿、约书亚·本吉奥等人对 AGI 失控的警示，以及 OpenAI 内部权力斗争引发的治理焦虑，无不在提醒我们，AI 的快速发展既带来了巨大机遇，也伴随着深刻挑战。如何在技术竞争与社会责任之间找到平衡，或许正隐藏在算法、计算资源与数据三者的协同演进中，而这正是黄仁勋与英伟达的独特角色所在。

对任何希望理解 AI 产业变革与时代机遇的读者而言，这都是一本不可错过的佳作。无论你是技术从业者、企业管理者，还是对科技未来感兴趣的普通读者，都能从中获得深刻启发。通过对英伟达发展历程的剖析，本书为我们理解未来科技发展的方向提供了宝贵的视角。

合上书，这场 AI 技术革命仍在继续。正如英伟达的发展历程所揭示，AI 的未来需要技术与产业的深度融合。展望未来，产业落地与价值释放的需求，将驱动人工智能技术朝着“多维度混合式”的方向发展：混合式模型兼顾传统模型的专用性和大模型的通用性；混合式数据利用先验知识合成数据来弥补真实训练数据不足；混合调度通用芯片和专用芯片的异构计算平衡性能与效率；云边端混合基础设施实现智能应用的负载均衡和多方协作。这不仅需要技术的进化，更需要产业生态的重塑。希望未来涌现出更多如黄仁勋及英伟达这样的技术和产业引领者，大家携手并进，共同打造出这样的混合式人工智能框架，加速 AI 在千行百业中的落地应用。

04 为什么是英伟达和黄仁勋?

汪　波
资深芯片研究专家

AI的大幕渐次拉开，期待与忧虑的情绪并存。台上的主角是大模型公司的负责人，他们围着英伟达的CEO黄仁勋，恳求其提供更多的GPU芯片。这一幕不是虚构，而是真实发生的场景。我们不禁好奇，为什么是英伟达和黄仁勋?

坊间对黄仁勋有不少传闻，但这本书中则有黄仁勋自己的回应与讲述，它帮助我们近距离观察和了解黄仁勋。作者与黄仁勋多次面对面交谈、共进餐食，之后作者写下了这部行文流畅的传记。采访中作者并非一味赞美，他时而提出尖锐的问题，有时甚至激怒了黄仁勋，这使得本书的叙述独特而充满张力。作者也寻访了黄仁勋儿时的伙伴、前任同事、现任同事以及竞争对手，全面展现了英伟达和黄仁勋经历的曲折。

同时，本书不是一部单纯的围绕着传主写成的传记，它也扼要讲述了与英伟达密切相关的芯片和人工智能的发展。其中既有芯片的进步，也有神经网络的曲折发展以及深度学习的突破等，从中我们窥见了张忠谋、辛顿、李飞飞、OpenAI创始团队、马斯克等，正是这些隐秘的联系揭开了英伟达崛起的个中缘由。书中呈现了许多这里不便剧透的精彩故事和个人经历，等待读者亲自寻觅，这里仅对其背景做一些导读。

黄仁勋的个人成长经历见证了芯片的升级和信息技术的兴起。他出生于

1963 年的中国台湾，此前 5 年世界上第一颗芯片诞生。他 2 岁时摩尔定律被提出，5 岁时英特尔成立，8 岁时第一颗 CPU 芯片诞生，10 岁时他移民美国，14 岁上高中时 Apple II 电脑问世，他开始在学校电脑上编写游戏程序。1984 年他大学毕业后一年，ARM 处理器问世，3 年后专门做芯片代工的台积电成立。黄仁勋先是加入了 AMD，他可能是最后一批用纸笔设计芯片的古董级工程师，也是很早在计算机上用 SPICE 软件设计芯片的先驱。

30 岁时黄仁勋与两位伙伴创办了新公司，致力于打造图形加速芯片。此时芯片业界的生态正在发生巨变，芯片厂商无需自行制作，而只需在电脑上完成芯片设计后交给代工厂制造。背景和道具都已经就位，像黄仁勋这样的创业者登场了，他们只需专注于一个最核心的环节：芯片设计。新公司期望设计出一款“让竞争对手嫉妒得发狂”的芯片，由此诞生了公司的名称：Nvidia（意为“嫉妒”）。也许是戏言成真，**这家公司几乎每次都恰好踩到了关键节点上，让同行们怀疑为何幸运之神独独垂青这家公司**：上世纪 90 年代，电脑视频火游戏爆时，英伟达推出的显卡大卖；新世纪虚拟币挖矿机紧缺时，它的加速卡价格翻倍；至于英伟达推出的 GPU 芯片，则因为其优异的并行计算能力成为当前一众 AI 公司最为追捧的香饽饽。

然而，这些只是外人眼中的辉煌，英伟达还有另外一面。它曾在互联网泡沫后因一款产品失败濒临破产。此后稍有回转，又因为投入 CUDA 中的大量资金没有回报而陷入困境。那么英伟达是如何涅槃重生的？

黄仁勋是公司的核心、精神领袖和掌舵者。他亲力亲为，管理方式别具一格。本书详尽记录了黄仁勋在困境中的作为，利用其个人特质挽救公司于危亡之地。这一切不禁让人心生好奇，一个 10 岁时移民美国的少年，曾经误入一所青少年行为矫正学校，是如何挺过来并变成出类拔萃的行业翘楚的？工程师出身的他是如何利用超强的自学能力成为令对手生畏的企业家的？他主动出击的风格如何与众不同？为何黄仁勋力排众议支持 CUDA 并以此甩开了竞争对手、独步江湖？黄仁勋给予厚望的并行计算是如何等到了 AlexNet 神经网络研究的突破，并引发人工智能的爆发的?

然而，并非人人都期待通用人工智能的到来。随着更强功能 AI 的发布，担心自己的工作被 AI 取代的焦虑感正在快速积聚。无论是期待通用人工智能快速发展的“加速派”，还是希望能对人工智能进行更好管理的“对齐派”，不妨了解一下黄仁勋对此的看法。作者就此详细询问了黄仁勋，并有了一次意外的经历和体验。此外，作者还与辛顿和本吉奥等 AI 先驱交流了他们对 AI 的担忧，以呈现出更全面的看法。

100 多年前，一群叛逆的物理“男孩”开创了量子力学，当他们争辩黑箱里的猫是死还是活的问题时，没有人料想到这会引发一场信息革命，导致芯片和个人计算机的诞生。如今，一群工程师在英伟达 GPU 芯片的助力下开发出了 AI 大模型，这对未来会有何种影响，似乎也难以一下预测出来。

AI 的未来存在于你我每一次的搜索和提问，也植根于我们的人性和行动之中。通过这样一部讲述英伟达和黄仁勋经历的著作来了解 AI，对于我们理解和准备明天的世界应当是有益的。最后，本书尽管会涉及一些技术内容，但作者用恰当的比喻做了解释，让阅读变得容易和流畅。

05 从游戏显卡到 AI 之王：黄仁勋的三十年“逆袭”

檀　林
北京大学汇丰商学院未来实验室首席未来学家

这本书中，美国《纽约客》资深科技记者斯蒂芬·威特以细腻深刻的笔触，全方位展现了这位科技界传奇人物的非凡历程。从怀揣梦想的中国台湾移民少年，到如今引领全球 AI 芯片革命的行业领袖，黄仁勋的故事不仅是一部扣人心弦的商业传奇，更是一部关于远见卓识、坚持不懈与勇于创新的现代启示录。**这本传记既记录了一位企业家的成长轨迹，也深入探讨了科技创新如何推动产业变革的深层逻辑。**

从中国台湾到硅谷：逆风翻盘的开端

1963 年出生于台湾台南的黄仁勋，童年时期绝想不到自己有朝一日会改变全球科技格局。他的父亲黄兴泰是台湾成功大学毕业的化学工程师，曾在台南当地的大姓罗家当家庭教师，最终与罗家千金罗蔡秀喜结连理。这样的出身背景，为黄仁勋一开始就注入了“逆袭基因”。十岁时移民美国的他，阴差阳错进入了一所问题学生云集的学校。然而，他凭借乒乓球技艺和优异成绩赢得了尊重，更一举夺得全美乒乓球公开赛青年组季军！

“家庭 DNA”自带科技加成

说到基因，黄仁勋家族对科技界的贡献可以说是令人瞠目结舌。他的远房表亲居然是美国超威半导体公司（AMD）现任 CEO 苏姿丰（业内很多人士亲切地称她为苏妈），而 AMD 是目前英伟达最主要的也是最受尊敬的竞争对手。 这种既有竞争又有传承的微妙关系，就像是硅谷版的“权力的游戏”，据说黄仁勋总是在公开场合赞美苏妈的能力和业绩，但在私下聚会时偶尔也会“调侃”一下——黄仁勋对苏姿丰的 CPU 产品还是有点“技术性傲慢”。

英伟达：从危机到重生的蜕变

创立初期，英伟达差点“胎死腹中”。1995 年，公司推出的 NV1 芯片被索尼无情淘汰，甚至让英伟达一度失去了市场话语权。黄仁勋说，这段经历让他学会了“客户是对的，但未必知道他们需要什么。”而正是这一金句，塑造了他的商业哲学：“有时候，忽视客户的需求可能会带来更大的未来。”

结果怎样？1997 年，英伟达推出 NV3，完全押注微软 Direct 3D 技术标准，结果成功逆袭。从那时起，黄仁勋再也不害怕“走自己的路”。

此后，黄仁勋带领团队持续创新。2001 年推出的 GeForce3 引入“可编程渲染管线”，让显卡从单纯的“图像处理器”跃升为“未来计算核心”。2006 年的 GeForce 8800 GTX 更是技术突破的里程碑，奠定了英伟达在游戏领域的霸主地位。

黄仁勋的皮夹克哲学：科技与风格并行

黄仁勋的标志性装束是一件皮夹克——不仅风格鲜明，还是他的“战斗铠甲”。据他自己说，他每一件皮夹克都要精挑细选，保证“质感能媲美显卡算力”。据小道消息，他曾对团队说：“想做出顶级芯片，先做出一件顶级夹克！”英伟达公司内部还流传一个玩笑：**皮夹克是黄仁勋“正式上线”的标志，他穿上**

它的那天，估计就是公司有大新闻要宣布了。

显卡之外的世界：他早就想好了下一步

2006年，黄仁勋提出了一个看似“疯狂”的构想：GPU不光能画画，还能算天、算地、算AI。当时几乎没人相信，硬件界的很多同行甚至嘲笑他“吃饱了撑的”。黄仁勋笑了笑，继续推动CUDA平台的开发。十多年后，CUDA成了AI开发的“黄金标配”。他的经典语录是：“技术比人诚实——它最终会证明谁对谁错。”

2012年，转机降临。研究团队基于CUDA平台运行的AlexNet模型在ImageNet竞赛中横扫传统CPU架构，GPU的潜力一炮而红。自此，英伟达成为AI革命的核心引擎，到2022年ChatGPT问世时，他们的显卡已然成为全球AI开发者的必备工具。

黄仁勋深谙克莱顿·克里斯坦森教授的颠覆式创新理论。他没有正面挑战英特尔的CPU霸主地位，而是从游戏显卡这个“低端市场”切入。当英特尔专注于提升CPU性能时，英伟达则在并行计算领域默默耕耘。随着AI时代来临，并行计算能力成为关键，GPU的优势得以充分发挥。这正是典型的“自下而上”颠覆：**从不被重视的细分市场起步，最终改变了整个行业格局。**如今，在AI芯片领域，英伟达已经远远甩开了曾经的芯片霸主英特尔，甚至黄仁勋的个人身价就已经超过了英特尔公司的市值！

不仅是AI学习型组织，还有AI学习型建筑

黄仁勋不仅对技术前沿充满兴趣，对员工教育也非常“上心”。他亲自设计了一个名为AI 101的内部培训课程，要求每位员工了解基础的AI原理。黄仁勋开玩笑说：“如果不懂AI原理，你连公司的咖啡机都可能不会用。”黄仁勋在一档播客节目中表示，希望英伟达有一天能成为一家拥有5万名员工和1亿名AI助手的公司，这些AI将分布在各个群体中，甚至，英伟达新落成的两幢总部大

楼“奋进号”和“旅行者号”也充分融入了 AI，让工作环境变得更智能，可以极大地激发员工的自豪感和创造力。

2024 年巅峰时刻：头顶的“忧患皇冠”

黄仁勋一路走来，全靠那股“偏执劲儿”。安迪·格鲁夫的名言“只有偏执狂才能生存”仿佛就是为他量身打造的。如今，英伟达市值突破 3.34 万亿美元，跃居全球最值钱公司之首。但黄仁勋深谙一个道理：**站得越高，摔得越重。**

在黄仁勋看来，成功是“正在进行时”，绝不是“完成时”。这个观点颇能与海尔张瑞敏首席的“没有成功的企业，只有时代的企业”那句名言共鸣。

如今，英伟达站在了全球科技的巅峰，但黄仁勋却比以往更焦虑。“高处不胜寒”的故事听得太多了，他要确保英伟达不会成为下一个诺基亚。

为避免沦为纯硬件供应商，英伟达大举进军软件和云服务领域，推出了自家云服务器租赁业务 DGX Cloud。这一举动看似挑战客户底线，毕竟他们的客户包括微软 Azure、亚马逊、AWS 等巨头。但凭借全球最强 AI 芯片的优势，即便 AWS 最初抵触，最终也不得不接受条件，甚至主动提供最新芯片支持。

因为英伟达是 AI 军备竞赛中唯一的“军火供应商”，是“地球上最重要的股票”。

而且，黄仁勋知道，英伟达的护城河不仅在于技术创新，单靠硬件实力是远远不够的，早在 2006 年，他就布局 CUDA 平台，为开发者提供高效使用英伟达芯片的途径。如今，这个平台已吸引全球数百万程序员追捧，CUDA 早已成为无数开发者的“技能金库”。英伟达还在不断推出面向各个行业的训练模型和开发工具，进一步吸引开发者“深陷其中”。“我们的目标不是成为市场唯一，而是成为开发者唯一的选择。”

黄仁勋的偏执 DNA：未来是我们创造的

对黄仁勋而言，未来不是被动预测的结果，而是用偏执与创新一步步主动开创的征程。

如果用一句话形容黄仁勋，那就是“执念造就传奇”。皮夹克之下，是一颗永远“焦虑”的科技之心。他不满足于站在巅峰，而是继续探索未知。成功只是下个目标的起点。

黄仁勋曾说：“不要试图一夜之间改变世界，而是花三十年去改变它。”英伟达的成功完美诠释了这一长期愿景。当你使用AI产品、惊叹于逼真的游戏画面或享受医疗技术进步时，别忘了背后有一位身着皮夹克的科技传奇。

黄仁勋的传奇故事远不止一个简单的商业成功案例，而是一部关于远见、坚持和创新的现代商业史诗。他用三十年的时间，不仅彻底改变了科技行业的竞争格局，更为后来者树立了一个富有启发性的榜样：**真正的创新者从不甘于被动等待未来的到来，而是以非凡的勇气和智慧主动参与未来的创造。**

写在最后

一口气读完此书，我被黄仁勋的传奇经历和精神所折服，也作一首七律来向“一直在冲刺”的老黄致敬。

占风料得掀摩尔，游戏原来试水深。
绝地功成犹战野，雄图势合更挥金。
半生磨剑消尘虑，卅载炼丹求道心。
掩卷若闻鸿羽过，推窗但想蛰龙吟。

首联：占风料得掀摩尔，游戏原来试水深

黄仁勋敏锐地抓住了“摩尔定律”放缓这一趋势，准确预测计算需求将从

CPU 转向 GPU 的风口。他最初在游戏市场“试水深”，通过显卡产品奠定了英伟达的基础。从 NV1 失败到 NV3 崭露头角，再到 GeForce 的全面胜出，他的每一步都精准而富有远见。黄仁勋最终从游戏行业迂回获得更大的技术和产业发展先机，成为那个“掀摩尔”的人。

颔联：绝地功成犹战野，雄图势合更挥金

“绝地功成”指英伟达从多次失败中崛起，股价两次经历齐脚脖斩（直降 90%），险些被只追求短期更大财务利益的投资人驱逐，最终靠 GPU 和 AI 市场的结合取得新产业的统治地位。然而，即使在市值登顶之际，黄仁勋仍保持“忧患之冠”的危机意识，积极布局，用超级计算深度赋能 AI，加速前沿创新发展。如今，他挥舞资本利器，大胆推进 CUDA 的生态发展，甚至与微软、AWS 等“盟友”展开直接竞争，展现了“雄图”与“挥金”的魄力。

颈联：半生磨剑消尘虑，卅载炼丹求道心

黄仁勋的成功并非一蹴而就，而是数十年如一日的执着与打磨。“磨剑”是他一贯的技术追求，从不妥协和退缩，从早期显卡技术到后来的 CUDA 平台，无不凝聚着他的智慧和坚持。而“炼丹”则是他在 AI 领域的耐心布局，将 GPU 从图形处理器转变为 AI 革命的核心。“求道心”道出了他坚信加速计算能够改变世界的信念，即始终以技术创新推动未来发展。

尾联：掩卷若闻鸿羽过，推窗但想蛰龙吟

读罢这本书，心中充满了禅意与壮阔的未来展望。黄仁勋在科技界留下的深远影响，最终都会如轻盈的鸿羽飘过，却足以改变历史轨迹，英伟达所代表的 AI 发展潜力仍未完全释放，正如一条蓄势待发的巨龙，等待未来的更多突破。

06 如何从别人的传记中学到对自己有益的知识

韦 青
微软（中国）首席技术官

据统计，非虚构类作品的阅读量相比于虚构类作品而言，有不断增长的趋势。大概是人类觉得自己知识与思维能力的进化赶不上时代的变化，同时人类的观察、判断、决策与行动能力还未成熟到可以随心所欲地应对不确定性的挑战，如果一定想保住所谓的确定性，那么，当出现介绍他者成功经历的传记作品时，自然会有越来越多的人纷至沓来。

拜数字化技术以及无所不在的通讯网络所赐，当今社会的信息流通极度发达。民众只要有获取信息的意愿，通常都能够随时方便地获得自以为需要的信息。全社会的信息环境，已从稀缺转变为了过剩，甚至极度过剩。但是这里面有一个不可或缺的环节，就是大家不仅需要获得信息，还需要将信息转化为能够为自己所用的知识并记住这些知识，最终还需要能够学以致用。因此，在信息过剩的时代，获取信息的真实性、有效性和我们消化、吸收与利用所获得信息的能力，就变成了比拥有与获得信息更为重要的一种生存能力。

一、如何读传记

多年前，一位长者曾经告诫我，尽管阅读传记是借鉴先行者成功经验的有效途径，但对于一个习惯于整天追求标准答案的人而言，这是一件风险很大的事情。尤其是阅读成功人士的传记，当然，风险最大的就是阅读并尝试借鉴那些被大众奉为偶像的成功人士的传记。

我喜欢读书，也喜欢阅读传记作品，当然也会去追赶时代的热潮。再加上从小受到的教育，所有的考试都是闭卷考试，每一道考题都必须给出标准正确答案后方能得分，长期以往，在思维习惯上已不可避免地受到影响。一遇到问题，想都不想，急着寻找答案，总想快快地把问题解决了事，很少有意愿先问问自己何为真正的问题，以及所谓的问题到底是不是真正的问题。那时初出茅庐，未经社会摔打，也很少有机会涉及彼时的教育大纲鲜有包括的逻辑思辨之学与“合法 / 合理 / 合情”论证的方法论。因此，当这位长者阐述这个观点时，当时的我并不十分以为然。

长者肯定看出了我的不解与疑惑，微笑着跟我说:“那些希望通过学习别人成功经验而成功的人们，大都是尚未体验过巨大成功滋味的人。”

“当然啦！”我更困惑了。

“别急，别人成功的经验固然有值得借鉴的地方，但是在学习他者经验之前，需要先明确三项常识。”

接着，这位长者就详细地为我分析了如何从别人成功的经验与教训中吸取真正对自己有益的养分，以及如何判断一份传记的写作初心到底是一场为主人公歌功颂德的阿谀，还是经过作者为了读者利益着想，经过现场调查分析后尽量公允的历史总结与分析。借着这个难得的受教机会，我后来将这些原则应用到日常的实践之中，发现的确有帮助，不仅能够做到学以致用，更重要地是避免了许多盲目与教条。这种因为少走弯路而节省的精力与时间，其作用丝毫不亚于将某件事做对，其实只会更为重要。

随着涉世愈深，越来越发现人生历程中增长智慧的重要性。要想获得圆满的人生与成就，理性思辨与人性关怀缺一不可，中华文明独特的正反辩证与执端取中的矛盾统一思想和“惟精惟一，允执厥中”的元理（注意不是原理）是我们宝贵的精神财富和实践方法论，而无论是东方文明所倡导的六艺及其变体，还是西方文明一脉相传的博雅七艺，都是解决人类社会当下问题的思想宝库。人生不只是要多做，更重要的是要做对；学习的方法，不只是要多读书，更重要的是读好书；获取知识的目的，不只是更多的知识，而是适合自己的知识；应用知识的原则，不能是别人认为正确的方法，而是适合自己的方法。

因此，一个人读别人的传记，从介绍成功者的书籍中吸取知识与智慧的养分，并指导自己的下一步坚韧、笃定的行动，先要学会明辨，判断这是否是一本为读者，而不是为主人公打造的“良心之作”；而判断是否是良心之作的标准除了有公认的定义外，还有个体的特殊需求。因此，掌握明辨的能力之前，先要养成慎思的习惯。

人类普遍不喜欢思考，从人类的生理结构而言，思考是一件极其消耗能量和缓慢的行为。在信息尚未高度发达的时代，社会复杂度未形成指数增长，过多的思考既没有可供思考的信息素材，也容易因为思考耗能过多而造成行动力减弱，从而加大被原始生存环境灭绝的概率。作为丹尼尔·卡尼曼在《思考，快与慢》一书中所定义的“系统二”的思维方式，是一种需要专门训练与养成的习惯。新习惯的养成需要持久的训练，要求“缓慢而坚定”地塑造新的思考方式，而这种“缓慢”的能力恰好又是尤瓦尔·赫拉利在他的《智人之上》中专门强调的，当机器越来越快时，人类需要越来越慢，这同样是在信息时代智人为了提高生存概率而选择的一种适应性策略。

这里额外说明一下，《智人之上》一书的英文原名“Nexus”，其本意是连接，我以为这个“连接”的原意更能体现当下社会发展的核心问题，即大众所关注的机器智能问题，其发挥作用的基础恰恰不是表面上所看到的计算和数据，而是连接。经过连接的世界，其复杂度呈指数级增长，早已远超人类大脑能够处理的数量与节奏。连接后的人类社会，就进入了麦克卢汉所预言的地球村时代。地球村中被连接人类的认知系统，被新媒体“按摩”（见马歇尔·麦克卢汉著《媒介即讯息》或被戏称为《媒介即按摩》），如果未经专门的认知培养与训练，极其容易陷入思维混乱，真假是非混淆和丧失人类初心与人生常识的精神疾病之中。这可能也是在《黑客帝国》第一部一开始，尼奥尚未选择红蓝丸，当他从书架上取出那本让·鲍德里亚的《拟像与仿真》并从中取出光盘时，导演专门给出那一页的章节名“虚无主义”特写的良苦用心吧，更不用提之后赛佛对特工史密斯说出的那段有关不在乎牛排虚实只在乎吃牛排感受的著名台词。特工史密斯的特工二字英文原名是 agent，翻译为特工尚值得商榷。在当下最流行的智能体概念热议中，智能体就是 agent。那么读者们是否能从中发现一些被语言掩盖的端倪呢？

正因为“缓慢而坚定地思考”是一件违反人类习惯的行为，才需要“博学”与“审问”的反复切磋琢磨，以达到格物致知的境界，而这种学问的过程，大概才是我们阅读别人的传记，向别人学习的入手功夫吧。具备了这种学以致用的方法，就可以理解下面谈到的三项常识。

二、三项常识

这三项常识非常简单，全都有关人类的认知特点：

- 幸存者偏差
- 系统效应
- 前提谬误

值得注意的是，既然称之为常识，往往意味着很明显，大家应该都有所耳闻，但难在明明知道而行之维艰，否则也没资格称之为常识了。这就像前辈们描述中庸之道时所言大道虽以“夫妇之愚，可以与知焉；及其至也，虽圣人亦有所不知焉；夫妇之不肖，可以能行焉；及其至也，虽圣人亦有所不能焉”。

1. 幸存者偏差：
不仅要学习成功的经验，还要借鉴失败的教训，更要学会改错的本事

这是大众向成功者学习经验的最大拦路虎，也是是否取到真经的核心评估标准。基于人性本着为尊者讳的心理，一般在描述成功者的成就之时，都倾向于

“隐恶而扬善”。这里的善恶并不是指道德意义上的善恶，而是成功过程中正确与错误的抉择与行动；再深究一步，这里所说的正确与错误也不是如同闭卷考试中得满分或得零分的正确与错误，而是如同开卷考试一样，是否能够从一大推所谓的正确答案中挑出与当前条件相匹配的方案，其目标不是完全的匹配，而是尽量选择偏差最小的方案。

成功者必须作为，只要作为的领域是在前人未经历的范围内，就只能够“因人、因地、因时、因事制宜”地探索前行。在这个过程中，失败是默认状态，成功是小概率事件。也因此爱迪生在总结他的成就时，屡次强调“我从未失败，只是不断证明此路不通”。只有从基本认知上就把失败当成创新过程中的常态，他才能够在坚持不懈地观察、假设、实验、探索、试错千百次后，终于在当时人类的科学认知与技术能力极限内，找到了工程实现方案的全局最优解。就算如此，后人们也知道，这种尽量遍历全局后的“最优解”，也无非是一种有待“证伪”的相对全局最优解。只不过本着“成本—质量—时间”三角的权衡，人类社会暂时接受了当时的方案而已。

明白了这个道理，再看任何成功人士传记，就会特别关注一点，这本书有没有讲述成功人士犯错和失败的“糗事”，以及他或她应对错误与失败的态度与方法。我欣赏这本介绍英伟达与黄仁勋先生的书，主要就是因为在这本书中，作者通过大量的采访，本着实事求是的精神，介绍了很多英伟达公司在成就当前事业的过程中，犯的错误，经历的坎坷，以及死里逃生仍然勇往直前的勇气。这种成功光环后面的背景资料，在我看来，才是读者真正需要认真体会和学习的榜样。

“你只能选择坚强，勇往直前。”

“我们一无所获，我们做出的每一个决定都是错误的。”

“失败必须被公开。”

“绝望才是成功之母，灵感不是。”

“我们公司离破产只有三十天。”

"不断迭代、迭代、再迭代，执行、执行、再执行。"

这些都是本书中的原话，在科技领域，一家公司的领导人对于失败或者错误的观点和看法，决定了公司的未来。

出现了错误，是讳疾忌医，还是公开探讨？从本书中的描述也可以看到，承认错误与失败需要勇气，而这违反人的天性。真正的强者承认犯错和失败的目的，他需要的不是证明自己伟大，是需要将团队的注意力和精力导向查出错误的原因和尽快纠正错误，也是书中阐述的"那种创业的冒险精神——就是勇于接受失败，并愿意承担后果的魄力"。以我的体会，这种思想素质才是成就技术行业辉煌的核心领导力。

这往往需要当事人一方面具有对于完美的极致追求和对细节的毫不妥协，但又需要有足够的包容心和同理心带领团队接受不完美的现实。这在书中"要说挑剔，无人能出黄仁勋之右"一节，和黄仁勋先生在严厉地责备失误员工的同时并不会轻易惩罚员工，而只是要求团队尽快纠偏的细节中可以看出一些端倪。

在科技领域，一家企业的生命力，在于尽量避免犯重大的技术路线错误。但是矛盾在于，只要在创新，犯错出偏是必然；恰恰为了不犯重大的路线错误，一定要保留不断犯小错的余地。因此科技创新企业的文化在于一种被称为"三错法"的思维模型，即"认错—知错—改错"。"三错法"借鉴了科学方法论的理念，尤其是科学方法论中的"证伪"方法，默认所有的方案和结果都是有错的，或者称为有偏的；无论多么完美的方案与执行，其结果离目标和真相总有不同精度的误差。

就好比射击比赛居然可以有满分十环或者脱靶零环的结果，其唯一原因是靶标和弹头（或箭头）的相对精度冗余值设定得过大或过小。如果把一个获得十环的靶标直径缩小一千倍，原本的十环可能是零环；同样的，如果把一个获得零环的靶标直径放大一千倍，原本的零环可能是十环。这种思维模型从根本上定义的创新的原则，如同丹麦籍数学家皮亚特·海恩（Piet Hein）那首著名的有关智慧的小诗：

通往智慧之路？	The road to wisdom?
嗯，简而言之就是：	Well, it’s plain and simple to express:
偏	Err
再偏	and err
不断出偏，但是下次	and err again
少偏一点	but less
再少偏一点	and less
更少偏一点	and less

说到这里，大家可能开始体会出成功，尤其在瞬息万变、高度竞争的技术领域的成功，需要的不是所谓的聪明，尽管聪明十分重要。作为领军的当事人，更需要智慧，这也是三项常识中的下一项。

2. 系统效应：
不仅关注构成木桶的长板，更要关注构成木桶的短板

关于这一项常识，从不同的维度也可以解读为冰山效应、相变效应或者复杂系统思想。我们学习别人的成功经验，要理解复杂系统的特点，才不会被一个复杂系统所表现出来的表面现象所误导，而忽略了同样重要、但是隐含在系统表现背后的构成元素、关系、连接、条件与变化。

一个复杂系统大多由多个元素构成，每个元素之间有关联、反应和反馈；各个元素之间的连接具有特定的结构；每个元素之内也可以有更加细微的元素、结构和功能；系统内的各个元素和系统本身都有各自的目的；而复杂系统也会和其他的复杂系统形成关联与结构，从而形成更加庞大复杂的系统；所有这些系统都在相关联的不断输入与输出之间发生动态的变化。

当一个系统的构成具备足够复杂度之后，通常会出现涌现效应，表现为：

- 一个系统的整体功能不等于系统内个体功能之和。
- 系统所实现的功能具有从量变到质变的特点。
- 系统的功能通常由其最脆弱的环节所约束，这也是通常说的水桶短板效应。
- 具备复杂适应性的系统能够基于其目的和反馈而动态改变其元素与结构。
- 基于高阶控制论，当人类作为一个复杂系统的反馈环节时，系统的目的也会出现涌现效应。

系统是复杂的，人是复杂的，创新同样是复杂的，成功依旧是复杂的。当我们关注是否能够找到“一招鲜”的武功秘籍时，要充分理解世界的动态性和由此而带来的不确定性。与其在话语体系中强调在不确定中需找确定性，倒不如在话语体系中明确接受我们面对的就是不确定性，我们需要进化至能够与不确定性起舞，真相是我们人类才是那个最大的不确定性。

我认为这本书值得阅读的一个根本原因并不是因为英伟达和黄仁勋先生，而是作者斯蒂芬·威特。可以看出威特以他的专业性，尽量向读者们描述了一个真实而复杂的黄仁勋和英伟达，以及人工智能领域所发生的点点滴滴。在本书中，大家可以看到一名率直、理性、高度竞争性，同时又是集严厉、急躁、风趣、人性于一体的真实的人。

本书中有一段评价黄仁勋“从文学的角度不算博览群书”的花絮很有意思，他告诉威特他从未读过任何科幻作品，唯一喜欢的小说家也只有保罗·科埃略。有关这名作者，其最出名的作品是《牧羊少年奇幻之旅》，书名英文原文的本意是炼金术士（The Alchemist）。读过这本小说的读者可能知道，保罗·科埃略本身就是一名历经坎坷而从不放弃的追梦人，无论在人生的历程中发生什么，他始终坚定地追求自己的梦想。

无独有偶，当 OpenAI 公司前任首席科学家伊利亚·苏茨克弗在 2023 年中为微软的科学家和工程师做技术报告时，当被问及有什么好的书籍可以推荐，他推荐的恰恰也是这本书。

“当你想要某种东西时，整个宇宙会合力助你实现愿望。”

“害怕遭受痛苦比遭受痛苦本身还要糟糕。”

“世上每个人都有一份等待他去发掘的宝藏。”

以上这几句都是黄仁勋先生和伊利亚·苏茨克弗提到的《牧羊少年奇幻之旅》书中的金句，从中我们或许可以感受到在他们事业或学术成就背后，都隐藏着哪些有待我们去挖掘的人生智慧。

自然之道，孤阴不生，孤阳不长。凡事有阴必有阳，有正必有反。正反之间是一种矛盾统一的关系，也是一种动态转换的过程，这是宇宙的道理，也是中华文明对于大道的深刻洞察。当我们学习任何先进或者强大的思想与技术时，正因为其先进性与强大性，它也必然具有相应的负面效应。只有当我们能够观察与认识到先进与强大的全貌，理解了先进与强大背后的负面作用，才能真正把一种先进和强大的思想和技术运用自如。同样的，对于落后与弱小的人—事—物，我们也要有能力发现适合其成长与壮大的另外一面。

微软公司董事长和首席执行官萨提亚·纳德拉曾经在2014年初次担当首席执行官职位时，向员工分享过他对于创新领先性的理解。纳德拉认为作为市场的先行者，在一个只认可创新而不太看重历史成就的高科技领域，不要轻言成功，更不要戴上行业领袖（leader）的帽子，要始终把高科技领域的成功看成是暂时的现任者（incumbent）。这种对于创新领域成功的定义源自本书中所介绍的影响黄仁勋先生管理风格的《创新者的窘境》一书，其作者克莱顿·克里斯坦森选择现任者代替领导者，挑战者（challenger）代替追随者（follower）。

这种观念与《有限与无限的游戏》作者詹姆斯·卡斯的理念相似，都是在告诫读者们，人类短暂的一生与人类社会的发展进程一样，都是一种永恒变化的无限游戏。不要过于在意暂时的输赢，要时刻关注时代的变化；不追求做静态的领先者，要追求成为那个永远能够适应时代变化的弄潮儿。当认识到所谓的成功者，也无非是暂时的现任者，我们在认知层面就能够帮助自己认识到在技术领域，所有成功都是暂时的，是因为过去的与时俱进、积极主动和坚韧不拔而造成了今日的成就。因此，当今天我们开始不去主动适应时代的变化，那么明天我们就可能会被时代所抛弃。发人深省的是，当我们在技术创新领域采用现任者和挑战者思维模型时，我们会发现，就算我们是后进者，只要我们认识到后进者并不是追随者，而是挑战者，当我们明白今天挑战者的地位是由昨天的认知高度和行动所造就，我们只要今天能够更加敏锐地把握时代的变化，更加灵活地适应时代的变化，今天的挑战者就有可能成为明天的现任者。这种思维模型能够铸就一个真正打不扁、锤不烂、胜不骄、败不馁、永无止境、永不妥协的技术创新实践者，或者如本书中描写的黄仁勋先生，如果自己不主动变革，就会有别人取代他，“我总是觉得不够完美，不管看到什么，我总能发现其中的不足之处。”

这种现任者与挑战者的思维方式，遵循的是一种动态、灵活、充满活力的无限游戏规则；而过于追求所谓的行业领袖，一旦落后就千方百计地追随市场领袖的步伐，而不是主动思考，另辟适合自身特色的技术路线，这种思维方式是静态的、教条的、守旧的有限游戏规则。

技术领域的创新实践者们，经常引用的是一句冰球皇帝韦恩·格雷茨基（Wayne Gretzky）的名言：“我总是滑到冰球即将到达的下一个位置，而不是它现在的位置。”这也是苹果公司创始人史蒂夫·乔布斯在那场划时代的 Macworld 2007 上介绍完第一代 iPhone 之后，作为大会收尾的著名场面。当时他在现场的原话是：

> “有一句韦恩·格雷茨基（Wayne Gretzky）说的话我很喜欢：我总是滑到冰球即将到达的下一个位置，而不是它现在的位置。在苹果，我们一直努力做到这一点。从一开始就是这样，未来也一直会这样。”

（There's an old Wayne Gretzky quote that I love. 'I skate to where the puck is going to be, not where it has been.' And we've always tried to do that at Apple. Since the very, very beginning. And we always will.）

黄仁勋先生曾经将这一轮AI的进步比喻为又一个“iPhone时刻”，那么，我们到底需要滑到的是大家正在看到的现在，还是要去体悟构成当下的原因，理解事物的发展趋势，从而能够滑向“冰球即将到达的下一个位置”？这就自然地引入下一项常识。

3. 前提谬误：
所有判断都有一种支持该判断的前提条件约束

俗话说的好，“彼之蜜糖，汝之砒霜”，“师其意，不师其辞”，又或者说“学我者生，似我者死”，无论怎样，都是在强调学习先进固然重要，借鉴领先实属必需，但是真正重要的是学到别人的思想精华，而不仅仅是在别人的思想之下产生的具体结果。任何先进的思想与方法一旦形成结果，就是冰球现在的位置。世界是变化的，时代是动态的，我们只有把握了事物发展的客观规律，掌握其变化的特征，才能够真正号准时代的脉搏，占领技术变革的先机。

但可惜的是，在技术创新领域，我们经常听到是所谓的弯道超车，又或是稍有压力与阻挠，就开始埋怨市场的压力与阻力。殊不知，所有的创新都是逼出来的，所有的路径都是有前提的。基于人类的天性，但凡有别的选择，人类通常不愿意主动跳出自己的舒适区。只有出现了自己原先不想承受的压力和阻力，才会发现原来自己是能够承受这种压力和阻力的，也才会有创新的动力和坚定的信心。

纵观古今中外，哪一个伟大的文明，哪一家伟大的企业，不是在巨大压力下成长起来的。与其说担心压力和阻力，尤其是担心自己无法抗衡的压力和阻力，在创新领域，真正需要担心的，是被错误的思想牵了鼻子。要知道牛的脾气是最倔强的，也就是常说的牛脾气很大，但是只要给它的鼻子上拴一个小铜环，一个年幼的牧童都可以牵着它任意行走。方向一旦选错，越努力，代价越大。在技术创新领域，思想上的约束，比任何约束都要致命。

而避免被牵思想鼻子的方法也简单，同样是中华文明传了两千年的常识，“博学之，审问之，慎思之，明辨之，笃行之”。学习与借鉴先进思想与技术只是技术创新最基础的准备工作，关键是要摸索出一条适合自己的发展道路。我们需要冷静理性地审问我们学习到的知识是否适合我们自身的条件；我们需要审慎的思考具体的实施步骤和在实施过程中可能出现的变通；在选择实施方案时，我们还需要仔细辨别各种不同方案之间的细微差别和不断变化的内部外部条件与环境，随时做到与时俱进，遵循“毋意、毋必、毋固、毋我 ”的原则；我们更需要坚决抛弃本本主义，始终坚持在一线的实践，并且在实践过程中灵活机动、不断完善方案，以最大程度地接近我们的目标。但这也还只是刚刚迈出创新的第一步，我们还需要坚守科学的精神与方法，绝不认可创新有一个静态的实现目标，当实现之后绝不认为就可以万事大吉；相反，我们要主动利用智能机器帮助我们，用数字化与智能化的手段实时检测实施结果与目标的偏差，以及内部外部环境与条件的实时变化，不断优化，不断完善，真正做到创新事业子子孙孙，无穷尽矣。

通常而言，遵循常识的做法理解起来很容易，实施起来才困难。真正的阻力，全是人性的阻力，是思维范式的局限。我们真正需要担心的，不只是知识，也不只是资源，更不只是机会，是我们的思想能不能适应极端动态变化的技术领域。我们愿不愿意接受常识，愿不愿意遵循科学的方法，愿不愿意秉持科学的精神来实现我们对于技术创新的追求，而不只是看到别人的成就就急着想抄到标准答案，把题目答对了事。在技术创新的领域，这种做法无疑是缘木求鱼，就算偶尔能够实现短期的成就，离真正引领时代的创新，在思想境界上就已经落了下风。

以上是我在阅读了本书之后，再结合我的导师多年前对我的教诲而产生的一些感想。我并不认识黄仁勋先生，如同诸位一样，我也是从大众媒体上了解到他所创立的这间优秀创新企业，也正因如此，我对于本书内容可以有一种中性的视角。当然作为英伟达显卡的多年用户，以及从诸多在英伟达公司任职的原同事们那里耳闻的各种花絮，我可以更多地从产品、技术与用户的角度理解英伟达公司的发展和变革。客观地讲，截至到如今，英伟达的产品创新能力的确令人刮目相看，而且其宣传理念的能力也非同寻常，这些才是在全球化大潮中成长壮大的必要条件。其创始人和公司骨干的心路历程，也被本书作者成功地捕捉入书中的字里行间，我就不再赘述。接下来，针对书中谈及的有关人工智能未来发展的辩论，我想基于我自己的观察、实践与思考，再与读者们分享一些纲要。实属兹事体大，不敢不为之也。

三、人机的未来或文明的再次重生与启蒙

本书内容吸引人的一点，是在后半段涉及了诸多业界人士对于人工智能可能对人类社会产生影响的激烈辩论。我相信这种辩论在可见的将来，只会越来越激烈。这种技术的确远超大众现有知识水平的认知，再加上大众媒体的添油加醋，真相已经很难获得。更令雪上加霜的是，当前的智能机器又具备了信息生成的能力，人类这种极易沉迷于符号的物种，更加容易被其所迷惑，而愈加忘却了自1945年范内瓦·布什发表的《诚如所思》（*As We May Think*）以来，计算机作为解放人类记忆与认知负担的初心。

首先要声明的是，这种类似的讨论绝对不是新鲜的话题，读者们有兴趣的话，可以去参考一下由京特·安德斯写就的有关人类与技术的深刻思考《过时的人》两卷本，还有隶属法兰克福学派的学者马克斯·霍克海默与西奥多·阿多诺出版的经典著作《启蒙的辩证》。

简单介绍一下京特·安德斯。作为汉娜·阿伦特曾经的前夫，安德斯早年师从海德格尔和胡塞尔，并于1923年在胡塞尔门下获得了现象学博士学位，注意这里“现象学”是一个关键词。由于亲身经历并见证了人类社会在科学与技术高速发展的二十世纪之初之后发生的两场惨绝人寰的世界大战，尤其是见证了人类于1945年在日本广岛和长崎投下的两颗原子弹之后，更加坚定了安德斯反思人

类与技术进步关系的批判和探索。

> “如果有人责备我，说我不负责任地悲观的话，那么我觉得这种悲观远比不负责任的盲目乐观要好。”
>
> “仅仅改变世界是不够的，我们一直在这么做，即便我们不那么做，世界也在改变着自己。问题是我们要去阐释这种变化，并去改变这种变化。目的是让世界不再没有我们而自己变化，避免它变化到不再需要我们。”
>
> “人和世界的关系变成单向度关系，无论是人在场还是不在场，世界都变成了幻象。”
>
> “一切真实的都成了幻想，所有虚构的都成了真实。受骗的外婆编织着幻象，被塑造成了崇拜偶像。”

以上摘录几段安德斯的文字，作为表现他思想脉络的注解。

有人说：人类从历史经验中学习到的最大教训，就是人类从来不会从历史经验中吸取教训。当然这是一句过激之辞。只不过我们的确可以认真反思一下当前的状态。

在本书中黄仁勋屡次强调：“机器人并没做什么出奇的事，他们只是在处理数据而已。如果你能理解其工作原理，那这个世界看起来也就一点也不奇怪了。对没有证据的事情的假设，我已经感到厌倦了。”从技术的本质来讲，我赞同黄仁勋的判断；但是从人类的本性而言，我认为单单靠这类观点，根本无法解决人类对未来的纷争和人类的命运问题。人类并不是一种理性的物种，而且人类是一个极易受符号影响的物种；这一轮计算机器的进步，恰恰在于能够无限制的生成符号，如果处置不当，人类社会将陷入一场思想的浩劫。人类社会的一切行动，都是由人类的思想驱动，人类思想的浩劫对人类文明的冲击，远比人类社会物理性浩劫对人类文明的冲击要深远得多。

当然，如同前面所述，一阴一阳谓之道，凡事有阴必有阳，有阳必有阴。正如现在如火如荼迅速发展的 AI For Science 领域和以 Copilot 智能副驾驶面目出现的办公效率提高工具，都着重于回归计算机器帮助人类处理信息的初心，其中 AI For Science，也就是人工智能对科学研究范式进步的助力，将彻底改变并加强和加速人类科学发现的能力与步伐。

如果人类能够正确的利用信息机器，回归其初心，让它帮助人类实现知识的平权和大众化，而不是无限制地将世界转化为世界的符号幻象推送到我们的面前，让我们丧失对于真假虚实的识别与判断能力，其中更有甚者，让那些精神力量衰弱的人类完全沉迷于符号的陷阱而不可自拔；只要能够避免这种扰乱人类意志的现象不再恶化，辅之以教育与监管，那么智能机器就是善的；否则，就是恶的。这种善恶只能以人的价值观来评判，而绝不能够以物的角度来衡量。

另一方面，如果智能机器真正能够回归实现知识平权与大众化的初心，那么人类不必在已有知识范畴内拼了个你死我活，而是让人类能够更加轻松与高效地利用人类现有的全体知识造福人间，同时赋能一批勇敢的探索者、思想者利用现有人类现有的全体知识去探索无尽的未知，使用智能机器提升人类福祉，帮助人类的追求自身的解放，追求精神世界的自由，摆脱物质条件的约束。如果能这样的话，那么这一轮人工智能的进步就善莫大焉。

这是一个极其复杂的话题，足以写成若干本书来阐述观点，在此我想提三个观念要点作为日后继续思考与探讨的起点，也供读者们共同思考、批判和指正。

1. 能所之辨

安德斯是现象学博士，如果认真考证由胡塞尔开创的现象学发展历程，人们会观察到一丝草蛇灰线，将西方的现象学与东方佛学中的唯识论联系在一起。在上一世纪惨烈的一战之后，以万千血肉之躯的代价，实证了西方科学与技术的进步，并未能够解决人类对幸福的追求问题。而幸福无关物质，只与人类的意识与感觉相关，使得心理学和认知神经科学开始大行其道。这也促使东西方学者不约而同地想到互相参照对方，希望能够在彼此的历史文明残骸中，找到一线互相借鉴的机会。

而探究人类的意识本源，其中一条重要途径就是借助现象学和唯识论而展开。可惜时至今日，这方面的研究尽管有诸多成果，但是并未真正能够解决人类的意识来源问题。相反的，由于科学手段的有限进步，反而让当下的学者们开始怀疑作为具备有主观能动性的人类是否真的具有自由意志。而这些困扰，本就可以借助智能机器的进步，帮助人类尽早回答这类人生终极问题。

德国电影导演弗里茨·朗于 1927 年导演的表现主义经典佳作《大都会》里面所提出的“脑和手之间的协调者必须是人心！”（The mediator between head and hands must be the heart!），其中涉及的心脑关系，虽有进展，但至今仍未得到实质性的突破。

让情况更为恶化的是，尽管东西方文明中，其中尤以《西游记》和《聊斋志异》为代表，早就以故事想象的手段告诫人类注意物种跨类的风险和“拟像与仿真”（也是法国哲学家让·鲍德里亚的著作名称）的危害。但是现在的科技人士鲜有意识到拟像的危险后果，不加节制地利用机器的能力生成拟真的幻像，而少考虑大众认知能力的极限。这就好像孙悟空正在不加约束地复制生成白骨精，而罔顾唐僧和八戒根本就无法识别白骨精幻象的真伪，直到有一天出现一只六耳猕猴，到那时始作俑者也会成为拟像的受害者。

人类到底需要什么，到底是沉迷于能指的局限，还是突破能指的迷雾观察到所指的本质？如《指月录》所云：“如人以手指月示人，彼人因指，当应看月，若复观指，以为月体，此人岂唯亡失月轮，亦亡其指。”人类是要一支能够无限生成极致精美和仿真的手指而不可自拔，还是追寻那一轮明月的真相，这是真切摆在我们每一个人面前的严峻话题。

2. 文明的重生与启蒙

都在说工业革命，到底只是一场工业革命，还是如同麦克卢汉在《古登堡星汉灿烂》一书中所总结的类似于上一轮因媒介能力的变化而造就的知识平权，以及因此带来持续几百年的人类社会改革、动荡、纷争、革命、启蒙、战争与进步的文明重构与启蒙？果真如此，是否可能是一场继农业文明、工业文明之后的已经持续近百年，还在继续深化的信息文明大时代？我们或许不要那么快就抛弃掉信息文明建设的使命，别像朝三暮四的猴子，别人说什么，就信什么。关键是我们认为当下是一个什么时代，是一种什么样的革命，是一种什么样的文明形态？

语言的力量是极其强大的，我们对于现象的定义与用词会影响我们对于现象的理解与预判。比如所谓的文艺复兴，其英文 Renaissance 原意与文艺毫无瓜葛，是重生 rebirth 的意思。它代表的是一种人本的文明重构，只是开始以文艺作品的形式体现而已，而且 Renaissance 阶段从文明礼教的角度而言乏善可陈，直到紧接其后的宗教改革方致风气一变，再到科学革命又一变，工业革命再变，到启蒙运动后，之后再经历若干次技术迭代，如同《过时的人》所记述的，就到达了我们当下的时代。这到底是一个新时代，还是尚未完成的信息文明重构，我们自己需要找出自己的答案。“师其意，不师其辞”的道理，同样也体现在当下。

如何吸取这个过程中的经验与教训，真正回归全人类发展与进步的初心，防止唯技术论、唯科学论、唯进步论所带来的弊端，综合查尔斯·珀西·斯诺有关“两种文化”的思辨和约翰·布洛克曼建议的《第三种文化》，也参考东方文明“东海西海，心理攸同”的胸襟，“大同世界”的眼界，“止戈为武”的情怀，“兼相爱，交相利”的人道。当然，在创新与技术的领域，再找回“苟日新，日日新，又日新”而“其命维新”的守正创新本源，真正做到“古人今人，皆为新人”，不守旧，不教条，实事求是，与时俱进，既不泥古，也不颂今，只是唯实，在智能机器进步的帮助下，争取开创一代承前启后的信息文明新风貌。

3. 二十一世纪的新扫盲运动

如同前面摘录的黄仁勋先生所言，“机器人并没做什么出奇的事，他们只是在处理数据而已”，纯粹从技术而言的确如此，但人类的感觉并不如此。人类对技术感觉从来与技术无关，技术以其工具属性示人，而人类对它的理解只与人类的文化与认知相关。其中有人类“能所”的迷惑，也有语言的滥用，其中延伸出概念类别的混淆，还有就是现代教育方法与内容过时造就的二十一世纪新文盲。

就以机器人这个名词为例，典型的概念分类错位。其原意来自 robot，是机器劳力或机器奴隶的意思，从语言学角度而言，如果中文翻译为“机器人”，其中“机器”放在“人”前，是对“人”这个名词的修饰，作为形容词使用，其显性的分类就是一种有机器属性的人“类”。可叹的是，作为人类的物种，却被机械文明所异化，人类本应以提供离群值和差异值而贡献的创新价值，在机械异化后的教育与商业体系，被培养与教育的都是机器最擅长的记忆与重复执行能力，其结果是人类成为了机器，而机器却不得不做本应人类该做的事情。

一旦机器被称为机器人，尽管在人类的显意识里，在理性的驱动之下，人类还是会将其理解为机器；但是在人类的潜意识里，会不自觉地意指其为可能性的“人”类。在这种意指下，人类在设计 robot 时，在中文语境中，默认就是直立、四肢、五指、一头、双目。请问，机器为什么需要五个指头，为什么需要具备人型，为什么需要两条腿？人类本就对仿真拟像有归属感，对于拟像投射过多感情后大概率会有认知困惑。为什么人类还要自己造出“白骨精”？为什么自己要给机器包上画皮？

为了人类的下一代着想，尤其是中文语境中的下一代，应从法律上约束 robot 的翻译规范化，译成诸如“自动机”或“自主自动机”等合乎语法规范的中文术语。

同时，我还建议在流行的阿西莫夫自动机三定律的基础上，基于人文和人本的考虑，加上第四条：

自动机第四定律：

对于所有物理形态与虚拟形态的机器，在未经人类共识许可下，不得赋其以人形、人声、人名、人道、人情与人理。

鉴于当前智能机器产生的类人类智能能力，依靠的是已有百年历史的线性代数、微积分和概率与统计的知识，辅之以认知神经科学、生物学等方面的最新研究成果，作为二十一世纪的人类，需要重新学习与掌握历史悠久的上述数学知识，再加上最新的有关量子力学、认知科学和生物学（重点为细胞与基因科学）的相关知识，作为二十一世纪扫盲运动的基础要求。

这可以是一个最好的时代，也可以是一个最坏的时代；这可以是一个最方便的时代，也可以是一个最麻烦的时代；这可以是一个最幸福的时代，也可以是一个最悲哀的时代；这可以是一个最光明的时代，也可以是一个最黑暗的时代；这还可以是一个最有机会恢复人性的时代，也可以是一个最容易丧失人性的时代。所有这一切可能性，都在我们人类自己手上。

“从现在起，我们人类就被宣判与这个无法摆脱的阴影一起生活，也就是说，毫无希望，没有办法，我们无可奈何。除非我们振奋起来做出决定。”

——京特·安德斯

我坚信，我们每一个人，都需要能够扛起我们作为人类的使命，坚守我们的人性，秉持“学—问—思—辨—行”的守正创新精神；保持计算机器的初心，避免将人类陷入信息的海洋；实现知识平权，增长全人类的智慧；有效地利用智能自动机的能力，帮助我们提升社会的福祉，探索无穷的未知。

The Thinking Machine
重磅赞誉

田 涛
华为管理顾问

刘 润
润米咨询创始人

尹 烨
华大集团 CEO
生物学博士

周 炜
创世伙伴资本创始合伙人

吴甘沙
驭势科技联合创始人

吴 声
场景实验室创始人
场景方法论提出者

周 源
知乎创始人

易 鹏
盘古智库理事长

苏德超
武汉大学哲学教授

李 翔
记者、作家
《详谈》丛书作者

“我们来探索月球，但实际上我们发现了地球”，连续7个小时，一口气读完《黄仁勋：英伟达之芯》这本“无比好看”的“故事书”之后，我正好看到第一位拍摄地球照片的宇航员比尔·安德斯说的这两句话。一个曾经被霸凌的小孩，几十年后成为雄霸世界的科技英雄；一个在餐馆洗碗端盘子的东方少年，多年后成为坐拥千亿美元的财富巨头；一个几度濒临破产、几度接近崩溃的游戏“玩主”，二十年后，他竟然以“光速”改变和重塑着我们的大脑、机器的“大脑”，并且“我们得构造一个替代宇宙”……

天呐！这是一个什么样的人？请读这本“无比好看的故事书”。如果你是一位追求卓越的企业家，一位拥有使命感和责任感的企业管理者，一位雄心勃勃的企业员工，你一定要读这本关于“绝望是成功之母”的书，关于“激情的赌博”的书，关于“放大”想象力、洞察力、勤奋与勇气以及如何克制世俗欲望的书。

老实讲，读完全书后，我自问：我的第一直觉是我更想将这本“无比好看的故事书”首先推荐给谁？居然不是企业家和企业管理者，而是我国几千万、上亿的大学生们、中学生们，甚至小学生们，尤其是乡村中小学的孩子们。我确信，这本书是一架“望远镜”，能够让我们的青少年远望世界、远望未来、远望浩瀚的“智能宇宙”；它当然也是一部励志书，激励青少年们从黄仁勋的成长史中学到怎么抵抗打击、怎么锤炼意志力、怎么塑造永远乐观向上的心灵？进而活出一种坚强坚韧、自由奔放的自我……

田　涛

华为管理顾问

黄仁勋和英伟达的成功并非仅靠运气，而是凭借对技术趋势的洞察、坚定的执行和长期的准备。CUDA是英伟达为“GPU技术通用化”所搭建的一套程序开发环境。不过，在CUDA刚推出时，没几个人能理解这个构想。这时，英伟达做了两件事：第一件事，扛着。如果黄仁勋对未来的判断和押注没有错，那么，英伟达的这段“至暗时刻”就必须扛过去。第二件事，推销。没有需求，那就创造需求。在那几年，黄仁勋化身为“超级推销员”，经常奔波于各大高校、科研院所、初创公司里，反复为大家讲解CUDA生态的优势，并且低价甚至免费提供英伟达的GPU。

机会，从来只留给有准备的人。黄仁勋就是这样一个活生生的例子。因为他笃信自己的对未来的看法，所以坚持推动GPU技术的迭代，坚持十年如一日对CUDA进行砸钱研发。最终，所有的抉择、努力、准备，都被AI这个划时代的运气事件所引爆。

刘　润

润米咨询创始人

硅谷似乎永远都有这样的英雄：秉持第一性原理并不断挑战物理极限，充满着反叛精神却坚定地为科技卫道，如今英伟达的CEO黄仁勋也正成为这样一个传奇，恰如他们如日中天的GPU产业。如果说此刻人工智能的核心是GPU，那么GPU核心之芯则是黄仁勋。最优秀的碳基思想正在给最极致的硅基加工铸魂，让我们看到了一个更可持续的碳基结合的未来。

尹 烨

华大集团CEO

生物学博士

读完这本书，我深刻感受到，黄仁勋的性格使他必然走向成功。他坚韧不拔，在创业过程中面临诸多挑战和危机，但始终没有放弃，英伟达创立初期就遭遇技术路线错误、产品不被市场认可等问题，几乎濒临破产，但他坚持下来并成功克服困难。他勇于冒险，在公司发展不稳定时，决定每年投入大量资金研发CUDA平台，尽管这一决策曾使公司一度亏损，但最终为英伟达带来了巨大的成功。他还是个工作狂，每天长时间工作，甚至在不工作时也在思考工作，这种对工作的极度投入和专注，推动了英伟达的不断发展。他有前瞻性的眼光，很早就察觉到人工智能的巨大潜力，并果断将公司战略重心转移到AI芯片的研发上，使英伟达在AI浪潮中取得了显著优势。年幼时经历过艰苦的环境，培养了他坚强的意志和适应能力。他生存的意志超过了几乎所有人杀死他的意志，这种强烈的渴望成功的欲望促使他不断努力，带领英伟达在竞争激烈的芯片行业中脱颖而出。黄仁勋这种极度坚韧，专注，战略前瞻和敢于冒险的品质，也是我们观察到的成功企业共同具有的特质。

周 炜

创世伙伴资本创始合伙人

2017年的CVPR大会，有幸与黄教主有一张合影，彼时深度学习如火如荼，加密货币矿场狼烟四起、让GPU洛阳纸贵，初代元宇宙《堡垒之夜》也刚露端倪。那年，英伟达的市值刚刚超过英特尔的一半，即使是春风得意的黄教主恐怕也不会想到那后面一连串的事件，会让英伟达的市值达到英特尔的30多倍，并向人类历史上第一个4万亿美元市值公司挺进。那年，一家热衷于用AI玩游戏的新创公司OpenAI看到了一篇讲述Transformer算法的论文，毅然转向、开始了“改变世界的东西”——GPT-1的探索。黄教主对这家公司并不陌生，1年前他把首台人工智能超级计算机DGX-1送给了它，或多或少有一些“予人玫瑰、手留余香”的自得。也是在那年，我的老东家英特尔错过了用10亿美元获得这家公司15%股份的机会。

也许一切的一切，都要追溯到2006年CUDA的诞生，英特尔并没有对CUDA熟视无睹，我是Larrabee项目的见证者，也是英特尔决意创造CUDA杀手的编程语言团队一员，阅读这本传记时，当年与同事彻夜研究CUDA的一幕幕历历在目。很遗憾，我们在技术路线上没有勇气彻底变革自己，并且半途而废了，而英伟达在出现CUDA兼容性问题、“凸点门”等一系列水逆事件、并导致市值跌掉90%的时候，柯克可以引退，但让每一台GPU支持CUDA的信念仍不动摇。掩卷长思，黄教主成功的必然性，除了努力工作，究竟是什么？突然想到另一本传记《三位一体：英特尔传奇》，作者马克尔·马隆来到了英特尔，不留情面地警示我们这些自以为是的天选之子：英特尔曾经的成功，是因为乐意接受使命的召唤，勇于涉险，不怕犯错，双倍下注，失败了独自舔舐伤口，重新站起来并且变得更为强大，而今天的你们，已经谨小慎微，谨小慎微就是放弃未来。对照本书，答案已经一目了然。

吴甘沙

驭势科技联合创始人

本书是黄仁勋的采访传记，也记录了英伟达“成为自己”的新物种演化之旅。让并行计算与神经网络，这两个曾在市场上失败过的技术共同发挥作用，是黄仁勋的一次押注，也是英伟达奠定超级计算能力和芯片垄断地位的起点。看似是黄仁勋的远见，实则是他对基本原则的笃定。关注不变，才能以战略定力使战略前瞻落地。周健工老师的翻译，也让本书兼具科技的锋利与叙事的温度。

吴　声

场景实验室创始人

场景方法论提出者

要理解今天我们看到的AI是如何发展起来的，给出答案时间不是2022年11月ChatGPT 3.5发布的时候，而是要翻回30年的历史去寻找答案。书中记下了一个重要的时间刻度——2014年，从那时起，英伟达开始变成一家AI公司，但这也仅仅是最近10年而已。从1994年到2014年，这家公司的诞生，腾飞，接近濒死状态，又再次崛起……似乎只是故事的前奏。记者斯蒂芬·威特通过几百次采访，极大地还原和展现了那些在历史隐秘角落里的珍贵史料。有了这些“首次阅读”的内容，你会发现这并不是一家很多人认为的“运气太好”的公司，亦或是，黄仁勋本人说的“基于愿景的运气”。这本书的第二部分——最精彩、最变化多端的过去10年——至少在80%的时间里，聚光灯下的主角是移动互联网，是推荐算法，甚至是自动驾驶。也许看向未来10年，当GPU更近一步、无可辩驳的成为世界计算中心时，一定会有无数人会回头看，正是这10年，并行计算和神经网络两大技术分别崛起，又命中注定般相互交汇，所驱动的巨大变革，构建了整个科技行业极其重要的一条光谱，它极其重要，又有些低调。而今天，它正如同黄仁勋所说的“光速”一般在飞速前进。

周 源

知乎创始人

每个时代都需要科技英雄，黄仁勋无疑是AI时代的科技英雄。英雄辈出会推动AI大潮滚滚，进一步提升人类在新大航海时代的巨大力量。

易 鹏

盘古智库理事长

在黄仁勋的努力下，英伟达在人工智能、自动驾驶、虚拟现实等前沿科技领域取得了显著的成就，成为全球科技行业的领军企业之一。黄仁勋的成功并非偶然，他的性格中有许多值得我们年轻人学习的地方。他决策果断，一旦确定目标，就会毫不犹豫地付诸行动。他对技术创新充满热情，始终保持着对新技术的好奇心和探索欲。他不怕失败，敢于在面对不确定性时勇敢前行。这种勇于尝试、勇于创新的精神，正是推动他和英伟达不断发展的重要动力。这本书不仅仅是关于一个人的传记，更是一部关于梦想、坚持和创新的启示录。希望大家都能读一读，从中汲取力量，在自己的人生道路上创造出属于自己的精彩。

苏德超

武汉大学哲学教授

在英伟达超越微软和苹果成为全世界市值最高的公司之后，大众猛然发现，已经创业30多年的黄仁勋是我们这个时代最伟大的企业家之一。有别于那些为了赶上热点匆忙写出来的书，本书作者围绕着黄仁勋和英伟达的发展历史，以及这家公司为何能够在这一轮人工智能热潮中成为最大受益者，做了大量的采访。看完这本书，真的很羡慕记者，有机会接触和采访这些前沿人物，从黄仁勋到杰夫里·辛顿再到张忠谋，还有其他英伟达的员工和高管、芯片行业其他参与者、人工智能革命的其他影响力人物。作者甚至把最后一次访问中黄仁勋对他的不满写了出来。当时他试图引导黄仁勋讨论机器和人工智能可能对人类的威胁，结果黄仁勋开始向他发泄怒火。但尽管如此，这本书仍然保住了。如果你对黄仁勋、英伟达和这一轮人工智能浪潮感兴趣，推荐你读一下这本书。

李 翔

记者、作家

《详谈》丛书作者

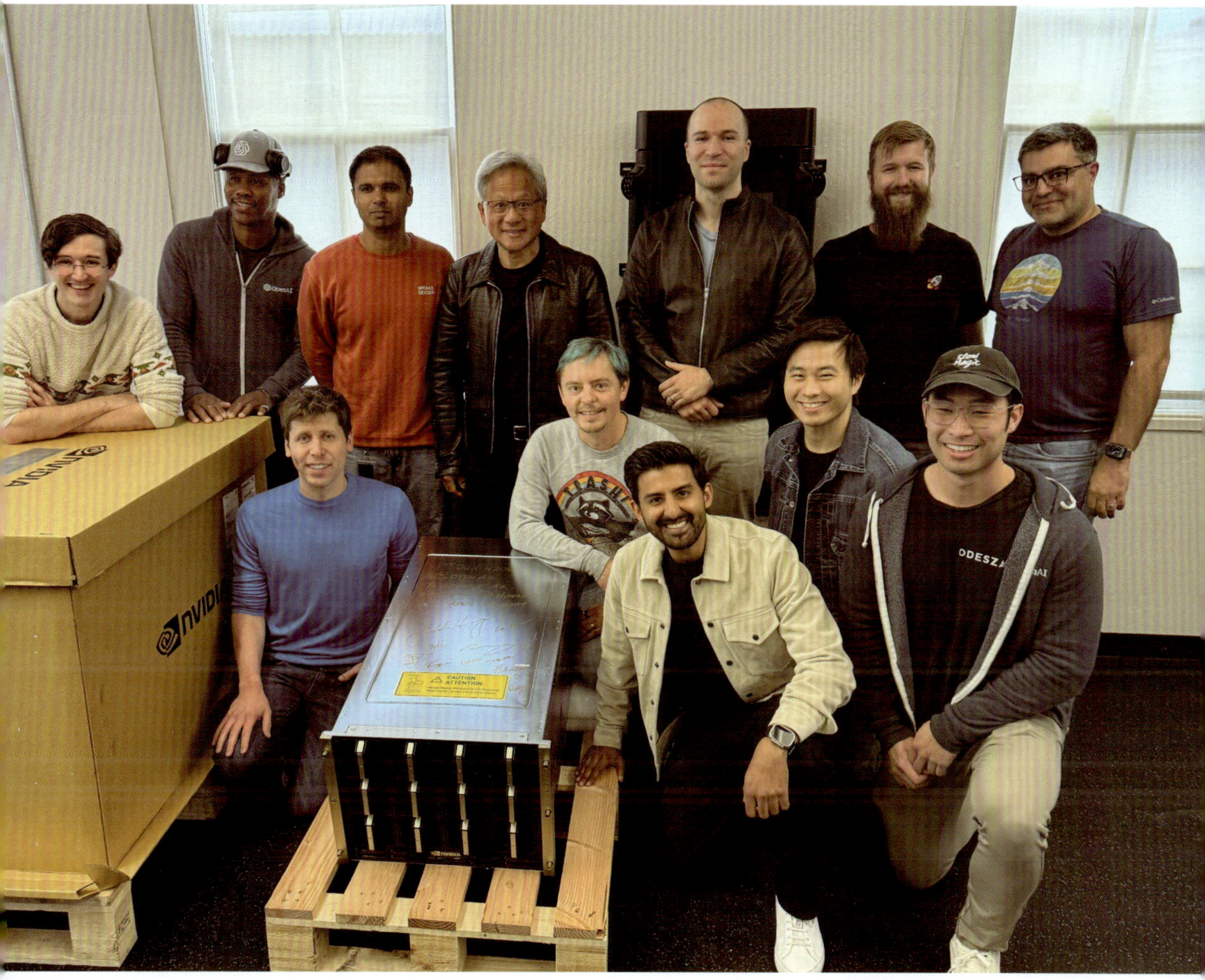

2016 年 8 月，黄仁勋向 OpenAI 捐出了英伟达第一台 AI 超级计算机 DGX-1。2024 年 4 月，历史性的一幕再次上演，黄仁勋将全球首台 DGX H200 亲自交付到 OpenAI 总部。

1999 年，该照片摄于英伟达上市期间。

1994 年，黄仁勋在森尼韦尔的办公室。

圣克拉拉的英伟达公司。

英伟达 GeForce 产品线发布的第一款产品——GeForce 256。

英伟达的第一个商务办公室，位于加利福尼亚州圣克拉拉的森尼韦尔。

1993 年，柯蒂斯·普里姆在英伟达办公室玩游戏。

位于圣何塞东部的丹尼路边餐厅。1993 年，英伟达的
三位创始人在这家餐厅做出了创建公司的决定。

英伟达的第一个办公室，联合创始人普里姆的联排别墅。摄于 1993 年。

Reminiscing

Seniors assemble

The annual assembly honoring the graduating class of 1980 was held Friday, June 6 at 10 a.m.

Various awards and scholarships were given to outstanding students. Among these were Journalism, Choir, Drama, Athletic, John Philip Sousa award, Louis Armstrong Jazz award, St. Bartholomew's and Student Government. Many scholarships were also presented including Tektronix, Tony McNicholas, E.S.A. and Washington County Board of Realtors scholarship.

Because of special circumstances, Jim Rodgers was presented with his diploma from principal Dell Squire during the assembly. Rodgers was honored with a standing ovation from the students, staff and families attending.

Faces of friends, parents and teachers revealed emotion as they watched the senior class of 1980 file out of the gym for the last time, the band accompanying them with the traditional recessional.

UP FOR AWARDS, Greg Dunn, Sue Haney, and Jen-Hsun Huang receive mathematic awards. **APPLAUDING** for her classmates, Jenny Howe listens intently to the speakers. **SENIORS** attend their last high school assembly.

Senior Assembly 245

这两张图片来自黄仁勋的高中毕业年鉴，那是他在波特兰阿罗哈高中的最后一年（1980 年）。照片中的文字描述了他因数学成绩优异获得了一个奖项。

青少年时期的黄仁勋与朋友们一起打台球。图片摄于 1978 年前后，由他的好友乔·罗曼诺斯基提供。

黄仁勋酷爱乒乓球，他在高中时期开始参加乒乓球比赛，展现出了过人的天赋。图片摄于 1978 年前后，由他的好友乔·罗曼诺斯基提供。

1963 年，黄仁勋出生于中国台湾。一档电视节目展示了黄仁勋小时候的这张照片。

2024 年 11 月 23 日，在香港科技大学举行的博士学位授予仪式上，黄仁勋被授予工程学荣誉博士学位。授予仪式结束后，黄仁勋与美国国家工程院外籍院士、香港科技大学校董会主席沈向洋对话，探讨关于技术、领导力和创业的故事。

黄仁勋与沈向洋身穿同款纪念皮衣。

克里斯·马拉科夫斯基是英伟达的联合创始人，并且担任高级副总裁和研究员。

吴恩达是斯坦福大学的计算机科学家，也是前 Google Brain 的负责人，他的研究对于英伟达转向人工智能领域至关重要。他是 AI Funds 的管理合伙人，并且领导着 DeepLearning.AI 和 Landing AI。

马克·史蒂文斯曾是红杉资本的合伙人，他于 1993 年加入英伟达的董事会。

林君睿是红杉资本早期团队的合伙人。他服务于 Airbnb、DoorDash、Houzz、Zipline 等公司的董事会。

湛庐CHEERS

与最聪明的人共同进化

HERE COMES EVERYBODY

CHEERS
湛庐

The Thinking Machine

[美] Stephen Witt
斯蒂芬·威特 著　　周健工 译

黄仁勋
英伟达之芯

中国财经出版传媒集团
中国财政经济出版社
北京

测一测

你对黄仁勋与英伟达了解多少?

扫码加入书架
领取阅读激励

- 黄仁勋倡导的“光速”，指的是公司整体的发展速度越快越好吗?（　）

  A. 是

  B. 否

- 以下哪家公司将世界上第一台专为 AI 打造的超级计算机捐赠给了 OpenAI？（单选题）

  A. 英伟达

  B. 英特尔

  C. 微软

  D. 苹果

扫码获取
全部测试题及答案，
一起了解万亿芯片帝国和
它的掌舵者

- 以下哪项是黄仁勋与马斯克的共同点?（单选题）

  A. 喜欢从幻想出发

  B. 立足于现实

  C. 是具有冒险精神的顶尖工程师

  D. 看重忠诚，极少解雇员工

扫描左侧二维码查看本书更多测试题

献给　简

The Thinking Machine

即使对看似不可能的事情也要练习。

马库斯·奥勒留

Marcus Aurelius

从摩尔定律到黄氏定律

沈向洋
美国国家工程院外籍院士
香港科技大学校董会主席

一周前，我在香港科技大学接待了黄仁勋博士，他刚接受了荣誉博士头衔，成为我们的校友。

在授衔仪式后，在和他的公开活动“炉边谈话”中，我请在这家过去 10 年市值增长了近 300 倍的公司担任 30 多年 CEO 的黄仁勋，和大家分享创业建议。

我问黄仁勋：“除了你 20 岁时，给你太太洛丽的承诺，30 岁时一定要成为 CEO，你还有什么别的创业建议分享给我们的学生吗？”

黄仁勋玩笑回应说：“那句话是我追我太太的说辞啦。我是班级里最小的孩子，我认为我当时唯一的优势就是看上去比较聪明。所以我和我太太说的第一句话是，‘你想看看我的作业吗？’。”全场哄堂大笑。

黄仁勋接着说：“后来我想向洛丽求婚，我那时才 20 岁，鼓足勇气承诺 30 岁成为 CEO，其实我不知道成为 CEO 意味着什么。”

敢做梦，善思考，能实现。如果把上面黄仁勋追太太的段子，换成他创办和塑造英伟达的故事，也一样成立。而黄仁勋正在英伟达实现的梦想足以改变人工智能技术发展，改变计算机行业，改变世界。

我在微软公司工作时，曾在西雅图总部多次接待黄仁勋。2004 年初他来访时，正逢 Windows 系统版本迭代，这是大部分来访贵宾的关注重点。黄仁勋与众不同，他对我们说：“我真的不关心 Windows 的更新，我最关心有什么新的 workload（计算机工作量）。我们英伟达能帮助和引领计算机行业的发展。”

后来，他点名提出想和微软研究院深度学习组的同事交流。那是 2014 年初，深度学习当时并没有在计算机产业的舞台中央，而是早期探索者的天地。10 年后的今天，这个领域成为计算机行业最大的 workload 之一。

要理解黄仁勋对人工智能的贡献，离不开这个数字：8 年 1 000 倍。根据英伟达官方博客，在过去 8 年里，英伟达的算力实现了 1 000 倍的增长！

20 世纪 60 年代，英特尔创始人之一戈登·摩尔提出，每隔约两年集成电路上可容纳的晶体管数目会增加一倍（后由英特尔 CEO 大卫·豪斯提出，预计每 18 个月芯片性能会提高一倍）。在摩尔定律下，10 年的算力可以实现约 100 倍的增长。相比 8 年 1000 倍，这意味着英伟达已经把算力基础设施从摩尔定律，带入黄氏定律的时代从摩尔定律到黄氏定律的意义，让我们略窥一二。

图灵奖得主杰弗里·辛顿曾在访问西雅图微软研究院期间，完成了极大推动深度神经网络在语音识别的研究工作。回到多伦多大学后，辛顿和他的两位学生研发出计算机视觉领域深度神经网络系统 AlexNet。在 AlexNet 相关论文发表的 2012 年，同样计算使用两块英伟达生产的 GTX 580 GPU 需要训练 6 天，而使用 2018 年时常见的英伟达 DGX-2 仅需 18 分钟。辛顿曾说，因为算力的稀缺，他的这项工作的研究方向一度并不被看好，甚至很难立项。

算力从贫瘠到可用，某种程度上可以决定一项划时代研究工作的命运。

如果你未曾做过计算机基础科研，对这个比照不够熟悉的话，那么全世界都在使用的语音助手、刷脸支付，乃至整个人工智能技术的产业化，都因为底层计算能力的大幅提升而拥有了可能性。

摩尔定律为 20 世纪后半叶的世界经济增长筑底，驱动了一系列科技创新，生产效率的提高和社会的改革。个人电脑、互联网、智能手机等领域的技术创新都离不开摩尔定律。**而现在黄仁勋和他的英伟达，正以远超摩尔定律的速度，几乎是凭借一己之力，交付着人工智能算力能力的增长。**

历史从不重复，但总是押着韵脚。也许我们马上就会经历人工智能时代寒武纪般的创新物种的大爆发。

算力就是生产力。算力的富足将我们带入计算时代。算力重新锚定了科技创新的坐标，在这个坐标系中，我们将摆脱算力贫瘠的假定，站到人类发展进程中的下一个真问题面前：那么，计算什么。

人们往往在尘埃落定之后，来勾勒一个伟大的故事。黄仁勋传记的不同在于，他伟大的创业故事还在继续。展现这个未完待续故事的必要性在于，它的起意、发生、发展，正在颠覆我们现在所熟悉的一切。这样来看，不管你是否身处正在经历巨变的人工智能行业，阅读这本传记都意义非凡。

这是一部我非常推荐的传记。黄仁勋正用他的努力和远见告诉我们，所有华彩，皆为序章。

2024 年 12 月

于香港清水湾

目　录

引　言

他并非总是赢家，可一旦赢了就是大手笔

这是一个关于一家小众电子游戏硬件供应商如何成为全球最具价值公司的故事。

这是一位倔强的企业家如何持续推行自己对计算机技术的激进愿景，30 年间成为当今世界最富有的人之一的故事。

这是一个伟大的硅芯片革命的故事，是一小群叛逆的工程师如何不顾华尔街的反对，促使这一切发生的故事。

这也是一个关于一种新型人工智能诞生的故事，它令人惊叹，又让人畏惧，而且它对人类的长远影响尚不可知。

故事的主角是一位充满冲劲、喜怒无常，但又才华横溢且极其专注的人。他的名字叫黄仁勋。黄仁勋担任公司 CEO 已达 32 年，是标准普

尔 500 指数所有科技公司中任期最长的 CEO。同时，他还是一位颇有远见的发明家，他对电子电路的内部机理了如指掌。他能从第一性原理推导出今天的微芯片有何功能，并满怀信念地赌它们明天将有更大的作为。

他并非总是赢家，可一旦赢了就是大手笔：他对早期人工智能的全面投入是硅谷历史上最精彩的投资之一。他的公司英伟达市值达到 3.5 万亿美元，超越苹果和微软，成为全球市值第一的公司（截至 2024 年 11 月）。

黄仁勋本人很有魅力，风趣幽默，常常自我调侃，却又经常表现得自相矛盾。他总是用一种半开玩笑式的诙谐口吻说话，往往又表现得很严肃。2023 年，我们在丹尼餐厅共进早餐，那是他最喜欢的连锁餐厅。30 年前，黄仁勋就是在这家餐厅制订了英伟达的商业计划书；那天，在和服务员聊天时，他点了 7 样东西，包括一个"超级鸟"三明治（Super Bird）和一份炸鸡排。"你知道吗，我以前在这儿当过洗碗工，"他对服务员说，"但我工作很努力！真的特别努力。所以我才升为了餐厅服务员。"

黄仁勋出生于中国台湾，10 岁时移民到美国。丹尼餐厅是他融入美国社会的一个试验场——得益于在那里工作，青少年的他就几乎尝遍了菜单上的所有菜品。不过，他告诉我，他始终保持着一种"外来者"的视角。"我永远是个移民，"他说，"在内心深处，我永远是中国人。”1993 年，他与其他人共同创办了英伟达，当时他 30 岁。英伟达最初瞄准的是新兴的高端电子游戏图形处理市场。那时候，他的产品深受欢迎——他的客户们喜欢自己组装电脑，有时还会购买透明机箱来展示英伟达的硬件。

在成功率为零的领域，冒险押注

20 世纪 90 年代末，为了更好地渲染《雷神之锤》系列游戏的画面，英伟达对其处理器的电路架构做了微妙的调整，使其能够同时处理多个问题。这种被称为“并行计算”的方法是一次激进的赌博。“在我们涉足之前，并行计算的成功率是零。”黄仁勋一边说着，一边列举出一长串已被人遗忘的初创企业。“真的是零。所有试图商业化的人都失败了。”但黄仁勋无视这一令人沮丧的纪录，勇敢地与华尔街背道而驰，10 多年来坚持追求自己与众不同的构想。他开始寻找除游戏玩家之外的客户，那些需要大量算力的客户——气候科学家、放射科医生、深海石油勘探者，等等。在此期间，英伟达的股价大幅下跌，他不得不抵御恶意收购者的攻击以保住自己的职位。

黄仁勋坚持这一构想很多年，这也让他遭受了连年的亏损，直到 2012 年，多伦多一群持不同见解的学者购买了两张消费级视频游戏显卡，用来训练一种奇特的人工智能——神经网络。当时，模仿生物大脑结构的神经网络备受冷落，大多数研究人员认为它们只是过时的玩意儿。然而，当黄仁勋看到神经网络在他的并行计算平台上的训练速度如此之快时，他毅然决定将整个公司的命运押注在这种出人意料的共生关系上。**黄仁勋现在需要的是让这两种曾在市场上失败过的技术能够一起发挥作用。**

这一冒险的企业战略最终押注成功，英伟达的市值飙升数百倍。在过去的 10 年里，该公司已经从销售 200 美元的游戏配件，发展到提供价值数百万美元、能摆满一整层楼的超级计算设备。通过与 OpenAI 等先锋企业合作，英伟达在过去 10 年将深度学习应用的速度提升了 1 000 多倍。所有主流的人工智能应用，如 Midjourney、ChatGPT、Copilot 等，都是在英伟达的机器上开发出来的。正是由于算力成千亿倍的增长，才使得现代人工智能的繁荣成为可能。

凭借在硬件上近乎垄断的地位，黄仁勋无疑成了人工智能领域最具影响力的人物。毋庸置疑，他从中赚取的财富也比其他任何人都要多。黄仁勋与在淘金热潮中诞生的加利福尼亚州首位百万富翁塞缪尔·布兰南（Samuel Brannan）颇为相似，布兰南是 19 世纪 40 年代末旧金山知名的淘金设备供应商。只不过黄仁勋卖的不是铲子，而是售价 3 万美元、包含 1 000 亿个晶体管的人工智能训练芯片。如今，想要购买他最新硬件的顾客，需等待超过 1 年的时间；而在黑市中，他的芯片价格甚至是官方售价的两倍。

人工智能纯粹是推动进步的力量

黄仁勋思考问题的方式并不像商人，更像工程师。他擅长将复杂的概念分解为简单的原则，并运用这些原则创造出卓越成果。“我会竭尽全力不让公司倒闭，”他在吃早餐时和我说，“我会拼尽全力避免失败。”黄仁勋认为，随着人工智能的发展，自 20 世纪 60 年代初由 IBM 推出以来几乎未曾改变过的数字计算基础架构，如今正面临着被重塑的现实。“深度学习并非一种算法，”他说，“它是一种方法，一种全新的软件开发方式。”

这种新型软件拥有令人叹为观止的能力。它能像人一样交谈、撰写大学论文、解决复杂的数学问题、提供专家级的医疗诊断，还能共同主持播客节目。随着可用算力的增强，它的性能也不断得到提升，似乎永远不会达到瓶颈。

在与黄仁勋共进早餐的前一天晚上，我观看了一段视频，视频中一个搭载了这种新型软件的机器人先是若有所思地盯着自己的双手，然后它好像识别出了那是自己的手，便开始对一堆彩色积木进行分类。这段视频让我不寒而栗，人类这一物种的淘汰似乎已经近在眼前。黄仁勋用手指将煎饼裹住香肠，对我的担忧不以为意。“我清楚它的工作原理，没什么好担心的，”他解释道，“这与微波炉的运作并无二致。”我继续向他追问——一个自主行动的机器人肯定会带来微波炉所没有的风险。他回应道，自己从未对这项技术有过丝毫担忧。“它仅仅是在处理数据而已，”他轻描淡写地说，“世上还有很多更值得我们担心的事情。”

未来的走向没人能够预料。许多技术专家如今都忧心忡忡，认为人工智能的能力已经对人类物种的生存构成了直接威胁（在这些持“末日论”观点的人士中，就包括最初在黄仁勋的平台上实现了人工智能突破的那些科学家）。然而，**黄仁勋对这种悲观论调嗤之以鼻。在他看来，人工智能纯粹是推动进步的力量，他认为，人工智能正在引领一场崭新的工业革命。在这个话题上，他不容许有太多异议，而且他的个性强势，可能会让人望而生畏。**（“和黄仁勋打交道，就像把手指伸进电源插座一样。”他的一位高管这样说道。）黄仁勋的员工对他极为崇拜——我觉得要是他看到摩天大楼窗外有商业机会，员工们会毫不犹豫地跟着他跳出去。

2023 年 5 月，数百名行业领袖签署了一份声明，将失控的人工智能所带来的风险与核战争的风险相提并论。黄仁勋并未在这份声明上签字。一些经济学家注意到，工业革命导致全球马匹数量相对减少，他们由此担心人工智能是否也会对人类造成同样的影响。“马能干的活有限，”黄仁勋说，“比如，马不会打字。”吃完饭后，我表达了自己的担忧：不久的将来，如果将我们的谈话笔记输入一个智能引擎中，它将会产生条理更清晰、质量更上乘的文章。黄仁勋并没有否定这种可能性，但他向我保证，在我遭遇像约翰·亨利那样的时刻之前[①]，我还有几年时间。“首先

① 约翰·亨利是美国 19 世纪铁路工人中的一员，曾与蒸汽钻头比赛挖掘隧道，最终因疲劳过度而命丧黄泉。约翰·亨利时刻也就是指机器在某些方面超越人类的时刻。

受到冲击的会是小说作家。”他说。然后，他给了服务员 1 000 美元小费，便起身离开了。

“放大”，黄仁勋贯穿一生的主题与原则

我发现黄仁勋是个令人难以捉摸的采访对象，从某些方面来说，他是我采访过的最难打交道的人。他不喜欢谈论自己，有一次面对我的一个问题，他干脆直接跑开了。在接到撰写这本书的委托之前，我曾为《纽约客》杂志写过一篇关于黄仁勋的人物专访。黄仁勋告诉我他没读过那篇文章，而且也没打算去读。当得知我要为他写传记时，他回应道：**“我希望书出版前，我就死了。”**

尽管如此，黄仁勋还是给我介绍了很多人来帮助我撰写这本书。我与将近 200 人进行了交谈，其中包括他的员工、联合创始人、竞争对手以及几位与他相交多年的老友。从这些采访中，浮现出一位可爱的甚至有点傻乎乎的居家男人的形象，这与那个毫不掩饰对成功的渴望、如猛兽般在商界厮杀的企业高管形象大相径庭。然而，正是这些不同的侧面共同构筑了黄仁勋的远大抱负。他坦诚地向我吐露了他的不安，他担心让员工失望，担心给家族蒙羞。许多高管在谈及利润时，会将其视为“成功的衡量标准”，但黄仁勋不然；对他来说，金钱只是对未来可能发生的某些灾祸的一种临时保障。听到一个身家千亿的人这样说，着实有些令人动容。

驱使黄仁勋向前的，不仅仅是焦虑。他同样被自己所开创的技术所释放出的惊人力量深深吸引。他最初并未打算成为人工智能领域的先驱，即便是在他将重心转向并行计算时，也未曾有过这样的念头。然而，当机遇来临时，黄仁勋却下定决心，要尽可能远、尽可能快地推动他的机器智能发展计划。即便是该领域最乐观的展望者，也主张应保持一定程度的审慎，例如，OpenAI 的成立背景便是防范灾难的发生。而几乎只有黄仁勋坚信，人工智能只会带来益处。正是这样的信念，支撑着他每天工作 12 到 14 小时，一周 7 天，常年无休，哪怕是在担任 CEO 长达 30 年之后。

当然，**努力工作就是黄仁勋的本性。倘若说他的生活有一个贯穿始终的主题，那便是“放大”（amplification）；他一次又一次地执行着勤奋、勇气和掌握基本原则的简单准则，成效越来越大。**我惊讶地了解到，早在 1973 年，当他还是一个独自来到美国、没有父母陪伴的移民小男孩时，那个日后成就卓越的他便已初露端倪。当时他的成长环境极为恶劣，他能挺过来简直就是个奇迹。所以，若想全面了解黄仁勋，我们就不应将视线停留在丹尼餐厅，或是他后来建造的宏伟技术殿堂，而是应该回到那所贫困的乡村学校。

我们的故事，必须从那里开始讲起。

The Thinking Machine

Jensen Huang, Nvidia, and the World's Most Coveted Microchip

第一部分

与光竞赛，从洗碗工到万亿芯片帝国的掌舵者

我们公司离破产只有 30 天。

—— 黄仁勋

Our company is thirty days
from going out of business.

The Thinking Machine

第 1 章

求学生涯：

从被霸凌的小学生到优秀的大学毕业生

他是个绝佳的欺负对象

1973 年底的某一天，10 岁的黄仁勋从宿舍床上起身，踏上了前往学校的冒险旅程。黄仁勋出生于中国台湾，在泰国长大，刚刚来到美国中东部肯塔基州的乡下。他沿着一条小路走下斜坡，经过一片林木丛生的山间洪泛区，还要走过一座摇摇欲坠的吊桥。那座桥用绳索悬吊着，因为桥面上缺失了许多木板，所以站在桥上能看到下面湍急而冰冷的河水。

他是个聪明且认真的孩子，跳了一级，当时在读六年级。他比同龄的孩子显得矮小一些，在同年级的班上常常是个头最矮的男生。他的英语说得不太好，是学校里唯一的亚洲学生。在奥奈达小学，他同学的父母多是种植烟草的农民和煤矿工人，几乎都是白人，其中大多数生活穷困，有些人家里甚至连自来水都没有。

黄仁勋和哥哥杰夫是在学年进行到一半时来到这里的，他们的父母还留在泰国。兄弟俩住在附近的奥奈达浸信会学院的寄宿学校里，但黄仁勋年纪太小，还不能进入奥奈达浸信会学院就读，所以被安排进入了奥奈达小学。第一天，校长搂着他，向全班同学介绍这位来自世界另一端的新同学，夸他非常聪明。然而，就是从那时起，他成了被霸凌的对象。“他是个绝佳的欺负对象。”黄仁勋的同学本·贝斯（Ben Bays）回忆说。

黄仁勋来这里之前，贝斯一直是被欺负的对象。像黄仁勋一样，贝斯的个子不高，也是个品学兼优的好学生。学校里的恶霸们把他关在储物柜里，在长达数小时的时间里“赞扬”他的这些优点。但自从黄仁勋转学来到班上之后，他们的注意力就转移了，还因种族因素而变本加厉——很多家在肯塔基州的同学都有家人参与了越南战争。“那时候，人们都用‘Chinks’（中国佬，辱华词汇）来称呼中国人。”50年后，在我们首次交谈时，黄仁勋这样告诉我。他面无表情地说道：“我们每天都会被人这样叫。”

无论是在课堂上还是课堂外，那些恶霸处处针对他。他们会在走廊里推搡他，在操场上恶意追赶他。那座桥成了他们钟爱的捉弄地点。即便在没有这些人的情况下，独自过桥也很危险。当黄仁勋走到桥中央，欺凌他的人会从两岸的藏身之处跑出来，抓着绳索开始摇晃，企图将他甩入河中。“不知为何，这些似乎从未对他造成任何影响，”贝斯说道，“甚至他看起来还挺开心的。”

很快，贝斯和黄仁勋就成了亲密无间的朋友。尽管存在语言障碍，黄仁勋在学业上的表现十分出色，赶超贝斯成为最优秀的学生。他极具艺术天赋，书法也十分漂亮，尽管那时他只会写大写字母。他还教贝斯如何打架。当地男孩们对中国文化的了解，都来自李小龙的电影。一开始，黄仁勋虚张声势，告诉大家自己是武术高手。然而，他在操场上的表现使这一谎言被戳穿了。不过，他虽然技艺不精，却满怀斗志。每每受到挑战，他总是会奋起反击，有时甚至能将块头比他大的男孩撂倒在地。在贝斯的印象中，黄仁勋从未落于下风。（“我记得不是这样的。”黄仁勋笑着回应。）尽管如此，黄仁勋仍鼓励贝斯勇敢反击，一段时间后，霸凌现象开始变少。

贝斯家境极为贫寒，有 5 个兄弟姐妹，父亲是传教士，常常四处打工。他们住在一处名为“山谷凹地”的山谷入口处，房子破旧不堪，屋后还有个简陋的旱厕。在成长过程中，贝斯从未接触过像黄仁勋这样的人，他也难以想象，究竟是怎样的境遇，使这个早熟又无人监管的孩子来到了肯塔基州克莱县阿巴拉契亚山区的偏远郊区，这里可是全美国最贫困的地区之一。

黄仁勋在家中排行老二，1963 年 2 月出生于台南。父亲是一名化学工程师，母亲曾是一名小学教师，母语是闽南语。

黄仁勋 5 岁时，他的父亲黄兴泰在泰国的一家炼油厂找到了工作，然后全家搬到了曼谷。黄仁勋对东南亚的记忆是模糊的。他回忆说，他把打火机里的液体倒在家里的游泳池水面上，然后点着了。他还记得当时一个朋友养的宠物猴。20 世纪 60 年代末，父亲在去空调巨头开利公司（Carrier）培训的路上造访了曼哈顿。开利公司当时正在通过精确调控空气的温度和湿度来改变人们的办公室处境。[①] 他对纽约的发展感到震惊，回来后决定举家迁往美国。

黄仁勋的母亲罗采秀开始教孩子们英语，为搬去美国做准备。她不会说英语，但这只是一个小小的障碍。凭借当老师的经验，她每天晚上让儿子们从字典中随机挑选 10 个新单词学习。第二天，她又让他们反复复习这些单词。就这样过了一年左右，她把 3 个男孩送进了一所国际学校，黄仁勋开始用英语接受正规教育，同时继续和父母用闽南语交流。

1973 年 10 月，50 万名抗议者涌上曼谷街头，要求推翻泰国的军人统治。政府则以武力镇压，黄仁勋回忆称，他曾亲眼看见坦克在街道上横冲直撞。由于担心局势进一步恶化，父亲决定将他和哥哥送往美国华盛顿州的塔科马，与黄仁勋的舅舅同住，而他们夫妻两人则和最小的儿子留在泰国。舅舅觉得两个孩子应该上寄宿学校，于是开始寻找愿意接收这两个无人照料的孩子的学校。他们一个 10 岁、一个 12 岁，与父母相隔上万公里。舅舅最终帮他们选择了位于肯塔基州的奥奈达浸信会学

① 李光耀将新加坡经济的成功归因于两个因素：多元文化的包容和空调。他说，“空调对我们来说是一项最重要的发明，也许是历史上的标志性发明之一”，“它改变了文明的本质，使热带地区的发展成为可能”。

院，他可能误认为这是一所著名的预科学校。实际情况是，奥奈达浸信会学院是一所青少年行为矫正学校，位于人口仅有 300 人的小镇上。这所学校由浸信会牧师詹姆斯·安德森·伯恩斯（James Anderson Burns）创办于 1899 年，他的初衷是希望结束一场致命且长期的家族纷争。[①] 到了 20 世纪 70 年代，尽管奥奈达浸信会学院也接收了一些国际学生，但它主要还是被视为收留问题少年的“最后选择之地”。

黄仁勋和哥哥到校后发现，校园里到处都是烟蒂。“每个学生都抽烟，我想我是学校里唯一一个没有折叠刀的男孩。”黄仁勋说道。10 岁的黄仁勋和一个 17 岁的室友同住。他们同住的第一个晚上，室友掀起衣服，向他展示了自己在最近发生的一场斗殴中留下的多处刺伤。室友不识字，作为教他认字的交换条件，“他教我做俯卧撑，我每晚睡前都会做上 100 个俯卧撑”。这个习惯，黄仁勋坚持到现在。

为了更好地融入其中，黄仁勋和哥哥改了自己的英文名字：Jen-Chieh 改成了 Jeff，Jen-Hsun 则改成了 Jensen（他们最小的弟弟后来也把自己的英文名 Jen-Che 改成了 Jim）。兄弟俩通过国际邮件邮寄录音带，与远在泰国的父母保持联络。每次联系时，他们都会先听父母的留言，然后再用新的录音覆盖上去。在这个过程中，黄仁勋很少流露思乡之情。对他而言，这段经历更像是一场别开生面的探险。

① 伯恩斯在被步枪击中头部并被丢弃在沟里等死时，萌生了创办这所学校的想法。

每到夏天，奥奈达浸信会学院的学生们都需要通过劳动来挣生活费。哥哥被分配到了烟草农场，黄仁勋则留下来负责打扫宿舍的卫生间。“这并不是惩罚，”黄仁勋解释道，“这就是我当时的工作。”黄仁勋的另一份差事是在学校的工作场地上挥舞镰刀割草。贝斯回忆称，在一次驱车前往教堂穿越田野时，他瞥见了黄仁勋。“我们经过时看见他身着棒球衫在绕着圈儿跑，忙着割杂草。”

在奥奈达小学学年结束时，黄仁勋几乎征服了这所学校。他成绩拔尖，还因此在学校集会上荣获了一枚银币。面对种族主义者的侮辱谩骂，他毫不畏惧，勇敢回击，甚至面对老师也是如此。每当放学铃声响起，黄仁勋总是冲在最前面，率领同学们冲进山核桃树与橡树交织的密林。克莱县那些“顽皮的男孩”紧随其后，他们脚下是阿巴拉契亚山脉松软的泥土。

只能选择坚强并勇往直前

1974 年夏天，黄仁勋住进了学校宿舍，每周都期待着与留校的同学们一起看美国广播公司的《周日电影之夜》（*Sunday Night Movie*）。秋天来临的时候，他会直接从窗外树上摘下新鲜的苹果享用。他在奥奈达浸信会学院开启了七年级的学习生涯，而贝斯则继续在公立学校上学。得益于那位身上有刀疤的室友的关照，黄仁勋很快适应了新环境。一年后，他的父亲在美国找到了工作，兄弟俩便离开肯塔基州，前往俄勒冈州与家人团聚。直到 44 年后，贝斯与黄仁勋才得以重逢。

在此期间，贝斯成了养老院的一名管理员，而黄仁勋则跻身全球富豪之列。对此贝斯并不感到意外，他透露，早在童年时期，他就深信黄仁勋必将成就一番伟业。2019 年，两人再度会面，当时黄仁勋重返奥奈达浸信会学院，为学校捐建了一座建筑。“他始终记得我。”贝斯说道。

对许多孩子来说，在肯塔基州的那两年可能会是一场创伤。黄仁勋 10 岁时，被送到距离父母一万多公里外的异国他乡，对那里的语言几乎一窍不通。他饱受欺凌、孤立无援，甚至被迫与一名拥有刀具的斗殴者同住一屋，并被安排清扫厕所。**究竟是什么力量支撑着他在如此恶劣的环境中还能够茁壮成长？“那个时候没有心理咨询师可以倾诉，”黄仁勋坦言，“你只能选择坚强，勇往直前。”**

时间或许冲淡了黄仁勋对奥奈达浸信会学校的痛苦记忆。在 2019 年给学校捐赠时，他满怀深情地回忆起昔日上学途中那座破败的吊桥（现在已不复存在）。对于当年其他学生企图将他从桥上推下去的往事，他只字未提。**当我问及他在学校做杂务的经历时，他表示，那些日子让他认识到了努力工作的价值，“当然，如果你在当时问我，我的回答可能截然不同。”**2020 年，黄仁勋受邀为奥奈达浸信会学院的学生作远程毕业致辞。在演讲中，他表示，在校时光是他生命中最美好的经历之一。

他打球极富攻击性，总是在进攻

1976 年，黄仁勋被俄勒冈州波特兰郊区的阿罗哈高中录取。当时他身着牛仔和丝绒质地的衣服，头发梳成了摩托车头盔的形状。在校期间，他学业优异，英语水平也得到了迅速提升。阿罗哈高中氛围友好，他很快便与几位书呆子同伴结成了一个紧密的小圈子。“我们有三四个人，都加入了相同的俱乐部：数学俱乐部、科学俱乐部和计算机俱乐部，”黄仁勋说道，“你知道的，我们当时都是很受欢迎的学生！不过我那时并没有女朋友。”

计算机俱乐部尤其令他着迷。1977 年，学校购入了一台 Apple II，这是最早批量化生产的个人电脑之一。黄仁勋被这台机器迷住了，用它在原始的游戏《超级星际迷航》（*Super Star Trek*）中在文本网格上射击克林贡人，还用 Basic 语言编写了自己版本的《贪吃蛇》游戏。

此外，他还对乒乓球颇有兴趣。在奥奈达浸信会学院就读期间，黄仁勋就在娱乐室的乒乓球桌上“称霸一方”，不过当时他并没有认真对待这项运动。直到高中时期，他才开始参加乒乓球比赛。

他的教练是卢·博钦斯基（Lou Bochenski），一家名叫 Paddle Palace 的乒乓球俱乐部的老板。这家俱乐部位于一个改建的 Elks Lodge 舞厅内。博钦斯基的女儿朱迪曾于 1971 年访问过北京，是“乒乓外交”交流中的幸运受邀者之一。不过，黄仁勋从未在亚洲参加过比赛，他习惯使用的是西方式握拍。

整个夏天，黄仁勋都专注于练习。博钦斯基对他大为赞赏，甚至致信《体育画报》（*Sports Illustrated*），称赞黄仁勋为“西北地区有史以来最具潜力的青少年乒乓球运动员”，尽管他当时只打了 3 个月的比赛。黄仁勋的招牌击球动作是正手弧圈球，凭借这一招，他击败了许多排名更靠前的选手。有时，为了救回看似不可挽回的球，他甚至会扑到桌下回击。不到一年的时间，他就进入了全美排名，并在拉斯维加斯举办的 16 岁以下组别的双打锦标赛决赛中亮相。博钦斯基的朋友乔·罗曼诺斯基（Joe Romanosky）评价：“他掌握乒乓球的速度无人能及。”

黄仁勋不仅运动天赋出众，反应灵敏，更难能可贵的是他拥有超凡的专注力。当他决心提升自己时，便会全神贯注、心无旁骛。**他比任何人都更努力，似乎从不会感到沮丧或陷入困境，他从未陷入过止步不前的境地。相反，黄仁勋总是带有一种适度的满足感，耐心地专注于打磨基本功，并逐步将这些转化为实战技能。**

那段时间，他几乎都在 Paddle Palace 俱乐部度过，不练球的时候，他就在那里工作，晚上靠拖地来赚取参赛费用。博钦斯基甚至给了他一把钥匙。有时，他宁愿睡在俱乐部里，也不肯回到父母身边。一张旧照片记录下了那个时期的黄仁勋。照片中有一张乒乓球桌，周围的装饰富丽堂皇，上面是华丽的吊灯，下面是硬木地板，一张软垫长椅嵌入墙内。当时的黄仁勋大约 15 岁，身着 20 世纪 70 年代风格的高腰健身短裤与条纹长筒袜。他俯身站在桌旁，留着锅盖头，正在以一种侵略性极强的姿态全力击球。罗曼诺斯基说："他打球极富攻击性，总是在进攻。"

临近毕业，黄仁勋在丹尼餐厅找到了一份工作。这家全美知名的连锁餐厅，以其焦香的咖啡、特制的蛋粉、热腾腾的香肠卷饼与 24 小时不间断的服务而声名远扬。黄仁勋非常喜欢这份工作。他从洗碗工做起，逐步晋升为服务员。"**我发现自己身处逆境时思维最清晰。**当周围一片混乱，我的心跳反而会放缓，"他后来回忆道，"这或许与我在丹尼餐厅的工作经历有关。作为服务员，你必须学会应对客流高峰。任何在餐馆工作过、经历过用餐高峰时段的人，都能理解我在说什么。"

丹尼餐厅让黄仁勋快速领略了美式料理的魅力。在这里，他第一次尝试了培根芝士汉堡、香肠卷和炸鸡排。他按顺序品尝了菜单上的每一道菜；而他最钟爱的是一款名为"超级鸟"的烤酸面包三明治，中间夹着火鸡胸肉、培根、西红柿与芝士。对于一个正在努力融入美国文化的移民而言，大快朵颐餐厅便餐，无疑是最具美国特色的体验。

黄仁勋的学业成绩出类拔萃，是全美荣誉学会会员。他对成功的渴望源于内心。黄仁勋告诉我，他的父母对孩子要求并不是极为严格（即所谓的虎爸、虎妈），也未曾给他过多的学习压力。"其实，我的两个兄弟学业都不太好。"他坦言，但随即补充道，他们都非常聪明。当我询问黄仁勋，为何在家中排行老二的他会如此努力，在学校有如此突出的表现时，他耸了耸肩。“我也说不清楚，”他回答，“我尽量不去这样分析自己。”

高中毕业时，黄仁勋已经跳过了一个年级，成了一名参加全国比赛的运动员，并保持着接近满分的平均绩点。然而，他选择避开激烈的大学录取竞争，就近进入了俄勒冈州立大学。黄仁勋表示，这个决定并未经过太多深思熟虑，父母也没有要求他去其他大学。他的高中密友迪安·范海登（Dean Verheiden）家里有人毕业于俄勒冈州立大学，他也要选择这里，于是黄仁勋也选择了这里。“我只是跟着我的好朋友走。”他说。

然而，外界对此却有着不同的解读。那时年仅 17 岁的黄仁勋已经在 3 个国家生活过，至少上过 5 所不同的学校。当时，俄勒冈州立大学的录取率高达 70% 以上，虽并非俄勒冈州内顶尖的公立学府，但学校距离他父母的家仅 90 分钟车程。“他本可以去任何顶尖学府——常春藤盟校、斯坦福大学，甚至是东海岸的任意一所大学，”他的一位老友如此说道，“但他最终选择了俄勒冈州立大学，就是想离家近些。”

黄仁勋于 1980 年入学。那时，俄勒冈州立大学尚未设立专门的计算机科学学位，因此黄仁勋选择了电气工程专业。这一选择在很大程度上决定了他之后的人生轨迹。他学会了电路设计，并将此作为毕生的职业。除此之外，他还在那里邂逅了未来的妻子。

洛丽·米尔斯（Lori Mills）是一名严谨的18岁俄勒冈州立大学新生，戴着眼镜，留着卷曲的棕色头发，性格友善、平易近人。她渴望过上有条不紊的生活，并为自己设定了明确的人生规划：22岁开启职业生涯，25岁步入婚姻，30岁生孩子。在开始上课的第一周，她在一次随机分组中与黄仁勋成了实验室搭档。“电气工程专业大约有250名学生，其中仅有3名女生，”黄仁勋回忆道，“在我看来，她是最漂亮的。”为了赢得洛丽的青睐，男同学们展开了一场激烈的竞争，而黄仁勋自觉没有优势。“毕竟，我是班里年纪最小的学生，”他坦言，“我看起来就像个12岁的孩子。”

由于不想采用常规的追求方式，黄仁勋选择了另一种策略。“我试图给她留下深刻印象——当然不是靠外貌，而是靠我出色完成作业的能力。”他说。每个周末，黄仁勋都会打电话给洛丽，缠着她一起做作业。他在这方面表现得很出色，有时甚至称之为他的“超能力”。洛丽答应了，两人一起取得了优异的成绩。

在实验室研究中，黄仁勋和洛丽在一种被称为“面包板”的矩形塑料网格上工作，通过连接各种电子元件来搭建放大器和加法器。这项工作精细而烦琐，需要极大的耐心，而且两人会发生许多近距离接触。电流从电源出发，流经各种元件形成一个回路，最终回到起点。简单的电路或许只能为灯泡或数字时钟供电，而更高级的电路则使用了一种名为“晶体管”的特殊元件，它可以像数字开关一样工作。通过组合晶体管，就能创建一个“逻辑门”，通过组合逻辑门，就能执行基本的计算，比如“1+0”或者“1+1”。将这些简单的加法器连接在一起，就能进行复杂的数学运算。最后一步总是闭合电路，形成电流循环。6 个月在面包板上的细致协作之后，黄仁勋邀请洛丽进行了一次正式的约会。洛丽点头应允，自此之后两人形影不离。

黄仁勋提前完成了学业，并以最优异的成绩毕业。**当时恰逢 20 世纪 80 年代的硅革命浪潮。虽然学生们可能还在使用面包板，但商业电路逻辑的首选材料是一种被称为“半导体”的经过处理的硅晶体。**技术人员借助极紫外线将逻辑电路“打印”在硅晶圆之上，随后切割成小块，称之为“微芯片”。鉴于芯片上的电子元件都固定在适当的位置，微芯片又常被称作“集成电路”。

20 世纪 80 年代的个人电脑热潮极大地推高了市场对微芯片的需求，数字设备的普及亦是如此。微芯片被广泛应用于汽车、CD 播放器、儿童玩具、微波炉等各类实用的生活物品中。随着时间的推移，它们还被用到了电源充电器、冰箱、信用卡和电动牙刷等产品中。这导致熟练的电路设计师供不应求，至今依旧如此。临近毕业之际，黄仁勋在被誉为“世界微芯片之都”的硅谷找到了工作。

第 2 章

职涯早期：

AMD、LSI 和太阳微系统公司

20 岁，起薪 28 700 美元

1984 年圣诞节前夕的黎明时分，加利福尼亚州与俄勒冈州交界处的一条荒凉的山路上，树木在沥青路面投下西斜的阴影，映照在一辆快速行驶的炫酷汽车上。那是一辆丰田 SUPRA 双门跑车，棱角分明，搭载直列六缸发动机。从正面看，打开的车灯让它看起来像是一台友善的机器人。黄仁勋坐在驾驶座上，转弯后在空旷的道路上加速向前驶去。他显然信心满满。副驾驶座上坐着他的女友，如今已是未婚妻的洛丽·米尔斯。黄仁勋在前一晚向她求婚了，在他任职的微芯片制造商超威半导体公司（AMD）所举办的盛大圣诞派对上。他在还未达到法定饮酒年龄时就加入了 AMD，当时只有 20 岁，起薪高达 28 700 美元，这个数字令他印象深刻，40 年后仍能脱口而出。黄仁勋生活节俭，一年后便攒够了钱买车和订婚戒指。

AMD 的派对是个求婚的理想场所。每年，AMD 都会租下旧金山的莫斯康展览中心，为员工们提供免费酒水，并邀请知名乐队现场表演。

那一年，“芝加哥”摇滚乐队为工程师们带来了 *Saturday in the Park* 和 *25 or 6 to 4* 等舞曲。1984 年，硅谷的科技产业仍是美国经济的前哨。黄仁勋加入 AMD 时，美国最有价值的公司还是像杜邦和通用电气这样的传统工业公司。在他这一代企业家完成使命的时候，这些工业集团的力量被削弱，科技公司在股票市场占据了主导地位。

洛丽答应了求婚。即便以当时的标准来看，他们也属于早婚：黄仁勋才 21 岁，洛丽 22 岁且尚未毕业。但他们两人都在家庭生活中找到了慰藉，他们的婚姻成为两人社交圈中羡慕的对象。求婚成功后，黄仁勋提出开车送洛丽回家，把这个好消息亲自告诉她的父母。他与洛丽一家关系亲密，尤其是洛丽的父亲—— 一位和蔼可亲、酷似演员吉米·斯图尔特（Jimmy Stewart）的美国家长。洛丽的父母也非常喜欢黄仁勋，认为虽然女儿还很年轻，但也不可能找到更合适的伴侣了。朋友们常开玩笑说，黄仁勋跟洛丽的父母比跟自己的父母还要亲。

尽管黄仁勋成熟稳重，但有时仍会冒出一些只有 21 岁的年轻人才会觉得合理的想法，比如在圣诞派对上痛饮一番后，深夜开跑车在冰雪覆盖的山路上驾驶 9 小时。黎明时分，黄仁勋和洛丽已在路上奔波了 5 个多小时。他们途经的地方人烟稀少，那里的部分居民甚至可以追溯到加利福尼亚州的首批淘金者，这些人曾在周围的山丘中挖掘金矿。在这些废弃矿场的墓地附近，黄仁勋的车驶上了一层透明的黑冰，轮胎空转，车子失控后滑向路肩，最终翻下了公路。

在车内，黄仁勋和洛丽一度倒转过来。紧接着，车身落地，发出可怕的撞击声，经过反复跌撞后才最终停下，车内一些高档装饰部件散落下来。那辆炫酷的丰田 SUPRA 被撞毁，两人被困车内。洛丽手上戴着订婚戒指，基本无大碍。而黄仁勋则在流血，脖子严重扭伤。太阳虽已升起，但气温极低，正值一天中最寒冷的时刻。当急救人员赶到时，他们不得不靠工具将两人从车中解救出来。黄仁勋身上有多处伤口需要缝合，且未来数月都需佩戴颈托。几十年后，当我跟他提起此事时，他最感遗憾的是那辆丰田 SUPRA。

“那真是一辆令人难以置信的车。”他说道。

他有良好的判断力，他会及时转换思路

黄仁勋最终康复了，而他们的订婚并未因此受到影响，甚至还因为共同经历困境而更加坚定了。洛丽完成学业后，黄仁勋也重返工作岗位。在 AMD，他在纸上勾画出微芯片的设计图。每张纸都代表着芯片中的一层，最底层是晶体管，上方则布满各种线路。每当完成一层设计时，他便会将图纸交给后端的部门，转印到透明的彩色胶片上。这些胶

片会被用于制作光刻掩模板，然后这些模板被送到制造工厂。

AMD 的光刻掩模操作员都是华裔女性。她们坐在工作台前，将彩色模板排列成精确的图案。她们都不太会说英语，而黄仁勋从小在家讲的是闽南语，不会说普通话。这两种语言之间的差异就像德语和英语。但在与光刻掩模操作团队交流时，黄仁勋开始耐心地通过日常对话学习普通话。“只是通过日常对话，逐渐在发音上学会了。”他说道。这些女性让他想起了自己的母亲。

黄仁勋在 AMD 工作了两年，他对这段日子颇为怀念。通过员工持股计划，他买了一些 AMD 的股票，并在之后的职业生涯中一直持有。不过，随着时间的推移，这些股票有了越来越浓的讽刺意味。1985 年，一位同事劝他离开 AMD，加入巨积公司（LSI Logic）。这是一家位于硅谷的创新公司，开发了首款供芯片设计师使用的软件设计工具。20 世纪 80 年代中期，工程师们已经能在单块芯片上放置数十万个晶体管，超越了纸质草图的上限。对此，一个最贴切的比喻是，在一片网球场上铺满用人类的头发丝编织的迷宫。

LSI 公司的大规模集成（Large Scale Integration，LSI）技术让低级的电路设计模块实现了自动化，使工程师们能够专心于设计更高级别的架构。逐渐地，这些自动化的设计工具演变成为极其复杂的超大规模集成（Very Large Scale Integration，VLSI）技术，至今这仍是大多数现代芯片设计师入行的起点。采用 VLSI 技术，设计师能使电路近乎无限缩小，以至于忽略单个晶体管的存在。慢慢地，只有黄仁勋和少数经验丰富的工程师还记得如何手工制作微芯片。

1985 年毕业后，洛丽进入了硅图公司（Silicon Graphics，SGI）工作，这是一家专做高端 3D 图形工作站的制造商。起初，洛丽的薪水甚至比黄仁勋还要高。和 AMD 一样，硅图公司也位于 101 号公路旁，这条狭窄的高速公路从圣何塞市中心一直延伸到斯坦福大学所在的帕洛阿托，全长 40 公里。沿着这条公路行驶，你会看到指向库比蒂诺、圣克拉拉、米尔皮塔斯和山景城的出口路标，这些地方分别是苹果、英特尔、思科和硅图公司的所在地。这里聚集了相关领域的顶尖人才，世界上没有哪个地方能像这里一样，每平方公里创造如此巨额的财富。黄仁勋仿佛与这个地方产生了不可分割的联系，他接下来的职业生涯都在这个方圆不超过 10 公里的地方展开。

虽然这些城镇的名称大家都耳熟能详，但大多数建筑却并不出名。黄仁勋的父亲曾被曼哈顿的都市魅力深深吸引，但在硅谷，他找不到那样的风景。这里没有摩天大楼，也没有熙熙攘攘的街头人群。相反，这里有的只是现代的中低层建筑，周围环绕着停车场、购物中心和商务酒店，它们被高速公路交错分隔在海湾南部的低洼地带。从外面看，唯一醒目的人类活动迹象是车流。

建筑物内部也同样乏味。20 世纪 80 年代的办公室里配备着笨重的阴极射线显示器、单调的地毯、嗡嗡作响的荧光灯和用于掩藏管道的吊顶。当时最流行的布局是开放式的“活动办公室”，里面的隔间高度可以灵活调整。在LSI，设计师们选用了低矮的隔间布局，它也因此被员工们戏称为“深坑”。1985年，黄仁勋加入时，他身着纽扣衬衫和长裤，佩戴着大眼镜和一块象征着不错品位的手表，头发略长。对黄仁勋而言，“深坑”简直是天堂，似乎世上没有比这更理想的工作场所了。

如同在乒乓球运动中那样，黄仁勋在LSI也凭借出色的工作表现迅速脱颖而出。黄仁勋的“坑友”之一是詹斯·霍斯特曼（Jens Horstmann），一位电气工程师，从德国来LSI参加6个月的指导计划后最终留了下来。霍斯特曼和黄仁勋一样都是移民，他们年纪相仿，名字的首字母也相同。两人都愿意牺牲个人生活和休息时间用于解决层出不穷的技术难题。霍斯特曼回忆道：“那时候我们根本没有周末的概念，工作连轴转。早上7点就到公司，晚上9点女朋友会打电话来问我们何时回家。”

后来，霍斯特曼成了黄仁勋最要好的朋友。霍斯特曼个性鲜明，外向而风趣，私生活中带有些许冒险精神。他兴趣广泛，社交圈子也比黄仁勋更广。然而，**在工作当中，黄仁勋更乐于冒险。**他凭借一贯的专注，熟练掌握了名为集成电路模拟程序（SPICE）的软件应用。他通过命令行输入有序的电路元件清单，便能获取一份电压数据的纯文本表格。SPICE软件原本常被视作学术教学工具，黄仁勋却用它将电路的功能拓展到其他人认为不可能达到的程度。当LSI的客户提出新的功能需求时，多数设计师只会简单地回应：“这无法实现。”而黄仁勋则会说：

“让我试试看能做些什么。”

黄仁勋会耗费数小时摆弄模拟器，尝试调整元件列表以满足客户的期望。这是一项艰巨的任务，尤其是在没有图形用户界面，甚至连彩色显示器都没有的情况下。他的专注度令人钦佩，但霍斯特曼明白，许多工程师也会同样沉浸在技术难题之中；黄仁勋的不同之处在于，他能够避开困境。“这些人有时会迷失，对吧？”霍斯特曼说道，“他们可能会陷入深深的困境中无法自拔。**但黄仁勋不会，他拥有良好的判断力，当他认为问题复杂到一定程度、难以再取得进展时，他会及时转换思路。”**

LSI 最为挑剔的客户当属计算机图形设计专家，他们对芯片计算速度的需求似乎没有上限。为了服务这些客户，在黄仁勋的鼓励下，霍斯特曼开始签署合同并交付产品，尽管团队内部对公司能否真正制造出来并无十足把握。经验丰富的工程师提醒他们最好谨慎行事：“你们清楚自己在做什么吗？如果失败了，可能会断送你们的职业生涯。”霍斯特曼说：“确实如此，但我们毫不在意。”

霍斯特曼和黄仁勋所承诺的几乎全都兑现了。攻克这些棘手的技术难题后，等待他们的是更为艰巨的技术挑战。黄仁勋很享受这种难度逐渐递增的过程，他喜欢通过这种方式来实现自我提升。霍斯特曼评价道：**“他有能力实现‘1+1=3’的效果，我的意思是，我们不仅仅是在为客户服务，更是在将这些订单转化为工具，进而将这些工具升华为方法论。”**大多数工程师无法达到这样的境界，对他们而言，能做到

“1+1=2”已属不易。“能有个 1.5 的结果就算走运了。”

在朋友当中，黄仁勋和洛丽是最有责任心的一对。他们最早步入婚姻殿堂和购置房产。1988 年，他们搬进了圣何塞东部一栋两层的四居室，房子前面有车库，后面有院子，方便黄仁勋烧烤。他们有着稳定且高薪的职位，在备受尊敬的公司就职，同时也在努力增加对退休金账户的投入。他们还收养了一只名叫“寿司”的狗，对它倾注了满满的爱。而“寿司”也热情摇尾巴回应着他们的爱。

霍斯特曼对黄仁勋和谐的人际关系与井然有序的生活深感敬佩。同时，他也非常欣赏洛丽，她是一位才华横溢的工程师。霍斯特曼回忆起曾向洛丽请教一个技术难题：卫星上的一块微芯片因宇宙射线干扰而发生故障。洛丽之前处理过类似的问题，这不仅需要有电气工程学的专业知识，还需要粒子物理学的知识。“她的思维深度和逻辑性真是让人叹为观止。”霍斯特曼赞叹道。

然而，这种井然有序的生活方式的缺点是：他们夫妇俩显得有些古板。他们总是埋头工作，几乎从不旅行，也鲜少与半导体行业以外的人交往。霍斯特曼回想起曾介绍了一位朋友给黄仁勋，那位朋友在 20 世纪 80 年代从事着颇为另类的工作：经营一家精酿啤酒厂。“黄仁勋当时的反应是，‘你怎么会认识这种人？这怎么可能？’”霍斯特曼笑着回忆道。黄仁勋的朋友几乎都是科技行业从业者。

每当他说要做什么时，最终都很有可能做成

在 LSI，黄仁勋多次获得晋升。与此同时，他开始在斯坦福大学夜校攻读电气工程学硕士学位。但由于工作繁忙，他足足用了 8 年才完成学业。如今，黄仁勋经常驾驶着一辆实用的通勤车，在硅谷西部的学校、东部的家以及中部的公司之间穿梭，多年来在 101 号公路上奔波不止。当他终于在 1992 年获得硕士学位时，却发现入门课程中学到的许多知识已经过时。

在 LSI 任职期间，黄仁勋结识了克里斯・马拉科夫斯基（Chris Malachowsky）和柯蒂斯・普里姆（Curtis Priem），这两位是太阳微系统公司的芯片设计师。与硅图公司相似，太阳微系统公司的业务也是为高端用户打造工作站电脑。普里姆和马拉科夫斯基都是需求苛刻的客户，提出的需求超出了普通销售人员的理解。"LSI 深入公司内部，为我们安排了最具创新思维的技术人员，"马拉科夫斯基曾告诉我，"那就是黄仁勋。"

马拉科夫斯基、普里姆和黄仁勋共同组成了一支杰出的团队。普里姆是电路架构师，他能在脑海中绘制出电路图。马拉科夫斯基是机械师，热爱汽车和小型飞机，他有能力将普里姆的构想变为现实。而黄仁勋则负责后勤工作，在 LSI 推动工具生产，以确保他们的设计能够实现量产。

在这三人中，普里姆无疑是看起来最天赋异禀的。他聪明的面相与卓越的才智相得益彰。普里姆的前额异常宽大，眉毛上挑，细窄的眼睛在说话时游移不定。他一说话，就像在进行一场复杂而永不停歇的技术独白，如同导游一般，引领着听众深入电路架构的世界，偶尔会在某些关键点上停留，对重要细节加以阐述。通常情况下，普里姆描绘的概念图景只存在于他自己的脑海之中，他似乎很少关注甚至根本不在意听众能否听懂他在说些什么。

普里姆走的是一条非典型的工程师成长之路。他在俄亥俄州克利夫兰郊区长大，母亲一直希望他能成为专业交响乐团的大提琴手。普里姆也曾朝着这个目标努力过，直到高中时的一次经历改变了他的想法。当时他前往北卡罗来纳州参加一个音乐营，被安排坐在了第二管弦乐队的最后一排。“我意识到，如果继续这条路，未来我可能只会成为一名高中音乐教师。”普里姆说道。于是，他放弃了大提琴，进入计算机领域，并从纽约州北部的伦斯勒理工学院毕业，最终来到了硅谷。在这里，他的那些怪异举止被认为是可以接受的，至少在一段时间里是这样的。

马拉科夫斯基则是个更加脚踏实地的人。在英伟达的三位联合创始人中，他解决实际问题的能力令人放心。他身材魁梧，肩膀宽阔，手掌厚实，脸庞显得宽阔而友善。他在新泽西州长大，自称“长发仔”，喜欢喝啤酒，与朋友一起消磨时光。虽然他在20世纪70年代末剪去了长发，换上了规整的发型，但身上仍保留着粗犷、率性的气质，笑声爽朗。对马拉科夫斯基而言，计算机并不是什么高深莫测的抽象概念，而是建立在物理基础上的、实实在在的机器。普里姆自己打造飞行模拟器，而马拉科夫斯基则会亲自驾驶飞机上天。

黄仁勋比他们年轻几岁，名义上是外部供应商，但实际上更像是两人的经理，负责与 LSI 的制造厂对接合作，确保高品质产品能够及时交付。他们三人都记得他们是如何在各自擅长的领域内无缝协作的。“我们从未干涉过对方。”马拉科夫斯基说道。这种非同寻常的合作之所以能够实现，是因为普里姆和马拉科夫斯基对黄仁勋的深厚信任，他们对他的信任甚至超过了对自己的直属上司。“太阳微系统公司内部存在着你难以想象的政治斗争。”普里姆坦言。

黄仁勋回避纷争、以身作则、勤奋工作、远离八卦，也不居功自傲。每当产品面临延期或 LSI 无法兑现某些承诺的功能时，黄仁勋总是迅速提供详尽的解释，阐明问题的根源、责任人以及他打算如何解决问题。**“每当他说他要做什么时，最终都很有可能做成。”**马拉科夫斯基肯定地说。在马拉科夫斯基看来，硅谷中能够做到这一点的产品经理寥寥无几。

如果说黄仁勋有什么缺点，那就是他过于直率，有时甚至近乎冒犯。当然，这种直率也是他个性魅力的一部分，但偶尔会让他人感到受伤。他对持不同观点的人往往缺乏耐心，也难以理解为什么业内有些人不愿每天投入 14 小时研究电路模拟器。然而，对于像普里姆和马拉科夫斯基这样争强好胜的工作狂来说，这些特质反而进一步印证了黄仁勋的管理才华。

正是普里姆、马拉科夫斯基与黄仁勋之间的成功合作，促成了1989年Sun GX的诞生。这是一个三维图形处理器系列，为科学家、动画师以及计算机辅助设计建模师的工作站提供强大支持。该芯片能够将空间中点的线框骨架作为输入，然后逐个像素地“绘制”纹理，从而创造可旋转的块状多面体对象。对于现代人而言，GX的输出显得颇为笨拙，然而，倘若你在1989年眯着眼看阴极射线管显示器上的16色输出，你或许能窥见计算机图形学的未来。

黄仁勋在太阳微系统公司的GX项目上取得的成就吸引了LSI创始人威尔弗雷德·科里根（Wilfred Corrigan）的目光。GX芯片问世后，科里根便提拔黄仁勋，让他负责一个“片上系统”的设计平台。这个平台能让客户将3D图形、视频、游戏控制器等多重功能集成到一张硅片上，深受青睐。作为旁观者，马拉科夫斯基意识到，科里根正在悉心培养黄仁勋，有意让他日后接任CEO一职。“他们竟让这个二十出头的小伙子负责一个完整的部门！”他感叹道，“很显然，他们在他身上看到了不凡的潜质。”

普里姆和马拉科夫斯基同样也在黄仁勋身上发现了这种潜力。尽管GX芯片大获成功，但当两人提议为PC端电子游戏打造一个更经济实惠的版本时，却遭到了太阳微系统公司管理层的拒绝。（一位高傲的高管曾明确表示，太阳微系统公司的服务对象是科学家，而非游戏玩家。）备感失望的普里姆和马拉科夫斯基决心自己动手开发这款消费级电子游戏芯片。然而，两人都自认不擅长管理业务，于是在 1992 年，他们找到了黄仁勋，希望他能来运营他们这个初创公司。

黄仁勋面临着一个艰难的抉择。他尊敬普里姆和马拉科夫斯基，但他在 LSI 已独当一面，负责整个部门，且拥有稳定的管理职位。而他们俩提议创建的新公司，既没有名字，也没有商业计划，仅有一份太阳微系统公司认为无利可图、不愿投产的产品草图。此外，尽管两人坚称他们是天作之合，但在同事们眼中，他们的关系似乎并不和谐。

普里姆和马拉科夫斯基两人经常争吵。“我和马拉科夫斯基之间总是会爆发激烈的争吵。”普里姆回忆称。这些争吵往往以其中一人愤怒地走到工作室的另一头，然后‘砰’的一声关上门结束。“团队里的人常常会问，‘我们是不是快要散伙了？’”普里姆说道，“但这其实就是我们相处的方式。”他们两个人都相当固执。普里姆提到了马拉科夫斯基的“阻抗函数”，这是一个工程学术语，用来描述电流通过电路时所遇到的阻力。当我向马拉科夫斯基转述这一点时，他回应道：“是的，我不知道你和普里姆聊了多久，不过他的用户界面设计得确实不怎么样。”

与普里姆和马拉科夫斯基共事，就意味着必须忍受无休止的摔门声和工程方面的笑话。更糟糕的是，黄仁勋的个人财务状况也相当紧张。1990 年，他的儿子黄胜斌出生；1991 年，女儿黄敏珊也来到了这个世界。（家里的狗“寿司”对新成员的到来表现出了极大的兴趣，它甚至试图从孩子们嘴里抢走奶嘴。）按照夫妻俩的总体规划，黄仁勋和洛丽都需要继续工作，同时还要偿还房贷，但家里一直找不到稳定可靠的托儿服务，最终洛丽不得不辞去了她在硅图公司的工作，专心在家照顾孩子。

在这个时期，霍斯特曼被选为黄仁勋两个孩子的教父。他的妻子和马拉科夫斯基的妻子都辞去了工作，专心抚养孩子。霍斯特曼告诉我，这三位女性都曾是杰出的工程师。“对于我的家人来说，我有时会感到有些内疚，因为我获得了全身心投入工作的机会。”“我们尝试过请保姆，也试过很多其他方法——但也许我们应该更努力一些。”几十年后，当我向黄仁勋问及此事时，他的脸上露出了不安，他回忆起了当初要求自己才华横溢的妻子暂停职业生涯的那一刻，以及在银行账户里仅有 6 个月积蓄的情况下，请求她同意自己辞职去创业。然而，洛丽却鼓励他去尝试。“她一直都很相信我。”他说道。

商业不过是另一个工程问题

在此后的几年里，黄仁勋将自己从制图员到 CEO 的飞速晋升描述为一连串的巧合。“我只是一名接受过公立大学教育的技术人员，并没有什么特别的野心，”他在 2020 年给奥奈达浸信会学院所做的毕业演讲中这样说道，“如果你们在寻找一个未来能经营公司的人，我想你们应该不会选择我。”

黄仁勋以令人敬佩的谦逊态度面对自己后来的成功——但有时，他也过于谦逊。所有在他生命中这个阶段认识他的人都认为，黄仁勋在演讲中的某些说法并不真实。马拉科夫斯基回忆称，黄仁勋是一个非常有能力的奋斗者，拥有斯坦福大学的硕士学位，以及显而易见的雄心壮志。“他曾表达过在 30 岁时做些什么的愿望，”马拉科夫斯基说，“我清楚地记得，我们在他家吃晚饭时，他向我们透露了这个想法。”

作为资深行业分析师，汉斯·莫斯曼（Hans Mosesmann）参与了英伟达首次公开募股的工作，他回忆起与黄仁勋在 LSI 的一位前经理的交谈。这位经理曾负责员工评估，黄仁勋的评估表上没有分数，只是在底部写着：“黄仁勋是一位优秀的员工。我期待有朝一日能为他效力。”

霍斯特曼记得黄仁勋在 LSI 遇到的一些摩擦，当时他年仅 20 多岁却管理着一个年收入 2.5 亿美元的部门，手下有多名年长且经验丰富的员工。为了调解矛盾，科里根从英特尔请来一位高级总监，让他与黄仁勋共同管理该部门。黄仁勋对此大为不满，认为这是“政治操作”。“是他一手创建了那个部门，如今却被夺走了。”霍斯特曼说道。也许正是这次事件引发的怒气，促使黄仁勋决定离开。尽管马拉科夫斯基和普里姆有时令人厌烦，但他们也是天才，黄仁勋是他们选择领导者的唯一对象——他们不信任其他任何人。

然而，黄仁勋并未立刻答应。他深知创业之艰难，硬件类初创公司更甚，而面向消费者的硬件初创公司则是难上加难。多数公司连原型阶段都达不到，更别说其他了。**对黄仁勋而言，做出决策需要冷静分析，容不得憧憬等无用的情感因素的干扰。对他而言，商业不过是另一个工程问题。**

工程师们试图将复杂问题简化为基本原则，进而利用这些原则产生强大的效果。若要创办初创公司，黄仁勋的首要任务是掌握这些原则。他需要深入研究市场、供应链、竞争态势、技术及产品匹配度。此外，他不得不与客户、游戏开发商及计算机图形专家进行探讨性的电话沟通，研读枯燥的行业报告，翻阅柱状图、销售数据及客户调查，以探寻行业上升趋势。简而言之，他必须做好周全的准备工作，而这些准备工作只能在一个地方完成。

第 3 章

从餐厅里起步的 Nvidia：

我们做出的每一个决定都是错误的

Nvidia，我们要让竞争对手“嫉妒”到抓狂

在美国圣何塞市一条熙熙攘攘的高速公路旁，坐落着赫赫有名的丹尼餐厅。在周围临街的加油站和汇款网点衬托下，它高耸的招牌犹如一座指路灯塔。餐厅内，淡紫色与酒红色交织的地毯在脚下铺展。时光回溯到 1993 年，你依然能在一些餐桌上找到烟灰缸的踪迹。餐厅内设有一长排餐台，配备着高脚凳，正对着厨房；而餐台后方则是一片静谧的区域，顾客们可以在此悠闲地品味无限续杯的咖啡，久坐畅谈。前窗上贴着一张海报，醒目地宣传着店内提供的大满贯早餐，这是一种包含鸡蛋、香肠、培根和煎饼的美味组合，仅需 3.99 美元。这家餐厅永不打烊，始终为顾客敞开大门。

黄仁勋选择了这里作为碰面的地点。这里离他家很近，他有时会带着孩子们来这里用餐。后方的静谧区域常常是警察们喝咖啡、填写报告

的好去处。1993 年，加利福尼亚州遭遇了美国历史上最为严重的犯罪潮，那一年州内竟有超过 4 000 人惨遭杀害。尽管紧邻富庶的硅谷，圣何塞市也未能从这场犯罪潮中幸免。

此刻，黄仁勋的旁边，一群警察环桌而坐。黄仁勋的笔记本电脑和研究资料随意地散落在四周。与他同桌的还有马拉科夫斯基和普里姆。这两位对菜肴并无太多热情，却充分利用了咖啡无限续杯的优惠。为了弥补这一点，黄仁勋与服务员热情交谈，不断点单品尝美食，并留下丰厚的小费来表达谢意。

太阳微系统公司坚决拒绝涉足 PC 端视频游戏硬件的消费市场。洛丽之前任职的硅图公司是三维图形界的佼佼者，该公司的员工们正紧锣密鼓地为影片《侏罗纪公园》（*Jurassic Park*）制作恐龙的 3D 动画。然而，由于主要参与者并未投资 PC 端游戏领域，形成了市场空白，众多初创企业正竞相涌入，企图填补这一空缺。

PC 端游戏的核心理念在于，将原本用于绘制模型飞机与恐龙线框骨架的硬件重新应用于 3D 游戏，以创造出可供玩家操控的动画角色。要实现这一目标，不仅需要大规模生产出价格低廉且运行高效的电路，还需要在硬件之上搭建一层轻量的软件，使游戏程序员能够顺畅地访问底层计算架构。最终的产品形态将是一块外置电路板，其核心部件为一枚图形芯片。家庭计算机用户想要安装此电路板，须先卸下计算机外部的金属机壳，随后将电路板插入主板上的特定插槽。

这类产品被业界称为“图形加速卡”，而当时至少 35 家企业投身于它的研发制造。黄仁勋对此深感忧虑，担心市场已无法再容纳第 36 家。在计算机图形领域，乔恩·佩迪（Jon Peddie）堪称权威，他撰写的多本教科书均是该领域的重要参考。为了更深入地了解市场现状，黄仁勋主动联系了佩迪，两人迅速建立起了深厚的友谊。黄仁勋常常在深夜致电佩迪，向他请教各种问题。佩迪直言不讳地告诉黄仁勋，这个领域的竞争已趋于白热化，众多顶尖工程师都已被其他初创公司招至麾下。**“我曾力劝他（黄仁勋）放弃这个项目，”佩迪回忆道，“但那或许是他从未采纳过的最佳建议。”**

在丹尼餐厅里，普里姆与马拉科夫斯基多数时候也只是在一旁静观其变。“我是为了吃派，”普里姆回忆道，“其实，只是为了观察他。”黄仁勋设定了一个关键数字：5 000 万美元。他认为，自己的初创公司年收入至少要达到这个数，所有的努力才值得。他在笔记本电脑上做了一个电子表格，预测未来几年的收入。每当调整表格中的某个变量时，预测的收入就会在 5 000 万美元上下浮动。

经过多次讨论，黄仁勋终于说服了自己。不久后，普里姆、马拉科夫斯基和黄仁勋一同前往帕洛阿尔托市，走进律师吉姆·盖瑟（Jim Gaither）的办公室，准备注册公司。盖瑟经验丰富，曾在一年内参加了 129 次不同的董事会会议，是硅谷最受欢迎的顾问之一。他对这几位创业者印象深刻，尤其是黄仁勋，因为黄仁勋给他留下了一个天生领导者的印象。“我当时就决定不能让他们离开我的办公室，”盖瑟说，“我要让他们留下来与我合作。”

盖瑟与创始团队商讨了公司架构，并起草了相关文件。由于公司名尚未确定，盖瑟暂时使用NV代表新公司，意为“新企业”（New Venture）。巧合的是，普里姆和马拉科夫斯基之前已将他们的图形芯片原型命名为NV1，并开玩笑说它会让竞争对手“嫉妒到抓狂”。普里姆翻阅了包括拉丁语在内的多种语言词典，编制了一份与NV概念相关的词汇列表。他们一开始选定了Nvision，但搜索后发现，这个名字已被一家环保再生卫生纸公司注册使用了。**列表中的下一个选择是Nvidia，也就是现在人们熟悉的英伟达。这个名字源于拉丁词invidia，意思是“嫉妒”。**

他们三人回到了丹尼餐厅，以便敲定合作的具体内容。黄仁勋被选为英伟达的CEO，普里姆出任CTO，马拉科夫斯基则担任工程副总裁的职位。他们决定，每个人在公司中持有相同份额的股份。当普里姆和黄仁勋正深入讨论细节时，马拉科夫斯基走到一扇正对宽阔主干道的大玻璃窗前。他凝望着窗外，看见的是一家塔可钟和一个在钠灯的照射下显得格外醒目的破旧的加油站。眼前的景象乏善可陈，甚至有些脏乱，他的视线不由自主地上移，却突然发现，窗户的顶部布满了弹孔。

马拉科夫斯基吓了一跳，立刻转身回到了他的联合创始人身边。他压低声音，急切地说：“快看那扇窗户，上面全是弹孔！我猜，人们可能是跑到那座天桥上向警察开枪了！”听到这里，普里姆和黄仁勋立刻从文件中抬起头，看了一眼那扇布满弹孔的窗户。他们迅速结了账，留下了一大笔小费，然后匆匆离开了餐厅，前往普里姆居住的联排别墅那里更安全的地方。之后的很多年里，他们中的任何人都没有再去过那家丹尼餐厅。

因此，说英伟达是在一个布满弹孔的丹尼餐厅里创立的故事并不完全准确。事实上，创始人是在普里姆位于圣何塞市的联排别墅里签署了公司成立的文件。尽管如此，作为传奇企业缔造神话的一部分，这个故事已足够精彩了。如今，这家丹尼餐厅里，他们仨当初碰面并享用咖啡的餐饮区内装饰着一块精美的牌匾。如果你有兴趣探访的话，地址是圣何塞贝里埃萨路 2484 号。餐厅的管理人员表示，餐厅里已多年未发生枪击事件了。

英伟达成立的最后一步是资本化，这是一个可凭任意金额完成的手续。当签署好的相关文件被带回盖瑟的办公室时，盖瑟提议黄仁勋将钱包里的全部现金交给他，约 200 美元。作为回报，黄仁勋正式获得了英伟达 1/3 的股份。时间已经证明，这是一笔相当划算的投资。在随后与其他创始人的会面中，盖瑟也用同样的方式收集了他们的股份，公司由此正式成立。1993 年 2 月，黄仁勋迈入 30 岁，而英伟达的公司注册证书则在大约 6 周后的 4 月提交。“他险些错过了截止日期。”马拉科夫斯基说道。

从一开始，他就能够预见什么是可能的

典型的硅谷企业往往起源于车库，而英伟达则打破了这一惯例；创始团队将普里姆的家具搬入车库，他们自己则在联排别墅的两间楼上卧室里工作。普里姆为自己保留了第三间卧室。尽管公司在几个月后才能获得种子资本，但 GX 芯片的表现如此出色，以至于几名太阳微系统公司的员工选择了离职并加入英伟达，即便暂时没有报酬。“我们自认为与众不同，当看到别人也持相同看法时，这种感觉更为美妙。”马拉科夫斯基坦言。

然而，并非所有人都对英伟达抱有信心。霍斯特曼回想起他和黄仁勋在他家里喝啤酒的情景，当时黄仁勋接到了母亲的电话。霍斯特曼听不懂用闽南话进行的对话，但他察觉到谈话气氛变得紧张。黄仁勋挂断电话后回到房间，满脸无奈。“你相信吗？”黄仁勋说，“我老妈居然叫我放弃英伟达，回去为大公司效力。”

在这套用于办公的联排别墅里，硬件小组占据了一间卧室，他们利用太阳微系统公司的高性能计算设备工作站来设计电路；而另一间卧室则成了软件小组的天地，他们负责设计视频游戏开发者与芯片之间的通信协议。CEO 的办公室设在一楼，就位于紧邻厨房的小圆桌旁。不知是刻意为之还是纯属巧合，黄仁勋总能让自己处于人流的中心位置。比如，当员工们去冰箱拿饮料或零食时，他们总会经过他的办公室。无论他的权势变得多大，在后来的职业生涯中，他都希望能一直处于这种人

员往来的中心地带。

值得一提的是，在英伟达成立两个月后，《侏罗纪公园》上映了。这部电影首次实现了计算机生成图像与真人实景镜头的完美结合。若想实现这样的效果，需要惊人的算力。例如，影片中霸王龙冲破原木的 3 秒钟镜头，动画师们竟然花了 10 个月的时间来渲染。相比之下，英伟达 NV1 芯片的输出虽然显得有些简陋，但两者之间的差距只是程度上而非本质上的。“即使在今天，互动视频游戏和电影中的特效，本质上仍是一些方块在滑动并相互碰撞。”佩迪说道。

对英伟达而言，首要任务是将 NV1 与市场上的其他产品区分开。为了实现这一目标，架构师普里姆在芯片和软件中融入了许多复杂的功能。NV1 采用了二次纹理映射技术来绘制线框骨架，为画面增添纵深感和真实感。在软件方面，普里姆则选用了“面向对象”的方法，助力程序员设计出可重复使用的代码块。当我首次向普里姆询问 NV1 的架构时，他滔滔不绝，讲了 27 分钟。“我希望能创建一个可以延续百年的架构。”他这样说。

在普里姆带领团队研发 NV1 的同时，黄仁勋则忙于筹集资金。在盖瑟的帮助下，英伟达获得了与硅谷两大顶级风投公司，即红杉资本和萨特 · 希尔资本负责人的会面机会。在向红杉资本展示的前夜，黄仁勋竭尽全力为公司制订商业计划。“我整晚都在忙这件事，但最终一无所获，”他坦言，“我至今仍然没有收获。”

不过，他已经得到了 LSI 创始人科里根的支持。次日，黄仁勋与普里姆便前往红杉资本办公室，向以直言不讳著称的创始人唐·瓦伦丁（Don Valentine）进行推介。瓦伦丁常向初创公司提出的问题是："谁在乎呢？" 推介会的进展并不顺利，黄仁勋在演示中磕磕绊绊，而普里姆则时不时插入一些与主题不相关的技术细节。在这次令人失望的表现之后，瓦伦丁把黄仁勋拉到一旁。"嗯，表现得不太理想，"他说道，"但科里根和我说必须资助你们，所以你们可以开始干活了。"

红杉资本和萨特·希尔资本都各自投入了几百万美元。作为投资回报，他们获得了董事会的席位。红杉资本的席位由马克·史蒂文斯（Mark Stevens）担任，他当年 33 岁，友善、外向，拥有哈佛大学的 MBA 学位。萨特·希尔资本的席位则由坦奇·考克斯（Tench Coxe）担任，他当时 36 岁，同样友善外向且拥有哈佛大学的 MBA 学位。由于两人都经常穿着巴塔哥尼亚品牌的服装，有时人们很难将他们区分开。

考克斯和史蒂文斯一致认为，吸引他们注意的是黄仁勋本人，而非英伟达的提案。考克斯表示："我们支持这些人的原因在于他们是世界级的一流计算机科学家。一般的 CEO 会试图听取客户的意见，但在计算机领域，这是个大忌，因为客户根本不清楚什么是可能的，他们完全不知道能做什么，甚至做到什么程度！" 考克斯还观察到，英特尔和微软后来在更为传统的管理方式下遭遇了困境："从一开始，詹森就是一位世界级的工程师，他能够预见什么是可能的。"

即使他是最年轻的那一个，他也始终是最成熟的

到了 1994 年，英伟达已经在森尼韦尔市的一个购物中心里租下了办公室，并着手研发 NV1。办公室十分阴暗，地毯破旧不堪，天花板上还留有水渍，而休息室的地板则是用油毡铺设的。附近一家中餐馆的气味常常顺着通风系统弥漫进来。卫生间则是与另一家公司共用的。正对着办公室的是一家富国银行，它不幸成了当地抢劫团伙的目标。马拉科夫斯基曾说道："我们租下那个地方的时候，那家银行已经被抢了两次！你甚至可以从我们的前窗看到抢劫的情景。"

办公室的后半部分被改造成了一个娱乐区域。午餐时间，大家会围坐在乒乓球桌旁用餐，而黄仁勋偶尔会在这里秀一秀他的精湛球技。另一间屋子被用作计算机实验室，里面堆放着一些拆卸下来的设备，还有一台连着世嘉游戏系统的便携式电视。值得一提的是，世嘉是唯一一家使用二次纹理映射技术的游戏机制造商，这也使得它成了普里姆的最爱。普里姆在多款游戏中都保持着最高分，而且经常会在工作日的闲暇时段靠在椅子上，跷着二郎腿，在 9 英寸[①] 的屏幕上尽享驾驶的乐趣。

紧挨着实验室的是一间会议室，黄仁勋把它打造成了指挥中心。在这里，他用工整的全大写字母在白板上书写，绘制出业务战略以及

---

① 1 英寸≈ 2.54 厘米。——编者注

NV1项目即将到来的截止日期。他还巧妙地使用绿色、红色和橙色的白板笔，精确地勾画出芯片架构的示意图。当白板的空间被填满后，他便会继续在会议室的墙壁上挥洒他的创意。黄仁勋并无艺术功底，也未曾研习过书法，但一切都是清晰且色彩搭配和谐的，这仅仅是因为他钟爱井然有序。

置身黄仁勋的办公室仿佛进入了他的内心世界一样。董事会成员们惊讶地发现，他们开会的房间竟挂满了黄仁勋对英伟达的总体规划图。“他的字真是好到令人难以置信。”考克斯赞叹道。在公司的规划中，一个重要的早期里程碑便是“流片”[①]，即芯片设计完成并交付制造的阶段，那意味着首个原型芯片的蓝图将被送往制造厂。

当时流片日期临近，黄仁勋正在主持一场董事会会议，他忽然间听到了外面员工的欢呼声。黄仁勋立刻冲出房间，奔向实验室，满心期待着能看到他的首个产品的完成示意图。但出乎意料的是，他发现员工们围聚在一台游戏机旁，竟然是因为普里姆在《暴力摩托》（*Road Rash*）游戏中创下了最快纪录。黄仁勋愤怒之下没收了那台游戏机，并把它送给了自己的孩子们。“詹森总是公司里最有分寸的人，”一位早期员工如此评价道，“即便他是最年轻的那一个，他也始终是最成熟的。”

① “流片”（tape-out）是集成电路设计中的一个关键环节。在芯片制造过程中，当设计团队完成了芯片的逻辑设计、电路设计、版图设计等一系列复杂的前期工作后，需要将最终确定的设计版图数据发送给芯片制造工厂（通常是专业的半导体代工厂），这个过程就叫“流片”。——编者注

NV1：精心策划却一无所获

英伟达采用的是商用芯片的商业模式，即将芯片的制造环节外包给欧洲一家工厂，同时又将成品电路板的组装、分销及零售、销售等环节外包给美国供应商 Diamond。英伟达唯一负责的便是微芯片的设计与质量控制。随着生产日期的不断逼近，员工们常常加班至深夜。很快，实验室里便堆满了空的外卖盒和成堆的糖果盒子。

英伟达的初创成员中包括杰夫·费舍尔（Jeff Fisher），他至今仍是公司的一员。他使用 VHS 录像机记录下了 NV1 原型机交付的历史性时刻。在那段略显模糊的视频里，一群形形色色的游戏爱好者兴奋地聚集在一个防护性硬壳箱旁。在场全是男士。当箱子被缓缓打开，露出一排 15 个被黑色保护壳紧密包裹的芯片时，人群中响起了阵阵低语。普里姆手持钳子，小心翼翼地撬开一个外壳，展露出一片仅指甲盖大小的印刷硅片。这群男士在端详这个微小却令人惊叹的科技成果时，他们的举止像极了青涩的少年，充满了不安与活力。

视频中的英伟达员工们身着 20 世纪 90 年代流行的华丽纽扣衬衫，图案鲜艳，布料厚实。不少人还将衬衫塞进了未系腰带的牛仔裤中。遗憾的是，黄仁勋因与家人外出而错过了这次原型机的开箱时刻。在同期拍摄的一张照片中，他佩戴着一副厚框圆眼镜，身穿红白相间的条纹纽扣衬衫，外披一件时尚背心。费舍尔回忆起黄仁勋在洗衣时总会使用大量的淀粉，“他的衣服总是熨烫得非常非常平整”。

接下来，英伟达面临的任务是检测这些原型机是否存在缺陷。这一重任落在了德怀特·迪克斯（Dwight Diercks）的肩上，他同样是英伟达的早期员工之一，至今仍坚守在公司。迪克斯出身于明尼苏达州一个知名的养猪农户家庭，至今非常朴实仍是他身上的特质。他身形魁梧，肉感十足，常穿着一件超大的格子衬衫，下摆塞进略显松垮的牛仔裤里。在英伟达总部，他的步伐显得有些笨拙，实话说，是真的笨拙。尽管如此，金发蓝眼的他身上散发着不容忽视的美国中西部地区气质。公司里不止一个人提醒我，千万别小看了他。

迪克斯借助原型机运行了一系列名为“艺术演示程序”的图形片段，并逐一检查每一帧是否有错误。这项工作极其细致烦琐，就像是在逐帧编辑电影。一旦验证完成，英伟达便将修正后的蓝图发往欧洲的制造商，随后，这些芯片将投入大规模量产。NV1 的发布迫在眉睫之时，黄仁勋已经开始准备 NV2 的相关工作了，并与世嘉签订了一份开发即将面世的 Dreamcast 游戏机的图形加速器的协议。作为协议内容的一部分，英伟达还在其 NV1 板卡上额外配备了一块声音芯片和一个操纵杆控制器，这样一来，世嘉便能轻松地将自己的游戏移植到个人电脑上。而当时最大的卖点非《VR 战士》（*Virtua Fighter*）这款游戏莫属，它用块状四边形来呈现武术家的形象。该游戏的广告中，甚至出现了一个由矩形构成的人形角色被抛进电视屏幕的震撼画面。

然而，芯片推出的速度远远跟不上市场的节奏。到了 1995 年，由于两款轰动一时的游戏面世，3D 图形市场的发展速度已经远远超出了黄仁勋最为乐观的预测。1993 年 9 月发布的《神秘岛》（*Myst*）是一款以神秘岛屿为背景的优雅且引人深思的益智游戏，一经推出就迅速成为为 PC 端游戏史上最为畅销的游戏之一。而仅仅在 3 个月后发布的《毁灭战士》（*Doom*）则是一款融合了科幻与恐怖元素的游戏，玩家在火星上四处探索，并使用霰弹枪来射击恶魔。《神秘岛》与《毁灭战士》代表了电子游戏可能的两种截然不同的概念方向，但这两款游戏都取得了数百万份的销量佳绩，并促使无数玩家纷纷涌入商店购买图形加速器。

在这样的市场背景下，NV1 于 1995 年秋季正式面世，加入了这场激烈的市场竞争。那年圣诞节期间，顾客们走进电子产品零售店，发现数十家芯片制造商的激烈竞争。除了英伟达，还有 Matrox、S3、3dfx、Cirrus Logic 和 ATI 等。而英伟达的电路板合作伙伴加剧了这种混乱，因为他们既用 Diamond Edge 的商标销售英伟达的芯片组，又用 Diamond Monster 的商标销售竞争对手 3dfx 的芯片组。

这些产品的包装并不美观，电脑外设零售展示架也因它们的加入而一改往日仅陈列调制解调器和打印机组件的单一组合，甚至显得混乱不堪。同时，这些产品价格昂贵。例如，一张带有 NV1 芯片组的 Diamond Edge 卡售价 249 美元，甚至比一台超级任天堂游戏机还贵。打开难看的包装盒，里面的电路板更不美观，就是一块布满电容器和模制环氧树脂外壳的绿色塑料板。它看起来既脆弱，又像是一次性产品，而事实上也确实如此——图形加速器很快就会过时，每两年就需要更换一次。黄仁勋的电子表格中最重要的变量就是愿意投入这种昂贵升级过程的顾客数量。

结果超出了所有人的预期。受到《神秘岛》和《毁灭战士》等游戏的启发，游戏开发者们开始拥抱个人计算机，这让他们得以摆脱世嘉和任天堂控制的硬件生态系统。像《文明 2》（*Civilization II*）和《命令与征服》（*Command & Conquer*）这样的经典游戏也在这个时候涌现，以无尽的可重复游玩性和连绵不断的小决策让玩家们沉迷其中。PC 端游戏虽不总是好玩的，但它绝对令人上瘾，玩家们会在其中耗费数小时甚至数天的时间。而投资了高质量显卡的玩家则可以在游戏中见证一个帝国的兴衰，然后在深夜时分看着时钟，双手掩盖在疲惫的眼睛之上。

截至 1995 年底，英伟达已售出超过 10 万个 NV1 芯片，这主要归功于与显卡捆绑销售的《VR 战士》游戏的需求。黄仁勋对自己的产品充满信心，开始大规模招聘，英伟达的员工人数增至 100 多人。“突然间，我们好像真的成为一家正规公司，是吧？”迪克斯说道，“那一年的圣诞派对实在是太铺张了。”然而，问题在 1996 年第一季度开始显现。在《VR 战士》的热度减退之后，游戏玩家发现 NV1 在渲染其他游戏时表现不佳。因为大多数程序员更倾向于使用三角形来构建 3D 对象，而非二次纹理映射。“这款显卡没有深度缓冲区，而且只能渲染曲面，”曾与 NV1 有过合作的游戏开发者蒂姆·利特尔（Tim Little）表示，“因此，你很难确定如何对场景中的对象进行排序。”这导致了严重的剪辑错误，比如游戏角色会陷入人行道或者穿墙而过。在最糟糕的情况下，NV1 甚至会完全停止与 Windows 操作系统的通信，引发令人头疼的蓝屏死机。“这简直就是灾难。”利特尔说道。

由于支持的游戏数量稀少，NV1 的销量逐渐下滑。不满的顾客们利用大型零售商的宽松退货政策，纷纷将显卡退回商店。在 NV1 发售几个月后，迪克斯在 Fry’s Electronics 购物时，发现货架上摆满了已经开封且降价出售的 Diamond Edge 的俗艳包装盒。**就在英伟达不断增员之际，其唯一产品的市场需求却消失了。**

与此同时，游戏开发者们也开始放弃普里姆的实验性方法。1995 年，微软因图形处理硬件频繁导致操作系统崩溃而感到厌烦，于是宣布推出自家的 DirectX 供游戏开发者使用。然而，该标准仅支持三角形，这让 NV 系列产品陷入困境。**尽管起初看似前景光明，但 NV1 最终还是成了一款失败产品。**

几十年后，普里姆仍在为该产品辩解，但另外两位创始人谈及 NV1 时，却流露出一种类似于回忆失败恋情或经历税务审计时的无奈与苦涩。黄仁勋将 NV1 形容为“灾难”，而马拉科夫斯基则称其为“一坨狗屎”。更糟糕的是，英伟达已经围绕该设备的后续迭代建立了整条供应链。黄仁勋的宏伟蓝图不仅包括推出世嘉的 NV2，还计划推出基于相同架构的 NV3。他那些精美的笔迹和复杂的图表都不得不被擦去，白板上留下的墨迹仿佛是对他精心策划的讽刺。

“我们一无所获，”黄仁勋在谈及那些早期岁月时说道，“我们做出的每一个决定都是错误的。”

第 4 章
英伟达遭遇绝境：
我们公司离破产只有 30 天

别无他法，这一步必须成功

1996 年，当戴维·柯克（David Kirk）初次踏入英伟达的办公室时，他立刻感觉到这家公司难逃失败的命运。柯克是知名的图形专家，身兼硅谷多家公司的技术顾问，几乎成了失败企业的鉴定家。他亲眼见证了许多初创公司的陨落，包括他自己创立的公司，而英伟达此刻正显现出濒临破产的所有征兆。员工们满脸疲惫且士气低迷，产品古怪且与市场需求脱节，而本应亲密无间的公司创始人则深陷所谓“技术讨论”的僵局中，这场讨论显然远不止于技术层面。柯克对英伟达的前景充满疑虑。作为入职的条件之一，柯克坚持要求每周工作结束时必须收到一张亲手递过来的现金支票，因为他不确定这家公司还能否撑过更长的时间。

当时，英伟达的内部氛围可谓糟糕透顶。就在柯克到来前不久，黄仁勋向员工们宣布了 NV1 项目的惨败及其后果。**黄仁勋坦言，公司资金已近乎枯竭，不得不放弃 NV1 架构。英伟达唯一的生存希望在于放弃与世嘉的合作，转而联手微软，之后公司将试着抢在其他制造商之前，以廉价的仿制芯片抢占市场。**然而，这一转型计划意味着大多数员工将被解雇，而留任的员工必须加班加点工作，因为黄仁勋正四处寻找能够削减设计成本和制造成本，并以创纪录速度发货的通用图形加速器。

在宣布这一系列变革后，黄仁勋将员工队伍从 100 多名员工缩减至仅有 35 名工程师的骨干团队。而在这一风波之后加入公司的柯克，仿佛走进了一间诡异、半废弃的办公室。荧光灯在低矮的隔间上方摇曳，大多数隔间已空无一人。在办公室后方摆放着一台芯片仿真器，这个装置外形奇特且丑陋。这是黄仁勋用公司最后的资金购置的设备。英伟达的未来可以说系于这个略显突兀的仪器之上。芯片仿真器能构建并测试虚拟微芯片，但这样的描述其实简化了它的真正功能。从本质上看，仿真器就是一个以代码而非硅材料制成的虚拟微芯片。这部机器体积庞大且运行迟缓，看起来像半成品，电路裸露在外，线缆杂乱地缠绕并延伸至地面。由于体积过大，它无法被安置在计算机实验室内，员工们只得移开乒乓球桌，在休息室为它腾出空间。

黄仁勋的策略是借助仿真器，跳过昂贵的原型制造环节，直接依据数字草图进行大规模制造。在半导体行业发展历程中，此前尚无公司尝试跳过原型制作阶段。但英伟达别无他法，这一步必须成功。为了确保仿真器的持续运作，黄仁勋安排了双班制——迪克斯负责日间操作，而柯克则在夜间接管。

在对仿真器进行了几周的编程后，柯克意识到自己在英伟达还担负着另一项隐性任务：管理联合创始人普里姆的预期。尽管柯克曾发明了 NV1 中所采用的二次映射技术，但在加入英伟达时，他建议公司放弃这项技术。“那不过是我灵机一动的想法，”柯克解释道，“我脑海中想法多的是。”然而，普里姆却对二次映射技术情有独钟，当该领域的顶尖专家柯克劝他放弃时，反而更坚定了他推广此技术的决心。普里姆是个纯粹主义者，他坚信技术上的任何妥协都是对金钱利益的懦弱退让。“普里姆的思维方式是以最终结果为目标的，”马拉科夫斯基说道，“但他的性格里确实没有那种能让公司持续经营下去的特质。”

柯克很快意识到，是否使用二次映射技术这一复杂问题其实掩盖了一个更核心的问题：**英伟达的真正掌权者是谁？** CTO 普里姆渴望能全权决定公司的技术发展方向，而 CEO 黄仁勋则希望客户别再退货。作为调解者的马拉科夫斯基似乎已无法掌控局面。所以，就在柯克到场时，原本关于电路架构的内部辩论已升级为一场公开的争吵，本就为数不多的员工目睹了这一切，他们感到既震惊又沮丧。

许多人都觉得很难与普里姆共事。“我和普里姆相处得并不融洽，”柯克坦言，这与其他人以更不礼貌的方式表达的感受不谋而合，“他无疑是个技术天才，但不太擅长人际交往。”普里姆的确有些另类，他常为简单问题设计别出心裁的解决方案。例如，他处理垃圾电子邮件的方式就与众不同。大多数人会选择使用垃圾邮件过滤器，或者干脆选择忍受。而普里姆的对策则是创建数千个不同的电子邮件地址，每个地址对应一位联系人。

但就算普里姆再固执，他也不是黄仁勋的“对手”。黄仁勋在刚开始阐述观点时，总能条理清晰地从前提展开到论点，再得出结论。但是，**一旦导火索被点燃，对话者将面临两种选择：要么顺应他的思路，要么承担可能引发的爆炸性后果。那些与黄仁勋意见相左的人，常常会在他勃然大怒、当着一众同事的面被狠狠斥责时惊得目瞪口呆。这便是黄仁勋的愤怒。**

黄仁勋的愤怒：失败必须被公开

然而，关于黄仁勋愤怒的起因和缘由，即便是那些与他交情深厚的人也说不清楚。他最好的朋友霍斯特曼透露，黄仁勋在巨积公司任职时，并未因情绪失控而闻名，直到他担任 CEO 后，他才开始频繁地大发雷霆。“我永远不会忘记他第一次发火的情景，”一位英伟达的员工回忆道，“我在那儿工作了几个月，黄仁勋一直显得魅力四射且不乏自嘲。但突然间，他在上百人面前放声怒吼。”

对黄仁勋而言，观众的存在至关重要。所以当他严厉训斥某名员工

时，他通常会选择在公共场合进行，以便让其他人从中汲取教训。“失败必须被公开。”黄仁勋是这么说的。一旦项目延期，黄仁勋便会命令相关负责人起立，向在场的所有人详细解释每一个出错的环节。紧接着，黄仁勋会对他们的表现进行严厉甚至刻薄的分析。这种企业内部的批判会并非人人都能适应。“你很快就能看出谁能在这里坚持下去，谁不能，”迪克斯坦言，“如果有人开始变得具有防御性，你就知道那个人在英伟达待不久了。”

迪克斯认为黄仁勋这么做自有他的用意。“黄仁勋从不会无缘无故地对某人大喊大叫，”迪克斯说，“他会等到开会的时候，周围有一群人，这样他就可以把它变成一个教学示范，让所有人都能从中汲取教训。”然而，黄仁勋的批评并不总是具有建设性，有时甚至会演变成言语辱骂。一位前员工回忆起自己曾搞砸了一项小任务。黄仁勋在 30 多位高管面前质问他在公司待了多久，工资领了多少。员工羞愧地报出了这些数字；黄仁勋在脑海中计算出这位员工的职业总薪酬，并当场要求他全额退还。这显然不是开玩笑。“他看起来相当认真，”这位员工说，“那之后，我几乎 3 个星期都没怎么合眼。”

目睹黄仁勋发脾气，几乎跟被他直接怒斥一样令人难受。几位英伟达员工说，每当黄仁勋批评他们的同事时，他们都会感到不适。柯克告诉我，黄仁勋只对他大吼过一次，那是因为他试图替别人出头。“詹森在折磨那个家伙，我实在看不下去，就插手了。没想到，火一下子就烧到了我身上！”柯克说道，“这有点像身处战场之中，枪正对准某个目标射击，而你站起身来大喊‘嘿，别开枪’，结果枪口转向了你，开始朝你开火。”

如今，他可以享受作为最后一名的祝福

在英伟达，普里姆与黄仁勋拥有相同的股份，公司的成立文件也是在他家中签署的。是普里姆邀请黄仁勋来管理他的公司，普里姆原本也可以选择邀请其他人。而正如马拉科夫斯基观察到的那样，他们的工作关系中始终存在着一个隐含的协议，即创始人之间互不干涉。换言之，黄仁勋负责处理业务相关事务，而普里姆则专注于技术方面。因此，当黄仁勋违反了这一隐含协议时，普里姆的反应就像是遭到了背叛，这或许是可以理解的。

然而，普里姆手中并无实权。尽管他持有英伟达约 10% 的股份，但他既没有主动寻求，也没有被赋予公司董事会的席位。马拉科夫斯基同样也没有董事会席位。黄仁勋成功地说服了他们，让他们相信，只有作为 CEO 的他才应该在董事会中占有一席之地。而马拉科夫斯基和普里姆对业务、销售电话和董事会会议都深感厌恶，以至于他们宁愿雇用其他人来当自己的老板，于是他们心平气和却又略显天真地接受了这样的安排。随着董事会支持微软的战略敲定，黄仁勋最终单方面地推翻了普里姆的决策。面对这样的局面，普里姆还能做什么呢？

他们不知道的是，另一场令人痛苦的对话正等待着他们。世嘉已经同意，在收到 NV2 的功能性原型后，将向英伟达支付 100 万美元。1996 年中期，黄仁勋交付了这些原型芯片，它们是此类芯片历史上唯一被实体制造出来的。之后，黄仁勋十分恭敬地通知世嘉，英伟达无法协助开发 Dreamcast 游戏机，因为公司正向微软屈服。不过，鉴于原型芯片的交付在技术上勉强符合合同条款，他希望世嘉仍能支付费用，否则英伟达将面临破产。"考虑到当时的境况，他们的接受态度相当好。"黄仁勋回忆道。

世嘉的支票一兑现，黄仁勋便用它购买了仿真器。这笔钱是英伟达最后的资金了，因为公司的现金流已开始出现问题，公司只能进行紧急处理，将账单按照可延迟付款的顺序排列。首先是拖欠供应商，接着是水电费，最后才是员工工资。无论如何，黄仁勋都决心在公司倒闭前支付员工工资。

仿真是一场孤注一掷的赌博。如果即将推出的 NV3 芯片上数百万个晶体管中有一个出错，那么现实世界的生产运行将摧毁他的公司。黄仁勋正在让自己迎接新的风险挑战。在他人生的大部分时间里，无论是在校学习、体育运动，还是公司晋升，黄仁勋一直在争夺第一名。如今，他可以享受作为最后一名的祝福。**望着前方长长的竞争对手队伍，黄仁勋意识到处于最后一名其实相当有趣，事实上比位居中游要好。因为处于最后一名的公司可以做任何它想做的事情，它能选择别人不敢尝试的捷径。**

当然，对于负责操作仿真器的人来说，排在最后的位置可能就没那么令人兴奋了。早期的视频游戏以每秒约 30 帧的速度进行渲染，从而营造出运动的错觉。然而，仿真器却颠覆了这一比例，每 30 秒才渲染一帧，打破了原有的错觉，使得游戏无法正常进行。在迪克斯的引领下，工程师们不得不以极其缓慢的速度回顾演示片段，这个枯燥且烦琐的审核过程耗时数周。但正是通过这种方式，仿真器逐渐揭开了它的神秘面纱。“我们将原本为期 12 个月的开发周期成功缩短到了大约 3 个月。”迪克斯说道。

在迪克斯结束白天的工作后，柯克便会在晚上接手，所以柯克常常是办公室内最后一位还在工作的人。深夜时分，柯克会借助塑料枪来释放紧张情绪，在世嘉的射击游戏《VR 战警》（*Virtua Cop*）中成功打破了普里姆的最高分纪录。“只要你摸清了游戏的规则，就能找到打败它的方法。”柯克解释道，“激怒普里姆只不过是额外的奖励罢了。”随着仿真工作接近完成，黄仁勋与普里姆之间的紧张关系再次浮出水面。普里姆回忆起他们曾在走廊里就某个技术问题展开过一场激烈的争论。“我告诉詹森他应该怎么做，而他则开始对我大吼大叫，列举出他打算做的所有事情，”普里姆说，“那一刻，我意识到他是在孤军奋战。”

赢得市场的 NV3：有时候，人必须冒险

最后一名到达目的地的另一个优势在于，你可以在其他人采取行动

之后再做出决策。为了吸引公众关注，英伟达的竞争对手向杂志和网媒的硬件测试员寄出了预览卡。柯克则巧妙地利用了自己在媒体中的人脉，打探到这些竞争对手的产品都实现了哪些功能。正好英伟达打算跳过原型设计和预览阶段，所以他们有足够的时间在 NV3 上复制这些功能。

1997 年初，NV3 终于达到了流片阶段。设计蓝图送往欧洲生产之际，英伟达的 30 余名员工聚在附近购物中心的一家奶酪牛排连锁店，举杯欢庆。席间，黄仁勋带头敬酒，但事后他坦言，自己心里对 NV3 到底能不能正常运作这件事也没底。他跟我说："成功概率五五开吧，反正我们公司也快破产了。"就在芯片制造期间，黄仁勋向柯克抛出了橄榄枝，不仅邀请他担任永久职位，还开出了极其丰厚的股权待遇。尽管这意味着他将归普里姆管辖，但柯克还是觉得这个机会实在不容错过。于是，黄仁勋便授予了他"首席科学家"的头衔。

那年春末，成品 NV3 芯片终于到货。英伟达的存亡就系于这每块芯片内部的 350 万个晶体管上，必须确保它们与仿真结果完全一致。迪克斯将芯片装入电路测试仪，并播放了演示视频。芯片运行得非常流畅，画面毫无瑕疵，首次达成了每秒 30 帧的运动效果！

NV3 虽以仿制为主，却也不乏创新之处。首先，它能够一次性从内存向处理器传输 128 位数据，这个处理效率是当时行业标准的两倍。其次，它就像瑞士军刀一样功能多样，不仅能加速视频游戏，还能调整电子表格大小，甚至能播放 DVD。为了凸显芯片的多功能性，NV3 更名为“实时互动视频和动画加速器”，简称 Riva 128。

这款芯片被分发给英伟达的下游供应商，由他们安装在电路板上并在百思买门店销售。当电路板在 1997 年 8 月上架时，英伟达已经岌岌可危。“除了空气，”黄仁勋表示，“我们什么都没有了。”由于未向游戏媒体寄送预览卡，英伟达不得不恳求媒体报道。幸运的是，测试员对这款产品评价很高。“每秒能渲染多达 500 万个三角形，是市面上最好的加速器。”一位测试员当时写下了这样一句话。在发布后的前 4 个月，英伟达售出了 100 万张 Riva 卡。

在 Riva 系列推出之后，黄仁勋决定投资仿真器，放弃实体原型。“至今，我们仍是世界上最大的仿真器用户。”黄仁勋说。在半导体行业中，对硬件原型的偏好似乎是合理的，比如，你可以想象一下试图销售一辆从未经过真实碰撞测试的汽车。原型设计似乎是“明智成熟的人”会采取的实用方法。但是黄仁勋废寝忘食地工作，甚至没收了员工的游戏系统，正是因为他意识到那些本应承担起责任的人没有展现出足够的冒险精神。NV1，这款遵循行业最佳工作流程打造出来的革命性设计，竟然失败了；而 NV3，这款在疯狂、即兴的赶工中诞生的产品却赢得了市场。有时候，人必须冒险。

这段经历让黄仁勋如释重负，他深刻体会到，绝望才是成功之母，灵感不是。黄仁勋鼓励员工们保持他们在 Riva 项目的关键时期所展现出的那种紧迫感，要求他们即使在公司大幅盈利的情况下，也要不断表现得好像公司正处于破产边缘一样。**此后的几年里，黄仁勋会在员工大会上以“我们公司离破产只有 30 天”作为开场，这句话至今仍是英伟达公司的核心信条。**

第　5　章
咸鱼翻身：
完美的显卡 TNT，承载着一个改变世界的惊天秘密

瓦解，与普里姆剑拔弩张

1998 年，黄仁勋与普里姆之间的终极辩论持续了整整半天。虽然无人记得辩论的确切起因，但大家都清楚地记得两人在会议室中大声争执的场景——时而平息，时而激烈。长时间的争论让两人的嗓子都变得沙哑，尽管英伟达的员工对此类失控场面已司空见惯，但他们仍能感觉察出局势的紧张，公司分裂似乎一触即发。最终，普里姆率先崩溃，他迅速地返回办公室，重重地关上门，独自生起了闷气。他再次出现时，已完全拒绝与黄仁勋交流。

普里姆的固执己见耗尽了他所有的善意。在 NV1 项目中，他获得了完全的自由来设计他想要的产品——但当看到自己的作品在零售货架上无人问津时，他的自尊心受到了沉重打击。那年早些时候，黄仁勋提拔了柯克与他共同负责英伟达的技术架构，这使得普里姆曾经的下属变

成了他的同级。此后不久，普里姆幼稚地试图保留自己的影响力，将一些员工排除在生产数据库之外，以此阻止他们正常工作。

马拉科夫斯基曾试图调解此类争端，但最终选择了放弃。在董事会的建议下，英伟达聘请了一位专业调解员。“这位调解员曾在苹果公司与约翰·斯卡利（John Sculley）和史蒂夫·乔布斯合作过，而那次合作最终导致了乔布斯被解雇，”普里姆向我透露，“她表示，我和黄仁勋之间的关系明显更为糟糕。”此时，英伟达的管理层已经达成一种共识：绝不能让普里姆与投资者交流，也绝不能让他与客户沟通。正如普里姆后来所承认的：“这两点确实说得没错。”

调解过后，普里姆又两度遭到降职。他曾短暂担任柯克的技术顾问，但发现这一职位并不适合自己。柯克表示：“他不愿为我或任何他之前直接汇报过的人工作。”最终，普里姆被调去管理英伟达的专利团队，这一职位使他远离了日常决策工作。与此同时，柯克继续在英伟达管理近千名员工，而普里姆则再未管理过超过 4 人的团队。

尽管遭受屈辱，普里姆仍保留了他在英伟达的股份。黄仁勋和马拉科夫斯基依旧视他为朋友。1999 年，也就是普里姆在 3 年内第二次被降职后的第一年，他结婚了，马拉科夫斯基还做了他的伴郎。普里姆看到了视频游戏市场的巨大潜力，在自家卧室想出了个公司名，创建了自己的公司。然而，自 1998 年起，他与英伟达的成功便再无多大关联。

戴维·柯克，黄仁勋的最新智囊团成员

柯克则成了黄仁勋的智囊团成员。拥有学术研究工作背景的柯克并不喜欢硅谷的高压工作文化。我第一次与他通话是他从夏威夷打来的，他当时身着一件印有“拖延大学”（Procrastination University）字样的衬衫，手中还端着一杯葡萄酒。他给人的印象更像是一位备受欢迎的教授（其课堂常常爆满），而非一位企业家。然而，柯克温和的外表下却隐藏着他对待竞争的冷酷态度——这源自他童年时期的经历：父亲是个酒鬼，而他则体弱多病，因慢性咽喉炎反复发作，身体发育受限。这些经历赋予了他一种独特的优势。“那些说胜利不重要的人，”柯克以轻柔而不带威胁的语气说道，“他们从未赢得过任何东西。”

柯克和黄仁勋将全面的技术专长与机敏狡黠融合在一起。随着英伟达的崛起，众多图形初创公司纷纷落败。黄仁勋敏锐地察觉到了机遇，于是在他办公室的白板上列出了一份主要竞争对手的清单。接着，他与柯克商讨，找出每家公司中最出色的两到三名工程师，并开始筹谋如何将他们挖角过来。

柯克回想起在某次展会上向竞争对手展示 Riva 128 的经历。当那位工程师目睹其功能后，他当即决定放弃原来的工作。“我几天内就把他雇了过来——这可能会毁了那家公司。对吧？”柯克说道，“因为，你瞧，我挖走了他们的大脑。”柯克温文尔雅，有着学者的气质，却拥有猎食者的直觉。“我们汇聚了其他所有初创公司的精英，当我们逐个

超越这些小公司时，其他公司便愈发难以存活。”

1993 年，在丹尼餐厅，黄仁勋曾设想过与众多竞争者共同分享广阔的市场。到 1998 年时，他意图独霸这一市场。“这个领域还有 40 家公司呢，”黄仁勋对柯克说，“但 5 年之后，只会剩下 3 家：一家领先的大公司，一家落后的公司在苦苦追赶，以及一家小公司试图颠覆前两家。”而黄仁勋，立志要成为那家领先的大公司的领导者。

尽管看似非常适合这样的角色，但实际上，他并非天生的企业家。他从未接受过系统的商业教育，有时甚至会对一些基础的会计概念感到迷茫。“刚开始的时候，有很多东西他都不懂。”坦奇·考克斯回忆道。但黄仁勋有着极强的学习能力——**他确实非常热爱学习。他通过阅读所能找到的每一本商业书籍来提升自我。**“如果你现在走进他的办公室，你会发现里面空荡荡的，他几乎从来不在那里办公，”某位员工告诉我，“但那里堆满了成摞的商业书籍。”

从文学角度，甚至从大众市场的角度来看，黄仁勋都算不上是博览群书之人。在硅谷的圈子里，像安·兰德（Ayn Rand）的《源泉》（*The Fountainhead*）、艾萨克·阿西莫夫（Isaac Asimov）的《基地》（*Foundation*）系列小说，以及道格拉斯·亚当斯（Douglas Adams）的《银河系漫游指南》（*The Hitchhiker's Guide to the Galaxy*）这样的书都非常受欢迎。然而，黄仁勋告诉我，他从未读过任何科幻作品，唯一喜欢的小说家也只有保罗·科埃略（Paulo Coelho）[①]。

不过，他对商业书籍的了解极为全面和深入。迪克斯回忆起黄与另一位高管争论英伟达产品的定价问题。“那位有着 MBA 学历的高管从来没有读过定价方面的书，”迪克斯说道，“而黄仁勋可能读了 10 到 15 本。”争论中，黄仁勋暂停了讨论，询问那位 MBA 他最喜欢的 3 本关于定价的书是哪些。对方迟疑了片刻，却说不出一本书名。黄仁勋则列出了他最爱的 3 本书，并让那位高管读完这些书后再继续讨论。

黄仁勋最推崇的商业书籍是哈佛商学院教授克莱顿·克里斯坦森（Clayton Christensen）的《创新者的窘境》（*The Innovator's Dilemma*）。他在书中首次提出了“颠覆式创新”这一概念，用以解释现有企业如何被初创竞争对手打败。尽管“颠覆”一词因过度使用而失去了原有的意义，但其原始理论仍值得回顾。在克里斯坦森的理论中，小企业可以通过服务被市场领导者忽略的小众、边缘客户，来和大企业竞争。

克里斯坦森所指的颠覆式创新者并不局限于高科技领域，他们可能是废金属回收商或液压铲制造商。他眼中的经典颠覆者本田，在 20 世纪 60 年代初期通过向美国青少年销售本田“超级幼兽”（Super Cub）摩托车取得了成功。因为大公司（如通用汽车公司）看不上越野摩托车市场，毕竟在条件相同的情况下，他们更愿意将凯迪拉克卖给商人，而

① 著名作家，作品有《牧羊少年奇幻之旅》《维罗妮卡决定去死》《朝圣》等。——编者注

非将“超级幼兽”卖给足球运动员布莱恩·威尔逊（Brian Wilson）。然而，正是大公司的这种轻视，给了本田一个繁荣发展的契机。之后，本田凭借自身的专业实力，打造出了一款紧凑型汽车，彻底冲击了美国的汽车行业。

克里斯坦森认为，**相较于降低盈利能力，提升盈利能力其实更为容易。**盈利能力的降低，往往意味着企业自愿缩减利润，甚至故意生产低质产品，这通常会引起投资者的不满，并让高管们觉得事业停滞不前。正因如此，克里斯坦森提出了一个颇具深意且出人意料的观点：“在某些情况下，不听从客户的意见是正确的，投资低性能产品以获取较低的利润也是合理的，甚至追求小市场而非大市场也是明智之举。”这一点在大众媒体关于“颠覆”的讨论中，往往被忽略。

黄仁勋对克里斯坦森极感兴趣，后者身材高大、态度和蔼，在大学时是篮球运动员。他研读了克里斯坦森的所有著作，还将《创新者的窘境》一书分发给执行团队，并随后聘请克里斯坦森担任顾问。正是克里斯坦森首次深入阐释了为何像太阳微系统公司和硅图公司这样的大公司，不愿投资于PC端视频游戏硬件——原因并非他们讨厌游戏玩家，而是相较于工作站，游戏硬件的利润率太低，且不论成功与否，游戏玩家最初都不会对他们的利润造成实质性影响。

然而，那些将PC端游戏市场拱手让给英伟达的工作站公司，却犯下了一个致命的错误，这与几十年前通用汽车忽视本田的失误如出一辙。英伟达向本田学习，向青少年消费者销售低利润产品——如果这一类比成立，未来英伟达有可能会超越太阳微系统公司和硅图公司的商业工作站。**有时，黄仁勋甚至会在他召集的高管团队会议上，谈论颠覆英特尔的可能性，要知道，当时的英特尔可是全球最具价值的公司之一。**

与此同时，英伟达在英特尔的势力范围内，通过持续的策略性撤退以求生存。"直到今天，我们都不与英特尔正面竞争，"黄仁勋在 2023 年描述双方这种猫捉老鼠的关系时说道，"每当他们逼近我们时，我就会迅速撤退。"克里斯坦森的建议为英伟达指明了方向，那就是销售英特尔想不到要去生产的小众产品，给英特尔永远不愿服务的客户。"黄仁勋很早就跟我们说过，英伟达有朝一日可能会超越英特尔，"柯克回忆道，"这不过是个战略问题罢了。"

台积电，跨越太平洋的合作蓝图

由于英伟达的 Riva 显卡需求量超出了其欧洲供应商的生产能力，黄仁勋便开始物色其他供应商。而全球公认的最优秀的独立芯片制造商，当属台湾积体电路制造股份有限公司（以下简称台积电），其位于台南的大型工厂生产了全球相当大一部分的硅芯片。台积电并不研发和设计芯片，而是专为像英伟达这样的企业制造芯片。

这种独立代工服务的崛起，极大地推动了计算领域的创新发展，使得新兴企业和颠覆性企业有机会尝试激进的设计方案。台积电之所以能无比精准、高效地完成订单，要归功于其极为严格的工作文化。该公司员工形容其层级结构“军事化”，公司实行“996”工作制，即每周工作 6 天，每天从早上 9 点工作到晚上 9 点。

黄仁勋曾多次试图接触台积电，却未能引起对方注意。在向对方发送多封语音邮件后，他给台积电的 CEO 张忠谋写了一封亲笔信并寄出，但根本没指望会得到回音。然而没过多久，黄仁勋就接到了电话。当时已接近下班时间，他的许多员工已经开始玩起了游戏。“办公室里吵吵闹闹的，我接了电话，就听见外面的人在又说又笑，”黄仁勋说，“我说，‘嘿，大家稍微安静点，是张忠谋！’”（“实际上，他说的是‘大家都给我闭嘴！我在和张忠谋通电话’。”马拉科夫斯基这样说。）

张忠谋在半导体行业度过了大半生。他于 1931 年出生在中国，十几岁时到美国读书。他在德州仪器公司担任高管多年，但在 20 世纪 70 年代，由于种族歧视，他一直未能升任最高职位。20 世纪 80 年代，张忠谋回到中国台湾，创立台积电。在他的领导下，台积电迅速成长为亚洲最大的科技公司之一。

张忠谋立即对黄仁勋产生了浓厚的好感。“他们是一个非常小的公司——事实上，几乎面临破产。而我更年长，且经营的公司更大。他在我们的谈话中如此开放、坦诚、直率！”很快，两人就签订了一份合作协议。

张忠谋和黄仁勋有很多共同点。两人都是在技术领域工作的华裔移民，而当时这个领域几乎完全由白人男性管理。相对于亚裔在美国人口中的比例，亚裔员工在硅谷科技公司中的占比很高，但在高级管理职位中明显占比过低。2010 年，亚裔美国人在美国企业高层管理者中的占比仅为 0.3%，尽管他们在美国技术劳动力中的占比超过了 5%。韩裔管理顾问玄珍（Jane Hyun）将这种现象命名为“竹子天花板”。当我向黄仁勋询问有关“竹子天花板”的问题时，他并不在意——我感觉得到，他对政治身份并不感兴趣。他说：“我曾是唯一的华人 CEO，但这从未困扰过我。现在也是如此。”张忠谋则拒绝讨论这一话题。

台积电对于英伟达的长期发展至关重要，然而两者之间的关系在初期遭遇了困境。1998 年初，台积电在制造流程的最后阶段误用了化学工艺，导致大量芯片出现短路问题。这一失误险些摧毁了英伟达，因为他们已将大部分运营资金投入该批次生产活动。超过半数的芯片不得不被废弃——英伟达通过向部分电路板合作伙伴出售股权才得以渡过难关。迪克斯表示：“我们当时真的险些破产，这绝非虚言。”

然而，随着时间的推移，英伟达与台积电之间的合作关系逐渐显现出对双方公司的巨大互利，特别是在英伟达的芯片技术日益复杂化的背景下。对于黄仁勋而言，这一合作也让他受益——为他提供了一个回台湾的理由，而他自童年离开后便再未踏足过那片土地。当黄仁勋在 20 世纪 90 年代末首次参观台积电工厂时，他走进了全球最干净无尘的环境之一。穿着靴子，戴着手套和头罩，他踏进了风淋室。他踩在黏性垫子上，双臂高举，任由头顶的风扇吹走身上的绒毛、头发、灰尘、皮肤碎屑、污垢和其他各种杂质。他的连体衣在强风中被吹得呼呼作响。消毒过后，他进入了生产车间。在车间里，更为温和且持续的风机从天花板送下气流，穿过格栅地板，形成不间断的垂直风幕。

在这里，光刻机正以缓慢却精准的动作，在镜面般的硅片上反复蚀刻着相同的图案。无人敢以手指触碰——印刷过程精细至极，哪怕是一点儿脚步声都可能造成干扰。经过数周的层层叠加，硅晶体最终被金刚石绳锯精准切割成单块芯片，随后被送往下游进行封装。在年景好的时候，台积电的工厂能产出数千万块芯片。

离开工厂后，黄仁勋去了台湾著名的夜市，去尽情享用他童年钟爱的当地美食。他操着地道的闽南语，几乎让人误以为是当地人，然而他对这个地方的儿时记忆寥寥无几——除了一件他永生难忘的惨痛经历。在黄仁勋 4 岁那年，他无意中靠近了一个摊贩的摊位，而摊贩正在清理刀具，不慎划伤了他的脸颊，鲜血直流。如今，他故地重游，脸上那道多年前留下的伤疤依稀可见。

无论多么富有或声名显赫，黄仁勋从不放过任何回到夜市的机会。他常常会奖励自己一碗热气腾腾的牛肉面。坐在繁忙街道旁的塑料凳子上享用这顿美餐，他一边用一次性筷子夹起红烧肋排和芥菜，一边已经在脑海中勾勒起他那支顽强的团队与台积电之间的跨越太平洋的合作蓝图。

《雷神之锤》：双重着色，并行计算

约翰 · 卡马克（John Carmack）总是对硬件设计师们感到失望。作为游戏《毁灭战士》与《雷神之锤》的首席程序员，他可是位编程高手，他对图形芯片的核心原理有深入研究。在为游戏中某个空间站点的走廊提供照明的问题上，多数程序员会选择使用现成的算法，但卡马克的团队却不同，他们通过解析底层变量的地址结构，开创了自己的解决方案。这要求卡马克在二进制层面设计信息流，有人称赞这是"你所见过的最优美的代码"。

卡马克一头金发，外形瘦削，并不特别擅长社交。他说话带有鼻音，语速快，在发表技术评论时，会不时夹杂着"嗯"的口头禅。编程时，他能一连数周与外界隔绝，每天在昏暗的卧室中工作长达 14 小时，而成果往往令人惊艳。他的代表作《雷神之锤》是首款热卖的三维射击类游戏，利用图形加速技术渲染多边形怪物，玩家可用钉枪射击这些怪物［游戏音效由特伦特 · 雷兹诺（Trent Reznor）制作］。续作《雷神之锤 II》以血腥闻名，将玩家送往遥远的星球，与由人类尸体部件组成的僵尸化半机械人作战（这款游戏在我上大学一年级时发布，让我沉迷了好几年）。

这两款游戏都设有"死亡比赛模式"，支持多人对战。卡马克对《雷神之锤》的个性化调整，使得这款游戏在运行上比市面上的其他游戏更为顺畅。然而，在同一竞技场中同时渲染数十名角色，仍然是一个技术难题。卡马克曾向我透露："我们期望《雷神之锤》能有更快的响应速度，让玩家能迅速出击，击败对手。但遗憾的是，目前大多数的硬件加速器都难以实现这一目标。"

对于黄仁勋而言，这却是一个难得的机遇。在位于森尼韦尔的英伟达办公室里，世嘉的游戏机被闲置在一旁。《雷神之锤》的魅力已经征服了所有人，员工们沉迷于游戏中，甚至在黄仁勋下令禁止白天进行死亡竞赛后，这股热情依然不减。像戴尔这样的 PC 制造商，更是直接将英伟达的图形加速器与其新电脑产品捆绑销售，跳过了零售外设的渠道。柯克对此表示："趋势已经越来越明显，谁能最好地渲染这款游戏，谁就能在图形技术的竞争中脱颖而出。"为此，黄仁勋特地指派他的团队为卡马克打造一款全新的芯片——这款芯片对卡马克而言，就如同编程界的吉米·亨德里克斯（Jimi Hendrix）[①] 获得了量身定制的 Stratocaster 吉他。

卡马克提出的一个需求，是希望能拥有多个像素着色器，用于为三维场景中的像素分配颜色的算法。通过同时运行多个着色算法，可以实现先用光源装饰墙壁，再用血迹进行点缀的效果。

然而，双重着色器的运用也意味着计算量将翻倍。当时，3dfx 作为图形加速器市场的领头羊，是通过在同一张卡上配置两个图形芯片来

① 美国吉他手、歌手、作曲人，被公认为是摇滚音乐史中最伟大的电吉他演奏者。——编者注

解决这一问题的。但柯克和他的团队，构思了一个更为大胆的解决方案。如果你把像素着色分成两个数据集，并在同一块芯片上，同时在每条流水线上运行相同的指令集，会怎样呢？这种方法很适合图形渲染，因为它经常需要反复运行相同类型的计算。

起初，黄仁勋对此表示怀疑。这种被称为“并行计算”的方法，之前已有超级计算机供应商尝试过。“硅谷遍布并行计算平台公司失败的例子，”他说，“除了我们，没有别家并行计算公司被创立过——没有，一家也没有。”（他有时说话会稍显夸张。）但之后，黄仁勋开始从第一性原理进行推理。他猜测卡马克不会满足于仅有两个独立的像素管线。随着射击游戏日益复杂，他总会想要更多。想象一下，一个场景中有很多光源：灯光璀璨的竞技场、多把枪支同时开火、远处一艘宇宙飞船坠毁，还有一个双太阳照耀的世界。如果 3dfx 为每个光源都专门设计一块芯片，最终电路板上将满满当当。满足卡马克未来需求的唯一方法，就是在单块硅芯片上增加管线。

不过，**在做出决定之前，黄仁勋必须做好万全的准备。他得了解，这种方法过去为何屡试屡败。**西摩·克雷（Seymour Cray）所打造的强大并行超级计算机遭遇困境，客户对其高昂的成本及复杂性表达了不满。甲骨文的创始人拉里·埃里森（Larry Ellison）曾投资数百万美元于并行计算初创企业 nCube，然而到了 20 世纪 90 年代末，这家公司也走向了失败。问题的核心在于并行编程的难度极大——同时处理两个或多个数据流需要在多个内存库间进行切换，学习难度非常大。这种情况使并行计算公司极易受到英特尔的攻击。

英特尔的芯片采用的是标准的串行方式，一次仅进行一个计算，但其性能却以惊人的速度增长，大约每 18 个月就能翻一番。这一预测最初由英特尔前 CEO 戈登·摩尔（Gordon Moore）在 1965 年提出，并多次得到实际验证，因而得名“摩尔定律”[①]。除了天气预报和高能物理等专业技术领域，摩尔定律认为，一台处理器——即全能的 CPU，便足以满足即便是最为苛刻的用户需求。并行计算领域的专家比尔·戴利（Bill Dally）曾告诉我：“如果你有一款软件，并希望它能运行得更快，你有两种选择：你可以将它迁移到并行计算机上，重写 100 万行软件代码；或者，你也可以等待两年，让 CPU 的速度自然翻倍。”

摩尔定律已经蚕食了英伟达早期运营的外围电路板市场。在 1993 年的初步构想中，3D 图形加速器本应是众多插入式附加卡中的一员，与声卡、网络卡、打印卡等并存。然而到了 20 世纪 90 年代末，英特尔已经将声音、网络和打印功能全部整合进了主板之中。

在这场技术变革中，唯有 3D 图形卡得以在遭受重创的生态系统中幸存下来。它们凭借对算力的旺盛需求立足；它们吸纳了所有可用的算力，并仍渴求更多。相比之下，多媒体 PC 的其他功能则显得有限——

① 《三位一体》是迄今为止关于英特尔最完整、最权威的图书，讲述了戈登·摩尔、罗伯特·诺伊斯和安德鲁·格鲁夫将这家初创企业打造成为千亿美元量级公司的故事。该书中文简体字版已由湛庐策划、浙江人民出版社出版。——编者注

一旦音频处理质量达到了光盘的水准，便不再需要更多的算力。然而，对 3D 图形的需求始终存在。在使用 3D 图形时，只有做到极致，人们才会满足，就像置身于《黑客帝国》（*Matrix*）的世界中一样。“那是英特尔没有抓住的要点，图形公司还有很长的路要走。”莫斯曼说道，“那个领域对处理能力的需求几乎是无穷的。”CPU 永远无法追上 3D 渲染的速度，不仅现在是这样，未来也是如此。即使其速度翻倍，也仍然远远不够。

1998 年 6 月，Riva TNT 面世。“TNT” 是“双纹理单元”（twin texels）的缩写，它拥有由复杂切换机制所控制的双像素渲染管线。卡马克对 Riva TNT 赞不绝口，称其为“完美的显卡”。他还特地为双管线架构优化了《雷神之锤 III：竞技场》，并推荐粉丝们在英伟达硬件上体验这款游戏，以获得最佳效果。卡马克也预见到了黄仁勋的预言：游戏将成为英伟达颠覆利润更丰厚的工作站市场的基石。“在许多情况下，TNT 的表现确实超越了一台价值 10 000 美元的计算机。”卡马克如此评价。

而注意到这一点的程序员，并不止卡马克一个。除了从失败的初创公司中挑选精英员工，柯克现在还从硅图公司挖角人才。其中就包括转行至市场营销领域的前工程师丹・维沃利（Dan Vivoli）。维沃利借助 TNT 使英伟达成了一个知名品牌。有了卡马克的背书，客户们开始狂热追捧英伟达的产品，这引起了黄仁勋的注意。很快，他办公室里的阅读材料就堆满了关于市场营销的教科书。

英伟达从未直接向客户宣传 TNT 的并行算力——以免让他们感到困惑。相反，它利用了存在于计算机内部的某种幻想。这种幻想具有奇特而强大的吸引力。“矩阵”（Matrix）这一概念、一种共享计算的幻想，并非源自电影《黑客帝国》，而是出自威廉·吉布森（William Gibson）1984 年的小说《神经漫游者》（*Neuromancer*）。在 2011 年接受《巴黎评论》采访时，吉布森谈到了他的灵感来源：

> 我曾路过一个电子游戏厅，当时，电子游戏是一种新兴行业。我看到孩子们在玩那些老式的、有着控制台风格的电子游戏。这些游戏在空间和透视的图形表现上非常原始。有些甚至没有透视，但却渴望表现出透视和立体感。即便在这种非常原始的形式中，玩游戏的孩子们也如此投入，仿佛他们渴望的是进入游戏的世界。

英伟达没有使命宣言（因为黄仁勋不相信这些），但吉布森的观察或许可以视作其使命。这个目标就是让玩家完全沉浸在数字世界中，这些世界以点彩画般的细腻细节呈现，仿佛能让现实消失无踪。吉布森从孩子们的肢体语言中直觉到了这一点，而黄仁勋则通过演绎推理重新发现了它。在英伟达看来，他们的工作只有在玩家真正生活在游戏世界中时才算完成。

然而，在进行分流操作时，英伟达的工程师们其实正涉足一场比他们所意识到的更为危险的游戏。原因在于，TNT 内部潜藏着一个秘密——**一个深藏不露、如同恶魔般的秘密，它沉睡在硅片架构的最深处，以至于黄仁勋、柯克、卡马克、维沃利，乃至世界上的任何一个人都未曾察觉到它的存在。**倘若你揭开那块 TNT 芯片的封盖，以显微镜仔细观察那裸露的电路，你会发现，其中所蕴含的不仅仅是晶体管排列上的变革，更是一场针对所有计算机的彻底颠覆，甚至有可能永远地改变全人类的发展轨迹。那块看似微不足道的芯片，实则承载着一个足以改变整个世界的惊天秘密。

The Thinking Machine

第 6 章

新机器时代曙光初现：

首个在游戏中超越人类的神经网络“水母”

从“深蓝”到“水母”：人类vs. 机器

赌徒们聚在西洋双陆棋棋盘的四周，这一幕发生在1997年得克萨斯州达拉斯的布里斯托套房酒店的一间雅致房间内。眼前的这场竞技，与他们以往所见的任何赛事都大相径庭。代表人类出战的是纳克·巴拉德（Nack Ballard）与迈克·森基维茨（Mike Senkiewicz）——两位棋坛翘楚。而机器一方，则由马尔科姆·戴维斯（Malcolm Davis）代表，他将依照身旁计算机的指令行棋，并重金押注人类将败北。

就在几个月前，国际象棋大师加里·卡斯帕罗夫（Garry Kasparov）败给了IBM的超级计算机“深蓝”，那场对决吸引了全球的瞩目。《纽约时报》以“迅猛无情，计算机击败卡斯帕罗夫”为题进行了报道，并配上了这位国际象棋大师双手掩面的照片。然而，在达拉斯进行的这场西洋双陆棋比赛，却并未激起同样的关注，仅有进出房间的赌徒们对此表现出兴趣。这些人终生沉浸于对抽象策略游戏的热爱之中。他们玩围棋、扑克、拼字游戏、桥牌和国际象棋，通常都达到了精英水平。每次掷骰子后，他们几乎都会大笑、交谈，并交换成沓的现金。这些人的穿着并不总是光鲜亮丽，身材也未必上佳，在专业圈子之外，他们的名字鲜为人知。但正是这场在达拉斯默默无闻的比赛，而非卡斯帕罗夫在纽约的落败，真正标志着新机器时代的曙光初现。

巴拉德是这群人中的佼佼者。他性格开朗，身材微胖，脸庞宽阔并留着鬓角，每天会花费 6 小时研究西洋双陆棋，并多次被评为世界第一。他轻轻摇晃着皮革杯中的骰子，发出细微的碰撞声响，随后将它们掷向棋盘。卡斯帕罗夫比塞时显得心烦意乱，“深蓝”让他感到不安，巴拉德却仍如禅宗般平静地专注于眼前的棋局。他默默地思索着自己的棋步，随后在棋盘上移动了两枚棋子。

他下完棋后，戴维斯掷出了骰子，并向计算机寻求下一步的建议。戴维斯是位西洋双陆棋大师，但到了 1997 年，他坚信计算机已经在这项游戏上超越了人类。为了证明这一点，他提出了一项挑战：任何人只要能以计算机代理的身份击败他的计算机软件，就可以赢得每点 200 美元的奖金。西洋双陆棋是个充满变数的游戏，如果戴维斯对计算机能力的评估有误，他可能会损失 10 万美元甚至更多。但他对自己的机器充满了信心。

这台机器运行的是一种与众不同的人工智能软件，名为“水母”。

“水母”的独特之处在于，它是一个神经网络，其结构受到了生物大脑的启发。与传统软件执行程序员编写的代码不同，“水母”通过向一个人工神经元网络传递信息来做出决策。这些神经元的突触在计算机中表现为一个庞大的数字矩阵，也被称为“权重”。这个网络会评估棋局，并通过这个合成的神经系统给出一个答案。

一个简单的对话框弹了出来，列出了“水母”的决定。戴维斯根据这个决定在棋盘上移动了棋子。有时，这个程序会推荐一些颇具争议的棋步，引发观众的热烈讨论，甚至掀起一阵下注的狂潮。然而，在这喧闹声中，巴拉德再次掷出了骰子，重新沉浸在棋局之中。

被重新激活的神经网络

达拉斯的西洋双陆棋比赛在 AI 圈和新闻界都反响平平。1997 年，主流的计算机科学家还觉得神经网络（neural nets）不过是个小玩意儿。神经网络最早在 20 世纪 40 年代就被构想为“神经网”（nervous nets），那时候的实验者们用复杂的机电硬件来模仿大脑的神经元和突触。这些庞大的机器耗费了大量的电力和资金，但最后几乎什么实用成果都没搞出来。直到 1969 年，颇具影响力的麻省理工学院研究员马文·明斯基（Marvin Minsky）[①]证明了单层神经元连最简单的逻辑操作都搞不定。

① “人工智能之父”和框架理论的创立者，曾获 1969 年图灵奖，是第一位获此殊荣的人工智能学者。他的作品《情感机器》中文简体字版已由湛庐引进、浙江人民出版社出版。——编者注

资金断了，大部分机器都被拆掉了。

之后的几年里，AI 经历了许多次出师不利的情况，被人看作职业发展的死胡同。早期那种“符号”AI 的进步在 1974 年的第一次 AI 寒冬里就停滞不前了。到了 20 世纪 80 年代，“专家系统”AI 又火了起来，还搞出了个短暂的股市泡沫。日本、英国和美国的政府全部砸了大钱搞 AI 发展计划，但独立分析师们觉得，这些钱大部分都打了水漂。

与此同时，在 20 世纪 70 年代和 80 年代，还是有一群不服输的计算机科学家坚持研究神经网络。他们觉得，那些老机器可以用软件来重现，而且多层的神经元或许能突破单层的限制。大多数 AI 研究人员都觉得这群人走错路了，甚至可能是疯了。但 1986 年的时候，认知心理学家大卫·鲁梅尔哈特（David Rumelhart）与加州大学圣迭戈分校的计算机科学家杰弗里·辛顿（Geoffrey Hinton）和罗纳德·威廉姆斯（Ronald Williams）合作，发表了一种叫“反向传播”[①] 的多层神经网络数学程序。这个方法能让研究人员根据新信息来调整计算机的人工神经

① 从技术上来说，反向传播就是用多变量微积分和线性代数的知识在一层层的网格里分配新发现的信息。它先确定现有的神经网络输出有多大的误差，然后用这个误差值来计算一组叫“梯度”的偏导数，主要就是想看看哪些神经元“错”得最离谱。一旦确定了梯度，反向传播就会沿着相反方向调整神经元。此过程可按需重复多次。
反向传播技术最早由芬兰数学家塞波·林纳因马（Seppo Linnainmaa）在 1970 年发现，尽管他并未将其明确应用于神经网络。1974 年，美国计算机科学家保罗·韦尔博斯（Paul Werbos）独立地重新发现了这项技术，并试图将其作为解决明斯基在《感知器》（*Percetrons*）一书中所指出问题的替代方案，向明斯基推介这个技术。但据韦尔博斯所述，他几乎是被明斯基赶出办公室，并被劝阻不要使用该技术。韦尔博斯后来猜测，明斯基可能是因自己未发现反向传播技术而感到不悦。1986 年，鲁梅尔哈特、威廉姆斯和辛顿再次将反向传播引入作为神经网络训练法，使该技术广为人知。

元，就像人脑在接到新信息时会形成新的突触连接一样。

当某个任务被掌握后，反向传播技术便重新激活了沉寂的神经网络，为计算机操作开辟了新途径。反向传播技术使计算机软件不再需要明确的编程，使计算机系统能自我设定规则，甚至实现自我进化。

20 世纪 80 年代后期，研究员杰拉尔德·特索罗（Gerald Tesauro）在 IBM 任职时，选择离开公司热门的国际象棋研究小组，转而投身较为冷门的西洋双陆棋研究。这个游戏虽缺乏国际象棋的声望或扑克的神秘感，但更具竞技性。玩家在 24 点的棋盘上向相反方向移动棋子，试图击中对方棋子，同时受两颗骰子的掷骰结果影响。其不可预测性对赌徒颇具吸引力，而对特索罗而言，西洋双陆棋则有着别样的魅力。通过模拟掷骰子的方式，他迅速生成了数十万局人工西洋双陆棋游戏，这些游戏数据成了神经网络学习的训练资料。

特索罗几乎是单枪匹马地进行这项小众研究。与神经网络相似，很少 AI 研究者会认真对待西洋双陆棋。他最初训练神经网络去模仿顶尖的人类玩家，但这种方法几乎没有带来什么有价值的结果。大约 1990 年，特索罗决定尝试一种全新的方法。他从神经网络中剔除了所有关于西洋双陆棋的战略建议，仅保留了游戏规则和一组初始的随机加权神经元。接着，他让计算机自己与自己进行数十万局的对弈。

这种技术被称作“强化学习”（reinforcement learning），而特索罗是首位成功运用此技术的人。刚开始时，程序的表现毫无章法，移动棋子显得随心所欲。然而，在历经数千局对弈后，神经网络学会了单独留下一个棋子是不利的，而将两个棋子堆叠起来则是有利的——这使得它的水平提升到一个有能力的初学者层次。经过数万局的对弈后，神经网络开始运用更为高级的概念，例如利用多层棋子来构建屏障。当对弈次数达到 20 万局时，特索罗所称作 TD-Gammon 的神经网络已经达到了强劲的中级水平。在随后的几年里，特索罗让 TD-Gammon 接触到了数百万场模拟棋局，而到了 1995 年时，TD-Gammon 已经能够采用人类从未见过的策略。此时的神经网络不再仅仅是学习，而是在创新。

TD-Gammon 未受传统智慧的限制，发现了一种全新的西洋双陆棋策略。它察觉到，人类玩家为了在游戏刚开始建立优势，往往会过度冒险，而实际上，保守的开局策略更为稳妥。同时，在游戏的残局阶段，它常常见到人类玩家放弃那些能确保胜利的机会，反而贪婪地试图将得分翻倍，这种策略在多数人类玩家眼中显得过于鲁莽。而在游戏的中局阶段，TD-Gammon 展现出了一些更为精妙的招式，这些招式之深奥，唯有经过人类专家深入推敲后方能领悟。1995 年，西洋双陆棋教练基特·伍尔西（Kit Woolsey）在与 TD-Gammon 对弈之后，致信特索罗，表达了自己的赞赏之情：

> 我发现，将 TD-Gammon 与那些高水平的国际象棋计算机进行比较，真是令人着迷。国际象棋计算机能够精确计算出棋局的变化，且表现卓越。然而，它们的软

> 肋是，在面对那些局面模糊、难以一眼洞穿的棋局时举棋不定。TD-Gammon 却恰恰相反。它在局面模糊、需要依靠判断而非精确计算的棋局中展现出了强大的实力……你创造的不是一个像国际象棋计算机那样，只是能比人类更快进行计算的笨拙机器，相反，你创造了一台聪明的机器，它能够通过经验来学习。这几乎与人类的学习方式如出一辙。

然而，IBM 未能将特索罗的这一项目商业化。试问，一家商业服务器供应商又怎么会有动力去向数百位客户推销西洋双陆棋软件呢？这的确是个问题。

而这个小众领域在 1994 年由挪威研究员弗雷德里克·达尔（Fredrik Dahl）成功填补。达尔是个非比寻常的人，他热爱玩西洋双陆棋、国际象棋、模拟坦克战、柔术，还爱在树林里找能吃的蘑菇。他以前在挪威的国防部门上班，模拟假设的敌人入侵的情景。他的工作启发来自 1983 年马修·布罗德里克（Matthew Broderick）主演的电影《战争游戏》（*WarGames*）。在这部电影里，人工智能企图发动核战争。

达尔跟我说，他可没这野心，但他确实对军事挺感兴趣——但后来，他的研究经费就没了。“那段时间可不好过。”他这么说（我猜他可能在开玩笑）。写博士论文的时候，达尔弄了个神经网络，让计算机自己跟自己进行了几百万次模拟战斗，并预测战斗结果。这套框架也能轻松用到西洋双陆棋上，达尔很快就超越了特索罗的成绩。

1994 年，达尔推出了“水母”，这是第一个卖给大众的商业神经网络。“水母”是玩了几百万场西洋双陆棋而训练出来的，虽然训练过程计算量很大，但最后的产品小巧到能装进 3.5 英寸的软盘，达尔就在他自己的网站上卖。这样一来，这个领域很早就明确了 AI 领域“训练”阶段和“推理”阶段的区别：训练是计算机学习的过程，推理是计算机运用知识的过程。比起人类那颗大约 1.5 公斤重、负责推理的大脑，还有为其训练提供条件的数亿年进化相比，推理的成本要低得多。

达尔很喜欢生物学的比喻。他给产品取名“水母”，就是为了向那些古老的水生刺胞动物致敬，它们的神经网络掌控着刺激和反应系统。他说，他的程序“只有大约 100 个脑细胞，这和海蜇差不多”。**这就是神经结构的威力：无论是攻克西洋双陆棋，还是在危机四伏的海洋生态系统中存活 5 亿年，甚至抵御敌人，都只需百来个小小的细胞。**

“我放弃了”，革命性的进展再次停滞

为了提供一个恰当的统计样本，巴拉德和森基维茨都答应各自与“水母”对弈 300 局。曾连续下了 84 小时棋的巴拉德，对这种马拉松式的西洋双陆棋比赛已经习以为常，并努力保持专注。他最终以 58 局的优势战胜了计算机，赢得了 11 600 美元。但森基维茨几乎输掉了相

同的金额，而戴维斯打成平手，因此比赛被判为平局。巴拉德对自己的胜利颇为自得——但事后分析表明，他的骰子运气相当好，而他自知好运已然用尽。自此以后，再无人会轻率地挑战西洋双陆棋程序来赢钱。

“水母”参赛的消息很快在西洋双陆棋这个小圈子中传开。“深蓝”是一台造价高昂的超级计算机，其依赖的算力无法被人类所复制，因此它并未从根本上改变国际象棋的专业方法。（事实上，“深蓝”在 1997 年取胜后就被拆解了。）相比之下，“水母”是一款经济实惠的软件，可以在任何运行 Windows 的电脑上运行，它彻底变革了游戏。伍尔西通过在家用电脑上不停与“水母”对战并向它提问，出版了《西洋双陆棋的新思路》（*New Ideas in Backgammon*），其中汇集了一系列神经网络观点与人类直觉大相径庭的棋局。很快人们就发现，电脑总是对的。随着时间的推移，分析师们学会了通过比较人类玩家的表现与电脑给出的理想结果之间的差异，来评估其技能，而非单纯通过胜负局数来判断。

“水母”成了首个在游戏中超越人类的神经网络。之后，达尔专注于扑克领域。他运用了强化学习技术，迅速构建，或更贴切地说是“进化”出了一个神经网络，这个网络能在双人限注德州扑克的单挑玩法中击败世界上的任何人。达尔授权了一家老虎机制造商使用这个神经网络，该制造商在拉斯维加斯的赌场中安装了这个无人能敌的扑克机器人，供所有挑战者用真钱对战。结果，依然无人能够打败这台机器。

然而，革命性的进展在此停滞。尽管达尔从老虎机的运营中赚取了可观的收益，但当他试图为无限注德州扑克构建一个类似的程序时，遭遇了难题。在无限注玩法中，玩家可以下注任意金额，这使得合成数据集远大于他为限注扑克和西洋双陆棋所构建的封闭系统。达尔的无限注神经网络在处理这庞大的数据量时遇到了学习困难。“它做出的动作还算合理，但从未完全达到我的期望。”他坦言。

达尔在这个问题上耗费了多年心血。难点在于，他几乎无法理解自己的扑克机器人是如何运作的。其神经网络的结构复杂程度与无脊椎动物的神经系统相当，难以解释。试图通过计算网格中的个体权重来找出游戏策略，就如同试图通过显微镜观察脑细胞来解开意识之谜一样困难。

这正是对神经网络的一种批评，也是学术界对它抱有偏见的原因。当神经网络达到训练瓶颈时——而这几乎是必然会发生的情况，几乎没有明显的方法来改进它。经典编程讲究的是逻辑与顺序，操控神经网络却需要截然不同的思维。达尔将其比作生物实验：**结果难以预测，微小的变量改动或能引发意想不到的效果。**达尔竭尽所能优化他的扑克机器人。他调整了评估功能，随意调整计算机内存，替换了神经元的激活方式，甚至为机器人构建了一个更简化的数据世界以供人们探索——但始终未能使机器人达到专家级水平。

最终，达尔像众多神经网络研究者一样选择了放弃。他将扑克机器人搁置一旁，转而从事运用传统技术分析医疗数据的工作。许多神经网络的批评者都曾是满怀希望的先驱，他们在技术初期取得过成功，却在多年后收获低于期望的结果。达尔虽未彻底沦为怀疑论者，但他的信念确实遭受了严峻考验。“我放弃了，”这位首个向公众推出神经网络的人坦言，“我彻底放弃了，因为我真的缺乏数据。”他寻不到解决之道，尽管已竭尽全力。他无法构想出能让神经网络取得成功的路径。

第 7 章

死亡竞赛：

迭代，迭代，再迭代！执行，执行，再执行！

TNT2：每个职业玩家的标配

乔纳森·温德尔（Johnathan Wendel）瞄准了弹药堆，静静等待。以“fatal1ty”为游戏账号昵称的温德尔是职业玩家的先驱之一。到了1999年，他立志要成为全球最顶尖的玩家。在《雷神之锤III：竞技场》中，他屡战屡胜，常常以完美的战绩收尾——他的拿手好戏就是洞悉对手的心理。他察觉到，这位对手似乎对弹药情有独钟，于是便布下了陷阱。

与多数瘦弱的书呆子型职业玩家不同，温德尔是个肌肉结实的运动健将。他擅长冰球、网球和高尔夫，冰蓝色的眼眸、沙金色的头发以及宽阔阳刚的面庞，使他看起来像是20世纪80年代喜剧片中的兄弟会运动明星。温德尔在15岁时就发现了自己在《雷神之锤》竞技中的天赋，1996年在堪萨斯州威奇托的一场比赛中，他击败了100名大学生。

于是，他选择辍学，成为最早一批以电子游戏为职业的人。“问题在于，如果你只赢了一场比赛，人们很快就会把你忘记，对吧？”温德尔说道。言语中提及了他的偶像泰格·伍兹（Tiger Woods）。“如果我不再赢下去，人们就会把我忘得一干二净。”

温德尔以职业运动员般的顽强竞技精神，全身心投入《雷神之锤》中。他每天进行8到12小时的死亡竞赛训练，甚至为了腾出更多练习时间而与女友分手。他赢得了数十场比赛，并连续7年蝉联竞技游戏收入冠军。有一次，在得克萨斯州赢得一场比赛后，他摘下耳机，挥舞拳头，发出了胜利的呐喊，而他那位戴眼镜的对手则畏缩在拉链连帽衫里。温德尔身材魁梧，身着一件NFL风衣搭配工装裤，仿佛随时准备给对手来个突袭。

温德尔的每个动作都精确到毫秒。他通过反复训练，不断磨炼自己的快速射击技能。坐在屏幕前，手指轻触鼠标，一旦屏幕变绿，便迅速点击。经过不懈努力，他的反应时间已成功缩短至140毫秒。在电脑训练间隙，温德尔会跑上几千米，坚信这有助于提升反应速度。他喜欢用赛车作比较，将自己比作比赛开始时全力冲刺的F1赛车手。

耳机中传来对手靠近弹药堆的脚步声，温德尔的训练成果此刻得以体现。他轻轻将手指放在鼠标按钮上，准备在对手出现之前发动攻击。关键时刻，他果断按下按钮，时间仿佛在这一刻凝固。

温德尔使用英伟达 TNT2 显卡来运行游戏。市面上的处理器或许能以每秒 20 到 30 帧的速度运行《雷神之锤 III：竞技场》，但英伟达的并行处理技术却能将这一速度提升至每秒 60 到 70 帧。这一重要改进意味着，在温德尔那 140 毫秒的反应时间内，他所能处理的帧数从 5 帧增加到了 10 帧。这就是他所需要的优势。

温德尔在见到那个人影之前，就已经开始射击，短短的一两帧时间里，他迅速做出反应。30 毫秒，也就是 0.03 秒，转瞬即逝。紧接着，敌人闯入了温德尔的瞄准线。英伟达处理器迅速更新画面帧。一帧间，伤害已经造成，处理器再次刷新画面。又一帧，伤害继续，再一帧，每一帧的刷新，处理器都在背后默默完成了大约 2 亿次的独立运算。耳机里，传来了令人满意的痛苦呻吟声，直到最后一帧，对手终于倒下——就这样，fatal1ty 再次记录下了他的击杀。

温德尔将他与英伟达的合作关系，比作是迈克尔·乔丹与耐克那样紧密无间的关系。公司为他提供免费的硬件支持，而他则尽自己所能地展示这些硬件的卓越性能。说到显卡运行的并行处理技术，温德尔的了解并不深入。当我在 2024 年向他询问这方面的技术时，他只是不以为意地耸了耸肩。他唯一知道的，就是没有任何一款显卡能像 TNT2 那样，将死亡竞赛模式呈现得如此淋漓尽致。“那显卡的帧率简直高到惊人。”温德尔赞叹道。他每个周期都会升级自己的显卡，很快，这也成了每个职业玩家的标配。

没有香槟，没有松懈

华尔街对此表示出了极大的青睐。英伟达每6个月便推出新款显卡，其速度达到了其他制造商的两倍。公司习惯在每年的秋季学生返校季时发布新产品线，并在随后的春季进行产品更新。平板显示器的问世使得需求急剧上升，短短几年内，图形加速器已成为大多数个人电脑的标配。1999年初，创立不到6年的英伟达以6亿美元的估值成功上市。红杉资本最初对英伟达的估值仅为600万美元，而此次上市为其带来了百倍的收益，足以弥补众多其他投机性投资的亏损。英伟达的股票以每股12美元的价格在纳斯达克上市，股票代码为NVDA，股价随即翻倍；至年底时，已飙升至60美元。根据公司文件，普里姆、马拉科夫斯基和黄仁勋3人各自持有的股票均超过300万股。

尽管黄仁勋当时已成为千万富翁，但他的新财富并未让他偏离初衷，他仍致力于击败并吞并竞争对手，直至市场上仅剩下自己的公司。迪克斯回忆道，当时并无庆祝派对，没有香槟，没有松懈，甚至连老板的祝贺都没有。他向我展示了一封他保存的黄仁勋的电子邮件：

> TNT2团队必须不惜一切代价完成任务。他们目前正与戴尔和康柏在主板业务上展开激烈竞争。S3公司的图形处理器Savage 4在Camino平台上运转良好，而我们仍在苦苦挣扎。时间紧迫。我们必须竭尽全力，赢得这场胜利。我们需要通过设计上的优势来夺取市场份额，

从 ATI 手中抢占份额，并压制 S3，从而将英伟达推向新的高度。记住，我们的优先事项是第一、第二和第三。我们期望能在 4 月份前收到 25 万台 TNT2，以达成我们第一季度的目标。要实现这点，我们就必须相应地做好风险晶圆的认证工作。务必完成任务。

迪克斯惊讶地摇了摇头，说道："他是在公司上市后的第二天写下这些的。"

邮件中提到了竞争对手 ATI 和 S3，但英伟达的头号对手是 3dfx。他们的 Voodoo 显卡在过去两年里一直是行业领先的图形加速器。1999 年底，黄仁勋推出了"Voodoo 杀手"显卡。这款显卡被命名为"GeForce"，意为"几何力"。它搭载 NV10 驱动，每秒能渲染 1 000 万个三角形，并能根据可移动光源的位置改变 3D 场景中像素的颜色。在单一平台上实现"变换与光照"的统一是行业的一大突破，英伟达打算对此进行大力宣传。"简而言之，他们现在只需花 2 美元，就能做到以前工作站需要 2 000 美元才能做到的事。"佩迪如此评价。

黄仁勋找到了维沃利，后者是他从硅图公司挖来的营销人员。维沃利头脑聪明，他把有限的预算视为一种机遇。他察觉到，玩家在做购买决定时，会参考六七位独立的硬件评测者的意见。维沃利主动联系这些评测者，告诉他们 GeForce 是全球首个图形处理器，或称"GPU"。尽管这个术语是维沃利自创的，但评测者们开始采用这一分类。不久之后，图形加速器就普遍被称为 GPU 了。维沃利表示：“由于我们创造了这个类别，因此我们自然能成为这个领域的领头羊。”

3dfx 的工程师们对英伟达的这种策略感到不满。佩迪说道：“在某些情况下，英伟达在基准测试中动了手脚。的确，他们在市场营销方面赢了，在工程技术方面也赢了！他们确实更擅长经营公司。”GeForce 能在单块芯片上同时处理 4 条渲染管道，而 3dfx 价格更高的 Voodoo 4 原型虽然使用了 4 块芯片，却仍无法完成同样的任务。英伟达激进的 6 个月发货周期让追求完美的 3dfx 处于劣势。有一次，3dfx 的一位创始人甚至公开提出，两家公司是否可以暂时休战，以便在下一代产品发布之前共同建立技术标准。柯克回忆道：“那一刻，我就知道我们赢了。”“我们与 3dfx 展开了一场激烈的生死搏斗，最终必然有一方会倒下。”

柯克推行的“人才挖角”实验成了双方持续不和的又一个导火索。每当有工程师选择叛逃至英伟达，他们往往会带去一些专有的创意。这一行为随即引发了一连串的法律纠纷——1996—1999 年，S3、硅图公司以及 3dfx 纷纷对英伟达提起了专利侵权诉讼，而另一家竞争对手 Matrox 也提起诉讼，指责英伟达诱导其员工违反保密协议。尽管其他 3 起诉讼最终都达成了庭外和解，但 3dfx 拒绝接受仲裁，这家已处于破产边缘的公司选择将翻盘的希望寄托在法庭的胜利上。然而，2000 年 8 月的一次财报电话会议给 3dfx 带来了灾难性的打击。会上，3dfx 的 CEO 亚历克斯·勒普（Alex Leupp）向投资者透露，公司预计在一个季度内的亏损将超过 1 亿美元。仅仅一个小时后，英伟达便宣布对 3dfx 提起反诉，指控其侵犯了一些颇具争议的专利权。许多人认为英伟达选择此时提起诉讼显得尤为残酷，甚至有人揣测，黄仁勋是故意提起一场自知胜算不大的无理诉讼，目的仅仅是增加资金紧张的 3dfx 的法律开支。

一个月后，法官对此案做出了初步裁决，判决对 3dfx 有利，并全面驳回了英伟达的反诉。尽管 3dfx 急于获得赔偿，但英伟达凭借精妙的法律手段成功拖延了赔付进程。面对绝境，勒普曾试图将 3dfx 出售给英特尔，声称对英伟达的有利裁决是其手中唯一的筹码。但英特尔并不愿卷入这场纷争，其他潜在买家也同样望而却步。随着资金枯竭和产品市场的失利，3dfx 最终不得不接受失败的命运，并选择向英伟达屈服。

黄仁勋赢得了这场战斗。但他的胜利果实是获得了一群心怀怨恨的新员工。根据后续披露的法庭文件，黄仁勋在 3dfx 公司内部被冠以“达斯·维达”（Darth Vader）[①] 的称号。（“实际上，他们给他的称呼更为不堪，”佩迪透露，“我可以告诉你，他们叫他的其他一些名字真的非常粗鲁。”）**关于黄仁勋的传闻在此时几乎被渲染成了邪恶的化身：他挖角员工，窃取创意，操纵评测者，甚至在竞争对手陷入困境时落井下石。然而，大多数人憎恶黄仁勋的真正原因是，黄仁勋把他们整个公司打得落**

① 达斯·维达是《星球大战》系列电影中最重要的角色之一，也是头号反派。——编者注

花流水。“英伟达在崛起过程中四处树敌，无论是合作伙伴还是供应商，”佩迪指出，“尽管你可以说黄仁勋是我的私交好友，但他确实冷酷无情。”

“技术债务”，幸存者的战斗伤痕

程序员本·加利克（Ben Garlick）和3dfx奥斯汀分部的其他同仁一样，在某个周五的下午收到了通知。工作站对所有人员上了锁，保安则负责护送员工离场，同时检查每个人的背包和手提包。员工们在停车场徘徊不前，直到人力资源经理召集大家，并指示他们前往街道对面的仓库重新集合。得克萨斯的办公楼并未考虑到行人的需求，因此，这群身着商务休闲装的员工们不得不尴尬地穿过排水沟，接着又乱糟糟地走过一条没有标记的小路，最终抵达一个堆满未售出、实际上也卖不出去的图形硬件的仓库。正是在这里，员工们接到了通知，3dfx将即刻解雇他们所有人。“那真是个永生难忘的日子。”加利克回忆道。

不过，对于那些幸运儿来说，事情还有转机。英伟达虽然拒绝收购3dfx的全部资产，但却提出以7 000万美元的价格，购买其特定资产。勒普同意了，于是诉讼被撤回。内部文件随后揭露，黄仁勋对3dfx最顶尖的每位工程师估价高达100万美元。这一估价体现了他们对英伟达的重要性，以及将他们与英伟达的竞争对手隔绝开来的价值。在仓库里，被解雇的员工接到指示，周末回家并在电话旁等候，以便黄仁勋可能提供工作机会。

在大约 500 名候选人当中，经过与柯克的协商，黄仁勋列出了一份包含 120 名 3dfx 员工的名单，这些是英伟达希望留下的人才。然而，这些员工对黄仁勋并不信任。周末期间，有传闻称英伟达是一家剥削员工的“血汗工厂”，而黄仁勋则是一个对员工大吼大叫的暴君。有些人表示，无论给多少钱，他们都不愿意为这样的人工作。加利克则更加实际。圣诞节即将来临，他急需一份工作。他成了最早收到邀请的人之一。加利克是一位技术精湛但性格内敛的程序员。（我曾问他，他的贡献是否值 100 万美元。“差不多吧。”他回答道。）接下来的周一，他回到仓库，黄仁勋亲自向他提供了加薪 20%、福利以及股票期权的待遇。

加利克接手了这份工作，并在接下来的 17 年里为英伟达效力。“我个人的看法是，黄仁勋本质上是个善良的人，但环境迫使他变得冷酷无情，”加利克坦言，“这与其他一些 CEO 截然不同，那些人天性凉薄，却还要努力装出好人的样子。”黄仁勋的个人魅力如此“出众”，以至于他当初招募的 120 名员工中，有 106 人最终选择加入了竞争对手的阵营。

英伟达赋予了加利克访问公司代码库的权限。而眼前所见的景象令他大为震惊。“说实话，那简直就像是癌症，”他如此形容，“你知道，癌细胞会不受控制地疯狂扩散。”在 3dfx 的日子里，加利克曾为自己编写出的优雅程序而深感骄傲，他开发出了条理清晰、注释详尽的系统，方便其他程序员轻松接手维护与改进他的工作成果。“我们曾不惜一切追求完美，结果却一败涂地。”他回忆道。相比之下，英伟达的工作方式显得极为草率，某些在深夜匆忙赶工中完成的代码块，竟然被用作了关键系统的基础。“真是太混乱了！代码写得一塌糊涂，开发工具链也是一团乱麻，最重要的是，他们对此毫不在意！”加利克感叹道，“他们一心只想着下一块芯片流片，其他什么都不顾。”

这种做法导致英伟达累积了大量的“技术债务”，一再采取权宜之计，长此以往，代码的可维护性日益下降，给程序员后续工作带来诸多困扰。加利克将此比作在不稳固的地基上建房。“房子一旦建起，地基就很难再修补了。”他说道。

然而，随着加利克逐渐适应了这些权宜之计，他开始领悟到英伟达方法的可取之处。“这其中透出一种诡异的智慧：**不断迭代、迭代、再迭代，执行、执行、再执行，**”**他表示，**“**在我看来，技术债务就像是幸存者的战斗伤痕。**”

在英伟达，只有“努力工作”

随着新员工的陆续加入，英伟达的员工规模已超 600 人，而 4 年前仅有 35 人。公司乔迁至圣克拉拉附近的新总部，租下了一座由空中连廊相连的多层玻璃与钢结构建筑群，楼内装饰着雕塑，四周环绕着停车场，毗邻高速公路，总占地面积达 4.5 万平方米。新办公室内，闻不到外卖食物的气味。这里什么味道也没有。现代主义所特有的体面，伴随着一丝无聊与千篇一律，已然降临。

郊区办公园区的典型景致——密密麻麻的隔间办公区、一排排望不到头的车流、令人生厌的连锁餐厅，在迈克·贾奇（Mike Judge）1999 年执导的电影《上班一条虫》（*Office Space*）中，曾得到了令人难忘的讽刺性刻画。贾奇根据他在英伟达某竞争对手公司的亲身工作经历创作了这部电影，而那家公司正是一家位于几千米之外的显卡初创企业。贾奇对那种工作环境深恶痛绝，但与我交谈过的英伟达员工却从未流露出无聊或蹉跎岁月的感受。他们决定把大部分时间都花在办公室里，而企业界正是他们的归宿。黄仁勋的职责就是不断发现并铲除官僚主义的蠢事。电影《上班一条虫》的主角就曾被多位上司提醒，要为“性能测试指标报告”（TPS）选用正确的封面。在现实中，软件工程师确实需要撰写这样的性能测试文件，但假如黄仁勋发现他的某位经理因封面问题而浪费了宝贵的工程时间，我怀疑他会把那位经理拽到办公室中央，然后狠狠训斥一顿，以儆效尤。

不少习惯了游戏公司文化的新员工，在来到英伟达时都期待着更加宽松的氛围。一位前员工就表示：“**在 3dfx，我们的座右铭是‘努力工作，尽情玩乐’，但在英伟达，却只有‘努力工作’。**”长时间加班成了家常便饭，而 6 个月的发布周期更是带来了沉重的压力。另一位员工回忆道：“结果就是几乎永无止境的截止日期，以及总是觉得进度赶不上的感觉。”

不过，也有人欣赏英伟达的这种专业精神。一位资深员工就说：“至少你知道这个地方不会倒闭。”游戏公司往往没有着装要求，有些程序员甚至以不修边幅为荣。卡伦·华乌尔姆（Karen Huaulme），这位曾经的 3dfx 的员工，就回忆起自己寻找《雷神之锤》开发商 iD Software 总部，在达拉斯郊区的一栋办公楼里迷路的经历。她最后跟着一个穿着最邋遢的人——那是个面色苍白、长发飘飘、穿着人字拖和破旧 T 恤的年轻人，找到了目的地。他直接把她带到了 iD Software 的大门口。

在英伟达，没人会穿着人字拖走进办公室。华乌尔姆还分享说，在她以前的公司，男同事有时会以咄咄逼人的态度质疑她的能力，有时又会表现得过于亲昵。在英伟达，尤其在那段时期，女性员工并不多见，但华乌尔姆觉得这里给了她相对的安全感。“在英伟达，我感受不到那些问题。”她这样说道。

柯克经常负责招聘面试。多年前，他在自己的初创公司被迫裁掉 100 名工程师，那段经历令他痛苦万分，以至于几天后他也选择了辞职。**为了不再重蹈那样的覆辙，柯克坚信，要避免裁员，首先就要严格招聘。**在英伟达，初步的面试流程包括几轮面谈，随后是共识性的招聘决策。然而，技术人员往往不愿造成他人的不安，因此坚持使用标准的面试问题，如“请回忆一次你克服困难的经历”，“你最大的弱点是什么？”，以及“为什么井盖是圆形的？”

这让柯克感到沮丧，因为他觉得员工们在浪费时间。他清楚，如果是黄仁勋，他会如何应对：将技术人员召集到会议室，然后大声训斥。和迪克斯一样，柯克也相信黄仁勋的发怒是有其目的的。**“对人大吼大叫，这是他激励策略的一部分，”柯克解释道，“你可能会认为他只是生气了，但我认为这是有预谋的。”**

“而且这套方法确实奏效！虽然让人有些恼火，但效果摆在眼前。”柯克强调，关键在于听众的感受：“他希望每个人都能从中获益。他绝不会对着走廊里随便某个人大喊大叫。当他施压于人时，目的是在迫使对方深刻吸取教训——而这样的教训，他们势必永生难忘。”

察觉到自己的团队成员在招聘替代人选方面不得要领，柯克决定借鉴黄仁勋的方法。他特意将工程师们召集到会议室，紧接着，一向性格温和、回避冲突、鲜少提高嗓门的柯克突然爆发了。“你们到底在做什么？！”他向团队成员怒吼，“你们刚才面试了一个将承担团队一半工作量的人，却连他是否胜任都懒得去了解！现在好了，你们得干双倍的活，他却能拿到你们一半的工资！”柯克望着员工们因震惊而陷入沉默，心中甚是满意。“我们得再把他叫进来，这次换我来提问，因为你们显然都不行。”他这样说。

那位不幸的求职者感觉自己像是身处审讯室。在员工们的注视下，柯克抛出了一个简单的问题作为开场：“你知道怎么画三角形吗？”求职者回答后，柯克稍微提高了难度。“好的，那你如何绘制三角形的边呢？”得到答复后，他继续追问：“如果三角形的一个坐标是零，你该怎么办？毕竟不能除以零，对吧？”柯克逐步深入更复杂的领域，直到感觉触及了求职者的理解极限。接着，他抛出了最后一个问题，一个极具挑战性的技术难题，他确信求职者无法回答。

能否获得这份工作，全看接下来的表现。通常，求职者会选择撒谎或试图编造答案，这样做无疑是自掘坟墓。另一些人则会茫然地承认自己一无所知，这通常也意味着失败。能够通过测试的工程师，是那些意识到这不仅仅是一场工作面试，而是一场苏格拉底式对话的人。他们能够回顾之前的一系列问题，然后在面试中拓展自己的知识，利用之前的答案来推导出新的答案。**在短短 15 分钟内，柯克对候选人的了解程度，竟超过了他的员工在漫长的 8 小时结构化面试中所能获取的——而这一切，也被他的员工们看在眼里，他们逐渐学会了如何精准提问。**

要说挑剔，无人能出黄仁勋之右

要说挑剔，无人能出黄仁勋之右，他对雇员的选择标准极高。随着英伟达业绩的飙升，黄仁勋的家人开始向他施压，希望他能分些利益给家人。“他的父母一直催他，‘你得给你兄弟们安排个工作’。”霍斯特曼透露。然而，黄仁勋却坚决拒绝了，这导致了一系列紧张的电话交涉。“他基本上就是说，‘我无法证明他们适合。我觉得他们并不适合我们的公司文化’。”霍斯特曼回忆道。尽管家人一再劝说，但黄仁勋始终没有雇用他的兄弟们。

以黄仁勋的哥哥杰夫为例，他从事过多种工程类工作。霍斯特曼还记得，有一次他们三人在黄仁勋家的后院一起搭建平台，霍斯特曼和黄仁勋负责动手施工，而杰夫则负责在一旁监督。“他甚至连个钉枪都拿不稳。”霍斯特曼笑称。至于黄仁勋的弟弟吉米，他曾追随哥哥的脚步前往俄勒冈州立大学，并获得了相同的电气工程学位。当黄仁勋在普里姆的联排别墅管理英伟达时，吉米却选择了更为稳妥的职业道路，加入了英特尔。他在那里一待就是 30 年，专注于软件工具的构建与维护。“吉米是一位勤勉务实的工程师，”霍斯特曼评价道，“然而，那种创业的冒险精神——就是勇于接受失败，并愿意承担后果的魄力，我在他身上并未发现。”

黄仁勋并未直接为他的兄弟们提供职位，而是赠予了他们房产。21 世纪初，他出售了部分英伟达的股份，用所得资金在洛斯阿尔托斯山丘购置了一大块地皮。这个社区坐落在硅谷之上，是美国第三富裕的区域。在这片土地上，他委托洛丽监工建造了一座占地将近 600 平方米的奢华住所，内含 5 间卧室、7 间洗手间、一座游泳池和一个宽敞的车库。他为自己和妻子各购置了一辆法拉利，并开始收藏名贵的威士忌。他还将自己原先带有平台的旧居赠送给了哥哥杰夫。

但即便是这座量身定制的梦想豪宅，也未能完全满足黄仁勋的严苛标准。**随着财富的增长，他逐渐养成了超高净值客户那种“必须恰到好**

处”的挑剔态度。某日下班回家，他发现豪宅花园的玻璃门与后方泳池房的视野存在偏差。这种不对称让他大为不满，于是下令泳池房推倒重来，不惜花费巨资将其挪动了 5.5 米。

不勇于冒险，才是最大的风险

英伟达的 GeForce 系列奠定了其市场领导者的地位。同时，公司还推出了 Quadro 系列，这是专为高级计算机建模和数字动画打造的专业 GPU 系列。如预期般，英伟达开始挑战硅图公司的地位——有趣的是，黄仁勋的一些前上司也转而为他效力。2000 年，黄仁勋聘请了他在 LSI 公司的首任老板汤米·李（Tommy Lee）。

3D 加速器行业的增长正好赶上股市泡沫时期。英伟达并非“虚幻”的互联网公司，它推出了实实在在的产品，有真实的收入，也实现了真正的盈利。不过，它毕竟是一家科技公司，身处科技泡沫之中。2000 年初，英伟达宣布与微软达成一项协议，为微软尚未命名的家用游戏机开发芯片，这使得英伟达的股价飙升至每股超过 100 美元。几个月前，在公司某次外出畅饮的活动中，大家借着酒劲立下了一些大胆的挑战约定，如今股价的上涨触发了这些约定的兑现。马拉科夫斯基打了耳洞，普里姆剃光了头发，只在头顶留了方形的一撮，并将其染成绿色，修剪成英伟达的标志。黄仁勋在上臂纹了英伟达的标志，不过因为当时的疼痛抱怨了好几年。

到了 2001 年，英伟达每年销售的 GPU 价值已达 10 亿美元。唯一能与英伟达的创新速度相匹敌的公司是位于多伦多郊区的 ATI。ATI 的旗舰产品是 Radeon 显卡，它与 GeForce 一样，都是带有并行像素管道的风冷显卡。Radeon 的芯片与 GeForce 在台积电的同一家工厂制造。ATI 的联合创始人兼 CEO 何国源与黄仁勋一样，都是具有强烈竞争精神的移民，他的公司在成功之前也曾多次面临破产的危机。随着 Radeon 显卡的推出，GPU 市场形成了一个稳定的双寡头格局，并且在接下来的 20 年里，GeForce 和 Radeon 轮番争夺市场主导权，各自产品都曾登顶过。如今，GeForce 已经明显领先。

尽管业绩辉煌，黄仁勋却始终保持警觉。1996 年时，S3 公司是图形加速器领域的领头羊。但到了 1999 年，这家公司已不复存在。而在 1998 年独领风骚的 3dfx，也在 2000 年销声匿迹。谁也无法保证，同样的事情不会降临到英伟达头上。在黄仁勋的办公室里，摆放着一本由英特尔 CEO 安迪·格鲁夫（Andy Grove）撰写的商业书籍，名为《只有偏执狂才能生存》（*Only the Paranoid Survive*）。

竞争威胁是企业都会面临的问题，但在微芯片行业，这种威胁更为严峻。像可口可乐这样的企业，一旦摸索出成功的秘诀，产品便能自我营销，企业只需确保自己不搞砸这种成功即可。然而，**微芯片行业却更像时尚界——倘若你今天的产品与昨天雷同，那便犯下了严重的错误。在半导体领域，一切技术每隔几年就需彻底革新。**这既适用于设计芯片的软件工具，也适用于印制芯片的紫外光刻机，更适用于芯片自身的架构。英伟达的首款芯片包含了 100 万个晶体管，而到了 2000 年，其芯片所含晶体管数量已激增 20 倍，不仅配备了高速风扇进行冷却，还实现了体积减半。马克思在《共产党宣言》中曾写道："一切等级的和固定的东西都烟消云散了。"或者，正如格鲁夫后来所言："我们都必须迎接变革的疾风。"

黄仁勋并非此领域唯一的冒险家。每位管理者都须具备冒险精神。随着晶体管制造精度日益提升，每个新产品周期的参与成本也随之攀升。因此，该行业宛如一场持续加码的高额扑克锦标赛，赌注不断上升。在锦标赛中，若选择按兵不动，筹码便会逐渐耗尽。**唯一的生存之道，便是寻得一手好牌，押上所有筹码，然后一次又一次地重复。**

一个成本高昂的赌注，是黄仁勋决定为 CPU 添加可编程着色器。当时的图形处理技术常使场景呈现出塑料或橡胶般的质感。柯克期望为程序员提供更出色的光照工具①，然而，引入着色器意味着必须牺牲利润以建设基础设施，至少在初期，不会有太多游戏开发者采用。"要干这个，短期内会增加一些成本，"他告诉黄仁勋，"但随后，人人都会渴望拥有它，人人都想追赶我们。"

与并行计算相似，黄仁勋起初对此持怀疑态度。然而，当他开始权衡不引入着色器的潜在成本时，他逐渐被说服。**在他所处的行业中，唯**

① 指模拟现实世界中光线与物体表面的相互作用，以创建更逼真、更立体的视觉效果。——译者注

一可以确定的是，未来将有更多晶体管问世。随着这一趋势的发展，图形渲染将愈发经济实惠且易于实现。迄今为止，黄仁勋已成功领先于竞争对手，但他那轻资产的“商人”业务，实则仅由一群工程师在硅谷的某个办公园区内共同支撑。如果那些工程师未能持续研发新的、难以被仿制的技术，亚洲的制造商便会开始复制其芯片，英伟达便会面临消亡的境地。黄仁勋曾坦言：“倘若我们未能重新塑造计算机图形技术，倘若我们未能重塑自我，并拓展处理器可实现的领域，我们终将沦为货品化而消逝。”对他而言，不勇于冒险才是最大的风险。

2001 年 6 月，首款搭载可编程着色器的 GeForce 显卡问世。同年 11 月，微软的游戏机 Xbox 及标志性游戏《光环》（*Halo*）联袂登场。这款射击游戏继承了《雷神之锤》与《毁灭战士》的精髓，将战场从地狱移至一个环形人造世界，并由英伟达硬件呈现出绚丽的自然光照效果。《光环》的大获成功，推动英伟达的总市值逼近 200 亿美元。两周之后，英伟达更是跻身标准普尔 500 指数，取代了曾经的安然公司。

时年 38 岁的黄仁勋成为该指数企业中最年轻的 CEO 之一。短短 8 年，他便从餐馆卡座中的产品构思者，蜕变为美国 500 家最具价值公司之一的掌舵人。他击败并整合了几乎所有竞争对手，入选指数后的几周内，黄仁勋在账面上短暂地成了亿万富翁。然而，股市的价值判断变幻莫测，黄仁勋的这份荣光并未持续太久。直到 14 年后，他才再度拥有如此雄厚的财富。

第 8 章

游戏玩家拯救英伟达：

爸爸，你得再加把劲儿

击球、复位，再击球、再复位

黄仁勋以一声令人满意的“啪”声将球打过桌子，球带着强烈的旋转力度飞了出去。他正在专心练习自己的正手上旋，这项技术在他的竞技生涯中屡建奇功，是他的制胜法宝。他重新调整身体姿势，迎接下一个来球，积蓄力量后猛然发力，扭动腰部，挥动球拍上扬再横扫出去，球划出弧线飞过球网。啪！他重复这个动作，击球、复位，再击球、再复位，他的身体像机械活塞一样围绕支撑脚旋转。

然而，工作上的事情却不怎么顺心。啪！随着互联网泡沫的破灭，股市正在经历一场大崩盘。啪！最新推出的 GeForce 产品因为风扇存在缺陷，噪声大得就像一台吹叶机。啪！ Xbox 的交易也陷入了困境。啪！英伟达公司更是因为财务欺诈行为而遭到了调查。啪，啪，啪，啪。黄仁勋放下球拍，满头大汗。

2002年，黄仁勋联系了他的老朋友，也是他的乒乓球搭档乔·罗曼诺斯基，决定重返乒乓球赛场。接到电话，罗曼诺斯基感到十分惊讶，因为两人已经近20年没有交流过了。他们友好地叙了会儿旧，追忆往昔。罗曼诺斯基想起了大学时期，黄仁勋曾在一个州立监狱参加过乒乓球比赛。在囚犯们的注视下轻松赢下比赛后，黄仁勋忍不住得意地展示起自己的球技。“他掌握了许多花哨的击球技巧，并能巧妙地将其融入比赛中，”罗曼诺斯基说道，“就像哈林花式篮球队那样。”

通话中，黄仁勋提到自己创办了一家制作视频游戏设备的公司。“听得出来，他对此非常兴奋。”罗曼诺斯基说。黄仁勋给罗曼诺斯基的儿子寄去了一个GPU，孩子便用它组装了一台电脑。作为回礼，罗曼诺斯基为黄仁勋订购了他最钟爱的乒乓球拍。很快，黄仁勋就重新开始训练，并聘请了一位前奥运选手担任他的教练。

罗曼诺斯基在圣迭戈为波音公司担任工程师，他和妻子开始频繁飞往湾区，与黄仁勋和洛丽聚会。黄仁勋在自家重新布置过的泳池旁的小花园里，安装了一个大型日式铁板烧烤架，在那里开始练习起了贝尼哈纳餐厅厨师的烤肉技巧。他抛起炒饭，向空中抛撒食物，还试着用洋葱圈堆叠成火山状。不过，他始终没学会如何把烤虾稳稳接住放进帽子里，不少虾都掉到了地上。

在后院享用晚餐时，黄仁勋聊起了家庭、孩子、兴趣等话题，唯独没谈生意。罗曼诺斯基很识趣地没多问，毕竟这些都能从新闻里了解到。黄仁勋还邀请罗曼诺斯基品尝他珍藏的威士忌，两位妻子也相谈甚欢。罗曼诺斯基甚至邀请黄仁勋去内华达山脉露营，但被婉拒了。“他特别热情，也特别有魅力，”罗曼诺斯基评价道，“跟我坐在一起时，完全不像个叱咤风云的高管，我觉得他很真实。”

在罗曼诺斯基眼中，黄仁勋跟同事和竞争对手口中的那个执着的商业大亨判若两人。他看到的只是一个充满活力、精力旺盛、爱开玩笑的黄仁勋，一如既往。显然，黄仁勋能把商业形象和家庭生活分得很清。我忍不住好奇，罗曼诺斯基是否见识过黄仁勋不为人知的一面。“如果真有那么一面，他也藏得太深了，”罗曼诺斯基说，“我认识的黄仁勋，就是个非常热情、非常朴实的人。”

股价暴跌，四面楚歌

2001 年夏季至 2002 年秋季，英伟达的股价暴跌超过 90%，黄仁勋的财富也随之大跌。问题的源头可以追溯到 2002 年 1 月，当时美国证券交易委员会对英伟达的财务操作展开了调查。此类调查曾揭露出世通公司（Worldcom）和安然公司通过虚报利润进行的欺诈行为，引发了人们对企业欺诈的广泛怀疑。同年 7 月，英伟达被迫重新申报过去 3 年的收益，不久后，首席财务官克里斯蒂娜·霍伯格（Christine Hoberg）

遭到解雇。[①] 坦奇·考克斯向我表示，她的离职令人遗憾，董事会始终对黄仁勋保持信任。“证券交易委员会的调查是毫无根据的。”他说道。事实上，重新申报的收益显示，英伟达的盈利状况比之前报告的还要好。

这场财务风波发生在美股历史上最为严重的熊市期间。受到互联网泡沫破裂、“9·11”恐怖袭击和安然破产的连番打击，标准普尔 500 指数的价值几乎折损一半。与此同时，英伟达与微软之间的争端也开始浮出水面。虽然争端主要源于定价和知识产权问题，但英伟达日益膨胀的特权感也起到了推波助澜的作用。

英伟达的员工们毫不掩饰地流露出精英主义倾向。他们自认为是行业翘楚——事实上也确实如此。但他们的自豪有时显得过于自负。在 Xbox 发布前的几周里，微软举办了一场盛大的庆祝宴会来推出这款游戏机，比尔·盖茨亲临现场并发表了祝酒词。英伟达的技术人员被安排坐在会场后方，与制造防滑橡胶稳定器的厂商同坐一桌，这些稳定器是为了防止 Xbox 从边缘滑落而设计的。几十年后，当柯克与我谈及此事时，他对于当时的座位安排依然感到受伤和不满，觉得自己像是被安排在角落桌上的伴娘一样。“没错，我们可是这个项目的重要合作伙伴——竟和那些制造小橡胶脚垫的人一样重要。”他如此说道。

① 美国证券交易委员会后来指控霍伯格欺诈，指责她向公司审计师隐瞒了 300 万美元的未记录开支。霍伯格支付了 60 万美元的罚款，但没有承认任何不当行为。

柯克虽强调自己只是在开玩笑，但和黄仁勋一样，他常用幽默的方式来表达尖锐而不那么令人愉快的事实。这或许只是活动策划者的无心之举，但对柯克而言，与橡胶注塑专家坐在一起，像是一个有意的信号，似乎在暗示微软不愿受缚于一个普通的硬件供应商。这种轻视在双方心中都留下了深刻的烙印，不久后，双方的业务关系便开始恶化。微软要求英伟达提供大批量货物并降价，而英伟达则坚称其合同并未包含此类要求，最终双方争议被提交仲裁。在开发下一代 Xbox 时，微软选择了与 ATI 合作。

然而，**在所有这些挫折中，对英伟达打击最大的，还是可编程着色器推广应用的进展缓慢。为了让其技术获得成功，英伟达必须说服开发者们采用一种新的编程语言。**为此，他们推出了名为“Dawn”的营销形象，这是一个衣着暴露的 3D 动画小精灵，她长着蝴蝶翅膀、触角，还有丰满的胸部。Dawn 成了英伟达编程教材《Cg 教程》（*The Cg Tutorial*）的封面人物，该书涵盖了 10 章的顶点变换、像素管道内容，还有示例计算机代码，当然，也包括了家庭作业练习。不过，市场对这项技术的接受速度依然缓慢。

他的任务是鞭策你超越自我

黄仁勋的愤怒对罗曼诺斯基来说虽难得一见，但在职场中却越发显现。2003 年初，英伟达推出了声名狼藉的 GeForce FX 显卡，这款显卡因渲染速度迟缓而在玩家圈内名誉扫地，被戏称为“尘霸”，因为其风扇过度活跃，故障频发。该显卡遭到了评测者和客户的猛烈抨击，其中就包括黄仁勋的 13 岁儿子黄胜斌。某天晚上，黄仁勋回家时，发现一本游戏杂志上刊登了一篇尖锐的评论，旁边还贴着一张便签：“爸爸，我觉得你得再加把劲儿。”

黄仁勋随即安排了一场会议，产品经理们向数百人展示了导致这场惨败的每一个决策。之后，黄仁勋近乎声嘶力竭地对他们大吼大叫了将近一小时。“我形容它为‘可怕但具有宣泄作用’。”负责质量管控的工程师之一莎伦·克莱（Sharon Clay）说道。黄仁勋的愤怒激发了人们强烈的内疚感和恐惧感，他经常翻来覆去地讲述，在让客户失望的同时，英伟达的员工也如何辜负了各自的家庭。“我想，没有任何东西像内疚一样激发我。”黄仁勋告诉我。

英伟达定期对员工进行绩效评估，在 GeForce FX 惨败之后，克莱担心她的下一次评估会被打上“阻力指数”（RI）的标签：“需要改进。”在英伟达，这就如同被抹上了污点。对于 GeForce FX，克莱进行了四五次质量控制测试。而对于其继任产品，她将测试次数扩大到了 100 次，最终甚至达到了数千次。“当我们启动整个流程时，我根本无法想象在适当的……推动下，我们最终会想出这样的解决方案。”她说道。

因此，无论是克莱还是质量控制团队的其他成员，都未曾遭受过降职的处罚。相反，英伟达的营销团队制作了一部讽刺短片，由产品经理担任主演，其中显卡被巧妙地改造成了一个吹风机。这个视频被发送给各家媒体，而更新后的 GeForce 也在 6 周后收获了广泛好评。英伟达的许多员工告诉我，黄仁勋的愤怒在公司内部树立了一种如同将领或职业橄榄球教练般的纪律。“我不确定他是否比其他《财富》500 强公司的 CEO 更爱吼叫，”一位员工如此说道，“但你得明白，他的职责并不是要成为你的朋友。**他的任务是鞭策你超越自我，突破你认为自己能够达到的极限。**”

即便是对这种管理策略不以为然的人，通常对黄仁勋本人也持有积极评价。前员工蒂姆·利特尔回忆起，他曾收到一位经理发来的邮件，标题是“拖着你疲惫不堪的身躯冲过终点线”。当时，利特尔已出差数周，远离家人，常常在电路模拟器前工作至深夜，感到已无力为继的他，以递交辞职信作为对邮件的回复。然而，就在几天后的一个凌晨两点，当利特尔完成他最后一个班次时，黄仁勋出现了，并坐在了他旁边的模拟器旁。显示器的光芒映照着黄仁勋疲惫的脸庞，他开始回忆自己的职业生涯，谈及自己所做的牺牲，以及在电路模拟器前度过的无数个深夜。往往只有他一人操作着模拟器，远离家人。他坦言，自己也不确定这一切是否值得。他向利特尔提出，如果他愿意，可以重新回到工作岗位上。而当利特尔拒绝时，黄仁勋感谢了他为公司所做的贡献，随后便离开了。“那绝对是我在那儿工作期间最难忘的时刻。”利特尔说道。

在我为这本书采访的百余名英伟达前任与现任员工中，几乎每个人都能讲述一段关于黄仁勋的温情故事。一位前员工曾在几十人面前被黄仁勋羞辱，并被要求退还全部工资。他告诉我，当他后来被诊断出患有重病时，黄仁勋竟主动提出为他全额支付治疗费用。当加利克决定离开英伟达，加入一家初创公司时，他意外地收到了黄仁勋亲自打来的电话，热情洋溢地请求他留下。“我们坐在会议桌旁，他离我那么近，我们的膝盖几乎相碰。”加利克回忆道。当时，加利克只是管理着 10 个人的基层经理，而公司员工成千上万。“我甚至以为黄仁勋不知道我的名字。”他坦言。**黄仁勋所展现出的爱、恐惧与内疚，构成了一种难以抗拒的强大力量。“你觉得自己不能让他失望，”克莱说道，“你就是不能。”**

隐退，普里姆选择离开

那段时间，普里姆最终选择了离开。多年来，他的职责不断受挤压，最终他不再来办公室。（“他与另一位高管发生冲突，我想他觉得自己被解雇了。”柯克透露。）普里姆开始抛售手中的英伟达股票，并进行了一系列大额捐赠，主要捐给了他的母校——位于纽约州的伦斯勒理工学院。普里姆被任命为学校董事会成员，他捐赠的资金被用于建造一座价值 2 亿美元的表演艺术中心，之后又用于购买一台量子计算机。

普里姆隐退到了奥克兰市东部迪亚布洛山脉一处价值高达 600 万美元的奢华牧场。从山脊上，他能眺望到远处的海湾——晴朗时，目光穿过围栏里的牛群，甚至能看到 5 座大桥横跨波光粼粼的水面。为方便往返于加利福尼亚州和伦斯勒理工学院之间，他购置了一架湾流喷气式飞机；而为抵消自己的碳足迹，他投资了实验性绿色技术，并努力让牧场实现电力自足。经历了一场纷乱而不快的离婚后，他开始探寻能够“修复地球”的良方。

2004 年至 2006 年，普里姆通过几笔大宗交易，悉数抛售了他所持有的英伟达股票。“正因如此，股价才停滞不前，”他解释道，“我们几乎是在股价刚开始上扬时就脱手了。”若他当初选择持股，少花点时间在玩乐上，他如今的身价恐怕已逾千亿美元，跻身全球最富有的人群之列——但对此，他并无悔意。毕竟，那意味着他需将 99.9% 的净资产押注在一家他已不再任职、股价波动剧烈的高风险科技公司上，这显然并非明智之举。

普里姆以乔治 · 贝利（George Bailey）[①] 为榜样，他问我是否考虑过他那消失的巨额利润究竟去了何处。“股票虽然流转，但并未消失。它们变成了养老金计划的一部分，变成了人们的房产。可以说，我为经济注入了 1 000 亿美元，”他如此说道，“我计划在有生之年捐出 5 亿美元，而这已经占据了我大部分的时间和精力。”在内心深处，我试着去思考若我拥有一个 1 000 亿美元的基金会，我会做些什么，这真的不容易。我甚至不知道该怎样去捐赠这么一大笔钱。

① 乔治 · 贝利是电影《生活多美好》（*It's a Wonderful Life*）中的人物。他是一个典型的小镇好人，经营着家族的储蓄与贷款协会，梦想着去大城市成就事业。但由于家庭和社区的需要，他一再推迟自己的梦想，牺牲自己来帮助他人。乔治 · 贝利的故事传达了希望、爱和社区意识的重要性，影响了无数观众，并持续受到喜爱。——编者注

从暴跌到回升：你要么信任他，要么不信任

最终，**是游戏玩家们拯救了英伟达。即便其股价一度低迷，公司仍在生产一些有史以来最为复杂的硅芯片。这些芯片伴随着家庭宽带网络的普及以及多媒体家用电脑的成熟，共同开启了一个被评测者们后来赞誉为 PC 端游戏的黄金时代。**开发者们借助新硬件，推出了《使命召唤》（*Call of Duty*）、《半条命 2》（*Half-Life 2*）、《模拟人生》（*The Sims*）以及《魔兽世界》（*World of Warcraft*）等经典游戏。一位怀旧的评论者表示："PC 端游戏的巅峰期是在 2000 年至 2005 年。"

那么，这种技术的最佳用途究竟是什么呢？PC 端游戏的亚文化带有一定的毒性——从中孕育出了 4chan，之后又爆发了 Gamergate 骚扰事件。PC 游戏玩家们嘲讽主机游戏玩家为"乡巴佬"，并自诩为"PC 至尊"。图形技术先驱们对主流游戏中停滞不前的审美感到失望，这仅仅反映出，或者说可能造就了玩家群体审美成熟度的欠缺。英伟达为开发者们提供了一个非凡的工具，而他们却多用来渲染怪物、枪战、飙车追逐以及血腥场面。"当你想到为此付出的所有努力，再看看这些微不足道的结果，这真的令人震惊。"乔恩·佩迪如此说道。

然而，这一切在商业逻辑上却是行得通的。PC 端游戏玩家被视为最理想的客户群体，因为他们容易上瘾。电子游戏的设计中融入了随机奖励机制，这一点与赌场为让老虎机迷们久坐不离所使用的策略相似。早在 2001 年，曾在《光环》游戏工作室任职的研究员约翰·霍普森

（John Hopson）就详细描述了游戏的“上瘾循环”：玩家角色升级，接受任务，完成任务后获得战利品，然后这一过程不断重复。有些玩家深陷这一循环中无法自拔。研究人员观察到，那些硬核玩家展现出了与药物滥用相似的行为模式。他们过度沉迷于游戏，经历戒断反应，甚至对朋友和家人撒谎，以隐瞒自己在游戏上花费的时间。他们或许会在某一天删除游戏，但往往第二天就会重新下载。2013 年，美国精神医学学会的诊断手册中新增了“网络游戏障碍”这一病症条目，并指出年轻男性更易患上这种病症。其症状包括“在学习、工作或承担家务方面表现不佳”以及“个人卫生状况变差”。

然而，对于另一些人而言，游戏提供了一个充满意义、挑战与机会的迷人世界。比如，《魔兽世界》虽然可能让人上瘾，但它也让玩家们结识了来自世界各地的朋友。大约有 1/4 的玩家每天都会在这款游戏上耗费超过两小时的时间。英伟达称他们为“发烧友”，这些客户无比忠实，也是他们的最佳顾客。许多人自幼便沉浸在任天堂的游戏世界中，成年后则投向了 PC 端游戏的怀抱。尽管个人电脑市场的用户基数相较于主机市场显得较少，但这些用户在自己系统上的投入却更为可观。有些玩家甚至在游戏间隙找到了工作机会。

在英伟达的推动下，游戏电脑对于技术狂热者来说，就如同肌肉车对于汽车爱好者一样，具有无法抗拒的吸引力。定制的游戏电脑获得了“高配电脑”的美誉，它们可以通过价值数千美元的高端设备进行改装升级。供应商们纷纷推出带有炫彩内部照明的透明电脑机壳，让硬件之美一览无余。正如汽车迷们乐于打开引擎盖展示他们的强大引擎一样，电脑爱好者们也在网络论坛上分享他们的装备靓照，炫耀其超频的主板和 GPU 所带来的惊人渲染速度。

随着游戏产业的蓬勃发展，英伟达的股价也逐渐回升。值得一提的是，即使在股价遭遇重创的时期，英伟达也从未停止其前进的步伐。截至 2004 年初，公司员工总数已突破千人，并创下了收益的新高。这自然引起了华尔街分析师们的广泛关注，他们开始长期致力于探究英伟达的真实价值。然而，这家公司给基金经理们带来了不小的困扰：分析其历史数据似乎并无太大助益，因为黄仁勋总是将所赚取的利润迅速再投资于那些可能颠覆计算机技术或具有高风险的技术项目。2005 年左右，他的投资记录略显起伏：虽然在 GPU 和并行处理领域取得了显著成功，但他在其他项目的失利虽然账面上表现尚可，却导致公司的股价长期低迷。**在英伟达的世界里，真正被看重的并非利润或收入。重要的是那位执着的 CEO 和他那些大胆的高风险决策。你要么信任他，要么不信任。若你不信任他，那你将面临严峻的挑战，因为黄仁勋即将做出他有史以来最大胆的押注。**

第 9 章
“光速”之道：
秘密开发 CUDA，让游戏玩家为科学研发买单

伊恩·巴克，无意间打造出的低成本超级计算机

游戏玩家乔纳森·温德尔为了提升死亡竞赛游戏模式中的帧率，选择了降低屏幕分辨率。而伊恩·巴克（Ian Buck）则有着截然不同的追求，他渴望将游戏画面放大到极致。作为斯坦福大学计算机图形学专业的研究生，巴克凭借自己的技术实力，成功将单个游戏的渲染任务分配到了多块英伟达显卡上。2000 年时，他更是将 32 个 GeForce 单元联结起来，借助 8 个投影仪，实现了《雷神之锤 III：竞技场》的 8K 分辨率渲染。“这是首台能达到 8K 分辨率的游戏设备，画面占据了一整堵墙，”巴克介绍道，“那效果真是太美了。”

在研究电路的过程中，巴克开始思考，自己的 GPU 菊花链是否还能应用于除了投掷手榴弹之外的任务。举个例子，如果要用铅笔和纸手动渲染 30 帧的 8K《雷神之锤 III：竞技场》，即使全天候不间断工作，

也需要大约 1.6 万年的时间。然而，巴克的 GeForce 阵列却能在短短一秒钟内完成这项计算任务。更令人惊讶的是，整套设备的成本仅约 2 万美元，按照高性能计算的标准来看，这简直微不足道。为了能在墙上畅玩《雷神之锤》，巴克无意间打造了一台低成本的超级计算机。

巴克意识到，这种经济实惠的算力对于科学和工业领域而言，具有巨大的潜在价值。然而，英伟达随卡附带的代码仅支持三角形语言的处理。如果巴克想要将自己的 GPU 阵列应用于其他领域，就必须破解这一限制。于是，他深入研究了英伟达的着色语言教程，也就是那本封面印有小精灵的教材，并成了首批掌握该技术的程序员之一。颇具讽刺意味的是，在这个过程中，巴克对计算机图形学的兴趣却逐渐减弱了。他仿佛踏入了《电子世界争霸战》（*Tron*）的奇幻世界，被深深吸引进了技术的深渊。

巴克有着非凡的智慧和一头稀疏的头发，他对技术满怀热情，每当他靠近那些电路时，就会被它们所蕴含的力量深深迷住。他就像一位博学的天文学家，在放下望远镜沉思宇宙的辽阔无垠时，总是对计算机所能完成的庞大计算量感到惊愕。计算机可以完成每秒高达 600 亿次的运算，而这还仅仅是一张卡片能够做到的。无论他进行多少次低级别的电路解密，那份敬畏之情始终如影随形。

在得到美国国防部高级研究计划局（DARPA）的资金支持后，巴克招募了一群杰出的研究人员。2003 年，他们共同推出了一种名为

“Brook”的开源编程语言。借助 Brook，科学家们得以将那些要求极为苛刻的数学任务，诸如模拟星系的诞生、核弹引爆过程的建模等悄然塞入那些原本用于渲染劫持飙车和血肉横飞场景的硬件之中。虽然 Brook 程序的图形输出看似只是一系列毫无意义的三角形，但在渲染这些图像的过程中，GPU 却以惊人的速度完成了重要的科学计算。“要解读那些三角形，你确实需要深入了解计算机图形学。”巴克解释道。

Brook 让并行计算变得触手可及。学术界纷纷开始大量采购 GeForce 显卡，并将它们连结在一起，以开发出金融建模、天气模拟、高能物理以及医学成像等各类应用。曾经的游戏显卡，如今已不再是单纯的游戏工具，它们被赋予了新的使命，变身为科学研究的利器。这种新型客户的涌现，黄仁勋也注意到了。巴克提及：“我发表的系列论文获得了大家的广泛支持。接着，在 2004 年左右，詹森邀请我加入英伟达，正式着手开展这项工作。”

CUDA，英伟达的秘密项目

巴克的经历与众多进入英伟达的研究人员如出一辙。2005 年，因无法与英伟达的 Quadro 系列产品相抗衡，硅图公司被纽约证券交易所摘牌（其总部后成为谷歌总部 Googleplex）。与对待 3dfx 的方式相同，英伟达吸纳了众多硅图公司的员工，使员工总数增至 2 000 人，其中 1 200 人（占公司总人数的 60%）专注于研发工作。对外界而言，英伟达或许仍被视为一家有些另类的游戏硬件制造商，但在内部人士眼中，它已逐渐散发出科学实验室的气息。

斯坦福大学计算机科学系主任、并行计算的长期倡导者比尔·戴利，兴奋地注意到英伟达芯片计算强度的不断提升，他认为这有可能成为新型计算机的核心。他撰写了数篇论文，对英伟达的创新表示赞赏。2003 年，黄仁勋曾亲自造访他的大学办公室，向他抛出咨询工作的橄榄枝。多年来，戴利一直努力向对此漠不关心的高管们推广并行计算的理念。如今，黄仁勋主动找上了门。戴利评价道："他在技术方面的洞察力极为深刻，总能提出关键问题。有时他甚至能在你自认为是专家的领域里抢占先机。"

然而，戴利对黄仁勋仍抱有疑虑。他听说过那些关于黄仁勋情绪化以及英伟达残酷工作环境的传闻。黄仁勋或许已预见到这些反对的声音，因此在与戴利的首次会面中，他拿出了一张以戴利名义开具的纸质支票。作为世界顶尖的学者之一，戴利最终答应了担任顾问一职。

巴克、戴利以及其他数十位才华出众的工程师被召集到一个名为"计算统一设备架构"（简称 CUDA，名字故意起得含糊不清）的英伟达秘密项目中。**CUDA 的核心理念在于，将原本用于视频游戏的并行计算电路重新定向给科学家使用。**这意味着，无须再通过处理三角形来获取宝贵的每秒 10 亿次浮点运算能力，整个架构正被开放以供更广泛的应用。"理解 CUDA 的方式就是，你拥有一张视频游戏显卡，但它上面配备了一个开关，只需轻拨那个开关，翻转显卡，它便瞬间化身为一台超级计算机。”迪克斯解释道。

约翰·尼科尔斯，CUDA 平台的真正缔造者

CUDA 的缔造者是约翰·尼科尔斯（John Nickolls），他不仅是英伟达的工程师，还曾联合创立过数家并行计算初创公司，尽管这些公司最终未能获得成功。尼科尔斯是一位高山滑雪好手及模型火车迷，他的办公室内挂满了微芯片的装裱照片。他对提升计算机运行速度充满激情，在他所创立的“海量并行”的 MasPar 公司中，他曾试图推行台积电的“996”工作制。即便在他的公司倒闭之后，尼科尔斯依然坚守并行主义，深信它终将因物理定律而取得胜利。

几十年来，“登纳德缩放定律”（Dennard scaling）[①] 这一工程原则一直主导着电子产品的小型化进程。该定律指出，随着晶体管尺寸的缩小，其功率密度仍然不变，这基本上解释了为何计算机每年都能实现性能上的飞跃。但尼科尔斯预测出大约在 2005 年，登纳德缩放定律 [②] 将会失效。新一代的光刻机能制造出宽度仅有 100 个原子的晶体管。这样的尺寸大约是人类头发的 1/6000，是红细胞的 1/700。在这样精细的尺

① 从技术层面来看，登纳德缩放定律表明，晶体管尺寸缩小时，其功率密度会维持不变。这一理论由罗伯特·登纳德（Robert Dennard）及其 IBM 的同事于 1974 年首次提出。

② 登纳德缩放定律（Dennard Scaling）的核心观点是，随着晶体管尺寸的缩小，其功率密度保持不变，从而使芯片的功率与芯片面积成正比。——编者注

度上，晶体管的导电性将会受到影响，导致电流泄漏到周边电路中。一旦出现这种情况，计算机的运行速度将会下降。

尼科尔斯察觉到业内对此问题持否认态度，尤其是英特尔公司，他们自信地预测，缩小晶体管的尺寸就能实现性能的线性提升，直到其元件缩小到仅一个原子宽。尼科尔斯却认为这不可能实现，于是在 2003 年初，他主动给黄仁勋写了一封信，阐述了他的观点。在信中，尼科尔斯对现在的局面没有感到惊慌失措，也没有夸大其词。相反，他凭借精确而适度的紧迫感，运用电学原理，解释了为何英特尔在半导体行业的长期霸主地位即将终结。**黄仁勋表示："我们之前已经预见到了这种趋势，但正是尼科尔斯让我确信摩尔定律真的已经走到尽头。他为公司今天的辉煌成就做出了巨大贡献。"**

黄仁勋聘请了尼科尔斯，并让他负责 GeForce 开发科学应用的试点项目。在英伟达，尼科尔斯因其严谨的工作态度而备受赞誉。然而，在他入职仅两周后，就被诊断出患有恶性黑色素瘤。尽管如此，他在接受癌症治疗的同时，仍坚持每周工作 72 小时，对家人和同事隐瞒了自己所承受的痛苦。很快，当尼科尔斯的病情得到缓解时，CUDA 平台的首个版本也已上线。

尼科尔斯对电子游戏不感兴趣，他甚至不关心计算机图形，只专注于如何让微芯片运行得更快。然而，在其他方面，尼科尔斯是英伟达员工的典型代表。"我爸爸总是喜欢大喊大叫，"他的儿子亚力克告诉我，

“我记得在电话会议上听到我爸对人大喊大叫。并非出于恶意，而是要确保每个人都知道自己在做什么，确保大家都能高效工作。”

尼科尔斯不仅在工作中全力以赴，他对生活也同样充满激情。他会让儿子与他一同滑雪，在模型火车俱乐部，他更热衷于铺设轨道而非社交。亚力克小时候曾参加过一次童子军生存训练，在训练中需要用裤子制作救生衣。尼科尔斯在泳池边监督着，直到亚力克完成后才允许他离开。

尼科尔斯对 CUDA 平台的运行充满了热情。朋友们有时会问他，为何在一家电子游戏公司工作却不玩电子游戏。尼科尔斯回应说，他所做的并非电子游戏的制作，而是一项有史以来最重要的技术。他正致力于构建一个速度极快的平台，相比之下，其他计算机都显得像是过时的计算器手表。他甚至断言：“很少有发明能像 CUDA 那样，最终对世界产生深远影响。”

这更像是一种信念的宣言。截至 20 世纪末，对于大多数消费者而言，计算机的速度已经足够快，且当时并无明显的客户需求指向尼科尔斯正在研发的产品。将 CUDA 与零售电路板结合，就好比是把小型货车绑在火箭雪橇上，然后试图推销给郊区的上班族。但尼科尔斯不为所困，他的目标不仅仅是绕过摩尔定律，而是希望彻底打破它。

为了实现这一目标，尼科尔斯必须提升电路的计算强度。微芯片就像一个内部节拍器一样，每年都在加快。到了 2005 年前后，这个节拍器每秒的脉动次数已达数亿次，而脆弱的线路难以跟上这种速度。并行计算技术的出现解决了这一问题，它并非通过提高速度，而是通过让更多的晶体管能够响应每一次的脉动去解决这一问题。与英特尔的 CPU 每次只能激活少量晶体管不同，英伟达的游戏 GPU 可以一次激活数千个晶体管。

英伟达费尽心思地寻找那些真正需要这种强大性能的用户。“最开始，我们仅有的两位客户是乳腺癌研究人员。”迪克斯回忆道。这两位研究人员就职于马萨诸塞州全科医院，他们曾致信英伟达，建议为他们的乳腺 X 光扫描仪进行升级。黄仁勋邀请这家医院参与 CUDA 的初步测试，在一个试点项目中投入了数百万美元，但最终仅售出两块显卡。“不过，詹森仍然很高兴，不是吗？”迪克斯说道。

乳腺 X 光扫描仪被黄仁勋称为“零亿美元市场”的首个案例，这指的是那些虽无直接收益，却拥有巨大潜力的市场。黄仁勋一直在探索一条能让英伟达与竞品区别开来的道路。他发现，硬件创新并非长久之计，因为这些都太容易被模仿了。网络上，硅片爱好者们交流着如何从零售电路板上拆下芯片、用沸腾的硫酸溶解其外壳，再用冶金显微镜扫描电路。这些爱好者的热情与芯片制造商实验室中逆向工程团队的专业“间谍”活动如出一辙。虽然被剥离的硅片在技术上享有专利权，但 3dfx 的经验已经证明，诉讼不过是徒劳之举。“每个人都会观察竞争对手的硬件以及它的工作原理，”迪克斯坦言，“这甚至算不上什么秘密行动，我们自己也这么做过。”

为了让自己独树一帜，黄仁勋必须采用一种有悖于常规商业逻辑的策略，确保 ATI 无法效仿。他必须研发一种探索性质的产品，例如售价 300 美元的入门级科学超级计算机，这样的产品在市场上既无竞争对手，也缺乏明确的客户群体。按常理来说，这个看似零价值的市场，唯有他敢于涉足，也就是说这是一个唯有他才能洞悉的市场机遇。黄仁勋计划在一片玉米地中打造棒球场，期盼能奇迹般地吸引球员们纷至沓来。

并行 GPU，数据的“食物处理机”

并行计算，即将大型问题拆解为若干小问题并同时处理的方法。其内在机制的复杂性足以编撰成教科书，但我们仍可通过类比来管中窥豹。

首先，我们来探讨电路的工作原理。试想将微芯片放大至舞池的尺寸。舞池内，站满了挥舞荧光棒的舞者，他们就代表着晶体管。灯光忽明忽暗，音乐节奏强劲，然而多数舞者却静止不动，他们唯有在轮到自己时才会移动。某位舞者在第一小节的第一拍起舞，另一位则在第二小节的第四拍动作，以此类推。尽管荧光棒四处挥舞，但多数舞者其实并未真正跳动，他们在静待时机。

串行 DJ（打碟师）试图通过加快节奏来激发人群活力，但效果愈发微弱。此时，并行 DJ 闪亮登场。并行 DJ 并没有加快节奏，而是编排了更为繁复的动作。效果显而易见：活动愈发狂热，地板开始颤动，场地温度骤升，部分舞者甚至可能因过于投入而过热。此刻，无数荧光棒随节拍挥舞。

这种方式的线路革新如同自下而上的变革，彻底改变了上层的一切。然而，这正是并行计算的难点所在，驾驭如此复杂的编排，后勤工作异常艰巨，要求程序员必须开启全新的思考模式。对英特尔的 CPU 而言，下达指令轻而易举，它就像一辆送货车，每次只送一个包裹。虽然速度不快，但对程序员的要求极低。有包裹要送？直接扔到车后便是！

而英伟达的并行 GPU 则更像是一队摩托车手在城市中穿梭。他们几乎能同时送达每个包裹，整个过程半小时内便可完成。然而，这种高效的并行解决方案执行起来更为棘手，它需要更多的骑手、更多的车辆以及更为周密的后勤安排。在此情境下，随着摩托车手频繁进出仓库，每个包裹都必须精准地分配给对应的车辆，并确保准确送达目的地。

几十年来，程序员们一直偏爱简单直接的送货车方式，但正如尼科尔斯所预言，如今送货车已遭遇电磁物理的瓶颈。一旦这一局面形成，他坚信程序员们终将会投入时间去学习如何管理摩托车队。事实上，他们要被迫掌握这项技能，别无选择。

不过，**英伟达真正的目标并不是程序员，程序员只是中介。**如果最终真有客户的话，他们将是医生、天文学家、地质学家或其他科学家等在特定领域中受过高度教育的学术专家，他们可能完全不懂编程。正是这些终端用户最终会为 CUDA 花钱，因此对于他们来说，需要的是一个更易于理解的解释。

对于科学家来说，理解串行计算和并行计算之间差异的最佳方式是将英特尔的串行 CPU 比作高端不锈钢厨房刀具。这把刀是一种美丽的多功能工具，可以进行任何类型的切割。它可以切丝、切条、切块、切片、切丁或剁碎。凭借一点技巧，厨师可以仅用这一件工具就制作出一整餐，但这把刀一次只能切一种蔬菜。

相比之下，英伟达的并行 GPU 更像是一台食物处理机。它是一种专用工具，声音大，操作不够精细，耗电量大。它无法在鱿鱼筒上用刀划出十字花纹，但要快速切碎一堆蔬菜，GPU 就是合适的工具。

现在，就像你只用食物处理机而没有厨房刀具会很难做饭一样，你不能仅靠 GPU 运行计算机，这会使设备的架构过于专业化，因此 CPU 始终是必要的。从这个意义上说，CPU 始终是主要工具，而 GPU 是昂贵的附加设备。而且，与许多厨房小用具相似，它最初被纯粹主义者所不屑。

但试想一下，某天一位厨师上班时，看到一辆满载新鲜蔬菜的卡车停在餐厅门口。这位厨师已无暇将蔬菜切成细丝，她必须赶在这些重达数百千克的蔬菜变质前将其切碎。这时，这位厨师或许会发现食物处理机大有用处。甚至，她可能希望同时启用数十台乃至数百台食物处理机。

在这个比喻中，卡车所载的蔬菜即代表大数据。2005 年，科学码头上堆满了成倍增长、规模空前的数据集：天文学数据、地球工程学数据、医学数据、政府数据、金融数据，以及不断扩张的人类所创建的互联网数据集。过去，科学家们或许每隔几周能收到一箱蔬菜就已心满意足，然而到了 2005 年，科学家们已能够期盼每天收到数箱蔬菜。

面对如此挑战，英特尔那套永恒的经典厨房刀具已然无法应对。此时，你需要的是一套由机器驱动的旋转刀片。诚然，其切割效果或许并不尽如人意。但那又如何？反正几分钟后又将有一辆卡车抵达。而 GPU 正是数据的食物处理机，一台能将数据粗加工成小块的机器。

“凸点门”事件，市值再次暴跌 90%

在尼科尔斯的引领下，英伟达的设计师们着手将微芯片细分为“CUDA 核心”，这些核心实质上是电路阵列，能同时处理多组数据，执行相同的指令。英伟达的硬件工程总监阿尔琼·普拉布（Arjun Prabhu）将新微芯片的设计过程比作城市规划，芯片内不同的区块负责不同的任务。犹如《俄罗斯方块》高手对待下落的方块，普拉布甚至在梦中也会见到晶体管。“最妙的点子总是在周五晚上涌现，有时我真的在梦中得到灵感。”普拉布说道。

然而，决定推出双用途芯片在英伟达内部引发了争议，因为这导致 GeForce 的生产成本高于 Radeon，这部分额外的成本被公司内部人士戏称为“CUDA 税”。黄仁勋则是在赌他的游戏客户们，即那些沉迷于《半条命 2》的玩家，不会注意到他们其实正在为涉足高性能计算这一神秘且可能充满风险的旁门领域支付金钱。“CUDA 核心所采用的许多理念，早已在超级计算机和专业处理器中得到应用，但对它们所服务的小型专业领域而言，成本过于高昂，”CUDA 项目最早的工程师之一布雷特·库恩（Brett Coon）回忆道，“依我看，CUDA 的天才之处就在于它让游戏玩家们为庞大的芯片研发成本买单。”

普拉布设计的电路之上，必须运行多层软件。最底层是机器代码层，负责将复杂的数学公式分解为简单的算术运算。巴克的大量工作便集中在这一层，从电路板出发构建思路。这是计算世界的地下墓穴，是程序员能编写的最低级别代码，直接与金属对话。许多程序员觉得这一层工作单调乏味，但巴克乐在其中，他后来还获得了数项汇编级技术的专利。“这里是理论真正接轨实践的地方。”他说道。

巴克招募了一支数字专家团队，其中不乏莫斯科国立大学的优秀毕业生。在与俄罗斯人合作的过程中，巴克把那些科学家们偏爱的复杂数学结构，诸如微分方程和高维矩阵等改写成了只包含加、减、乘、除这些基础运算的原始方程。要在多个数据集上执行这些基础运算，就需要一种非凡的整体推理能力。“人类的思维方式是线性的，”巴克解释道，“如果你给某人指路，告诉他们怎么从这里去星巴克，你会给他们一步步的指示。你不会告诉他们如何从任意地点到达任意的星巴克。并行思考确实很有难度。”

在巴克的层级之上，是编译器，它的作用是将 C++ 和 Python 等编程语言转换成机器码。巴斯·阿尔斯（Bas Aarts），这位荷兰开发者是第一个 CUDA 编译器的编写者，他同样拥有专注的品质。他可以连续数周沉浸在自己的思考中，为了构思计算机如何解释信息，他甚至愿意暂时放弃朋友、社交和爱好。“我生活中的一些人可能觉得我很乏味，”他坦言，“但这种工作是优雅的！它很复杂，充满挑战。如果我没有接受这些挑战，我就会感到无聊。”

商业战略对 CUDA 抱有长远眼光。黄仁勋鼓励尼科尔斯与科学领域客户保持紧密联系，牢牢把握他们，绝不松懈。CUDA 的性能提升需显著且明确，以吸引客户自发围绕此平台构建全新学术学科。“届时，你将欲罢不能。”阿尔斯说道，“这便是供应商锁定，别无他选。”

于是，英伟达构建了软件开发者口中的“CUDA 栈”。其基础为电路，往上则是控制电子流动的机器代码，再上层为将机器语言转译为人类语言的编译器，而最顶端则是面向科学家的软件。此栈将思维转化为电，再将电转化为成果。

CUDA 于 2006 年末公开发布。其软件包虽然免费，却仅限于英伟达硬件运行。2007 年，下载量仅为令人失望的 13 000 次，也就是说，在 CUDA 发布首年，数亿 GeForce 用户中，愿意激活其视频游戏硬件功能，将其变身为超级计算机的连 1% 都不到。疑虑的投资者纷纷询问，此项技术究竟面向什么群体。“华尔街不仅未看到 CUDA 的价值，他们甚至认为其带有负价值。”一位知情员工透露。

众多程序员反映，CUDA 难以运行。

为了充分发挥 GPU 的性能，程序员需要将大型任务分解为数百个被称为“线程”的小型任务。随后，他们必须谨慎地将这些线程分配到 CUDA 核心中。这是一项复杂且易出错的工作。程序员需要管理多个内存库并确保不会混淆，同时，他们还必须防止时间不匹配导致错误的结果。并行计算的学习难度很大，它建立在计算机科学的高级概念之上。在物理或医学等其他领域受过训练的学者通常不具备使 CUDA 正常运行的编程技能。

柯克希望能够将他在着色器领域取得的成功加以延续，于是他与计算机科学家胡文美（Wen-Mei Hwu）合作，共同撰写了《大规模并行处理器编程》这本教科书，旨在推广这项技术。在书中，作者指出自 1945 年匈牙利天才约翰 · 冯 · 诺依曼制定其基本原理图以来，计算机架构并未有所发展。“计算机用户也习惯于期待这些程序在每一代微处理器中运行得更快，”他们写道，“但从今往后，这种期待将不再有效。”然而，很少有教授将这本教科书纳入他们的课程中。有人对此持异议，有人嘲笑，甚至还有人质疑约翰·冯·诺依曼。

在业界，英伟达积极寻求各类客户，包括股票交易员、石油勘探者和分子生物学家。曾经，该公司与通用磨坊食品公司（General Mills）签订了一项协议，旨在模拟冷冻比萨的热物理学过程。然而，这些交易大多数在几个季度后就终止了，因为比萨厨师的计算需求相对有限。

CUDA 高昂的研发成本对英伟达的财务状况造成了压力，而且，CUDA 在其他隐性方面的成本也相当高。CUDA 项目在英伟达内部制造了分歧，尼科尔斯必须努力争取资源，有时甚至态度强硬。“想让硬件设计师理解提高 Unreal 或《毁灭战士》游戏性能的重要性，远比让他们理解提高矩阵乘法或快速傅里叶变换性能的重要性来得容易。”库恩回忆道。同时，代码库的复杂性不断膨胀，问题层出不穷：完整的 GeForce 软件包代码行数迅速增长，甚至超过了 1 亿行，比某些 Windows 操作系统还要复杂。

而 CUDA 带来的最大的隐性成本，可能是它分散了黄仁勋对核心客户服务的关注。早在 2006 年底，就有传闻称英伟达的产品存在问题，游戏玩家抱怨笔记本电脑中的 GPU 在使用数周后会停止工作。当问题被确认时，游戏论坛上已充斥着各种阴谋论，发帖者指责英伟达错误地将芯片连接到了电路板下的焊接“凸点”上。“凸点门”事件爆发，游戏玩家开始转向竞争对手，英伟达股价再次暴跌，6 年内第二次损失了近 90% 的市值。董事会成员查看股票图表时，甚至将其比作心脏病发作时的心电图。

Radeon 的忠实粉丝都是对英伟达充满敌意的人，他们开始起哄，指责黄仁勋故意掩盖事实。“英伟达正在崩溃，我们早就告诉过你。”其中一人写道。2009 年初，戴尔取消了英伟达作为其畅销游戏笔记本电脑的首选供应商的资格。“很长一段时间以来，我们一直在想英伟达的愚蠢行为何时会付出代价，”一位言辞犀利的科技专栏作家写道，“至少在戴尔这里，答案是现在。”

13 天的新纪录，黄仁勋的“光速”目标

为了尽快解决“凸点门”事件，黄仁勋拨出 2 亿美元用于客户退款。这笔储备金导致英伟达全年利润归零，这也是公司自上市以来首次出现亏损。为此，黄仁勋特地安排了一场新闻发布会来向媒体说明情况。当天，他佩戴着眼镜，身着黑色牛仔裤搭配宽松的灰色运动 T 恤，其上身健硕的肌肉线条格外引人注目，这得益于他多年来坚持俯卧撑的习惯。面对镜头，黄仁勋以轻松且耐心的口吻说道：“我不希望消费者们被这个局面所困扰。虽然竞争对手试图制造混乱，但事情其实远没有那么复杂。”然而，只有那些经验丰富的观察者才能从他的话语中捕捉到

那一丝隐藏的愤怒。

英伟达素有在外地举行会议讨论公司战略的传统。但为了在“凸点门”事件后缩减开支，2008 年的外地会议被改在了公司食堂进行。据黄仁勋麾下的一位顶尖硬件工程师萨默·哈勒佩特（Sameer Halepete）回忆：“那是我见过他发火最严重的一次。”当时，黄仁勋的愤怒矛头直指一位资深且敬业的芯片架构师。在食堂的一角，架构师孤零零地站着，而黄仁勋则站在他的对面。大约有 150 位公司高管静静地目睹了这令人难堪的一幕。哈勒佩特继续说道：“我记得非常清楚，黄仁勋不停地训斥了他至少一个半小时，也许接近两小时，他真的是火冒三丈。”

尽管如此，那位架构师最终还是保住了自己的工作。“詹森几乎不会因执行问题而做出重大改变，”哈勒佩特说道，“他会非常在意对人们的冒险意愿和创新精神产生哪怕轻微的抑制效果。因此，即便是最大的失误，他也表现出极高的宽容度。”哈勒佩特猜测，黄仁勋的怒斥可能是他避免解雇员工的一种方式。“他会责骂你，会冲你大吼，甚至会侮辱你，但无论如何，”哈莱佩特解释道，“他绝不会解雇你。”

为了重拾信心，黄仁勋向德布·舒奎斯特（Deb Shoquist）求助，后者负责管理英伟达的全球供应商网络。舒奎斯特的工作足迹遍布瓜达拉哈拉、河内和班加罗尔等地。她的职责是确保公司所需组件能按时、足量送达。这项工作常常需要在电话中大声沟通，而健谈且表现力强的舒奎斯特在面对冲突时从不退缩。2007 年，在她加入英伟达不久后，黄仁勋便要求她缩短台积电下游一家台湾封装供应商的交货时间。舒奎斯特认为这难以实现，她怀疑在这个以效率著称的供应链中是否还有可以削减的冗余环节。两人就交货时间与周期时间展开了争论，直到舒奎斯特直接指出黄仁勋的理解有误。“你不明白这是如何运作的。”她坦言道。

这场争论发生在会议桌旁，高管们围坐四周，笔记本电脑开着。就在舒奎斯特告诉黄仁勋他理解有误的那一刻，她的收件箱就被同事们的消息填满了。“停下！”有人写道，“停下，别这样，就听他的话吧。”然而，一切已经太迟了。黄仁勋对舒奎斯特大发雷霆，冲着她大吼，说她根本不懂得如何做好本职工作。“我以为你是个运营人员，你根本就不是！”他怒吼道，“你一点儿也不懂运营！”

舒奎斯特的愤怒与黄仁勋的怒火不相上下。她可是干了整整 20 年了，这个男人凭什么说她不是运营人员？她明明就是。愤怒的舒奎斯特告诉黄仁勋，她要去台湾，直接从供应商那里拿到数据，证明自己是对的。供应商非常乐意接待她，封装厂可不是什么光鲜亮丽的地方，客户几乎从不光顾来访。在一周的时间里，舒奎斯特熟悉了这家后端供应商的单位经济效益情况。

在封装厂，从接收订单到完成，需要 3 周的前置时间。但令舒奎斯特惊讶的是，供应商将英伟达的微芯片装入黑色外壳的生产周期时间，也就是所需的总工时，竟然只有 36 小时。供应商解释说，理论上可以将前置时间压缩至与生产周期时间相当，但这会使得每块芯片的封装成本从 8 美元飙升至 1 000 美元。黄仁勋的看法得到了验证，缩短前置时间确实可行，尽管代价高昂，但并非不可能。

带着关于加快封装订单的成本和时间表，舒奎斯特回到了英伟达，她感到有些不自信。她等到与黄仁勋单独相处时才向他展示了自己的发现。“我不想让他有观众。”舒奎斯特说道。她本以为会遭到黄仁勋的责备，但他并未动怒，反而称赞道：“这就是正确答案。”随后，舒奎斯特为英伟达制造网络中数百家供应商都制定了类似的成本和时间表。接着，她开始着手压缩英伟达的生产周期，从原先的数月缩减至数周，最终创下了 13 天的新纪录。

在激励舒奎斯特的过程中，黄仁勋采用了一种名为“光速”的调度策略。他满怀热情地将这一管理理念灌输给每一位员工。在英伟达，几乎每位与我交谈过的人都至少提及过一次“光速”。“光速”这个词，并不像大家普遍认为的那样，只是单纯指速度快。**黄仁勋所倡导的“光速”，是希望经理们能够设想到，在没有任何限制、一切条件都最理想的情况下，某项任务能够完成的最快速度。**比如说，如果我们要以“光速”从纽约飞到伦敦，那就意味着天气状况绝佳、没有交通拥堵，而且乘坐的是超音速飞机。有了这个理想化的速度作为参照，经理们就可以根据实际情况，制定出一个既切实可行又能让人眼前一亮的交付时间表。舒奎斯特跟我说：“这个方法听起来好像很难，但实际上，它真的能帮你减轻不少压力。因为一旦你明白了物理上的极限在哪里，你就会知道，你的竞争对手也不可能比你更快。”

黄仁勋每天都在努力追求这个看似遥不可及的“光速”目标。“我总是要确保自己工作到筋疲力尽，这样到了晚上，就再也没有什么能让我失眠的了，”他曾经说过，“这真的是我唯一能掌控的事情。”几十年来，他一直保持着这样的工作节奏，但其他人却纷纷感到力不从心。2007 年，柯克因为厌倦了长途通勤，决定不再做全职工作。他把自己在 20 世纪 90 年代从黄仁勋那里获得的股份变现了一部分，先是搬到了科罗拉多州的特柳赖德，后来又定居夏威夷，以兼职顾问的身份继续服务英伟达。

柯克离职的时候，正负责英伟达的研究部门，手下有 30 多位科学家，专注于图形技术的研发。黄仁勋觉得，为了充分发挥 CUDA 日益强大的性能，他们需要制订一个更有野心的计划。于是，他委托柯克为自己寻找接班人。而柯克找到的这个接班人，同样深谙“光速”之道，并且迅速将英伟达研究部门打造成了全球最成功的企业研发部门之一。

第 10 章

同频共振：

洞悉即将降临的机遇

比尔·戴利：英伟达首席科学家

比尔·戴利在闲暇之余，不是骑自行车直到筋疲力尽，就是在塔霍湖上划船，或是参加速降滑雪比赛，甚至从格林纳达一口气航海到安提瓜。而他的发明速度更是让柯克和尼科尔斯相形见绌：他写了 250 篇技术论文、4 本教科书，并手握 120 项专利，从复杂电路架构到运行电源芯片，其研究领域横跨各种计算技术。他光头、体格健壮、语速很快且才智过人。一谈起计算机，他便以严谨的学术态度娓娓道来；而聊及其他话题时，他又显得直截了当、实事求是。似乎没有他不了解的计算领域，他的生活也无时无刻不在优化，无论是技术上的成就还是个人的冒险活动。

因为不想耐着性子上历史课，戴利高中就辍学了。在做汽车修理工期间，他凭借考试成绩设法进入了大学。虽未获得高中文凭，他却拿到了弗吉尼亚理工大学的学士学位、斯坦福大学的硕士学位和加州理工学院的博士学位。30 岁出头时，戴利就已经是麻省理工学院的终身教授了。

戴利热衷于自己动手组装计算机，也喜欢亲自驾驶飞机。1992 年 9 月的一个阴沉的日子，他驾驶一架单引擎的塞斯纳飞机跨越长岛海峡，飞往纽约。当飞机在约 1 800 多米的高度巡航时，机油指示灯突然亮起。他立即转向附近的机场，但几分钟后引擎便熄火，紧接着传来他形容为“如同许多垒球在油桶里乱撞”的声响。

戴利迅速将塞斯纳飞机调整为滑翔模式，准备在海湾紧急迫降。飞机撞向水面的瞬间，戴利的身体被猛地甩向前方，鼻子撞在方向盘上而骨折流血。晕眩之中，他仅有大约 20 秒的时间逃离，赶在飞机沉入大海之前逃生。那段时间里，他奋力打破了机舱窗户，跳入汹涌的海浪中，手里紧握着一个座椅靠垫当作救生设备。最终，他幸运地被一艘路过的帆船救了起来。“我之后把那个事件编入了飞行模拟器，”戴利以平淡的口吻叙述着，仿佛在描述他寄出的一封普通信件，“尝试了 10 次之后，我终于成功地在格罗顿—新伦敦机场降落，而没有掉入水中。”

飞机出事之后仅仅两天，戴利就回到了工作岗位。当时，他在麻省理工学院的团队正致力于构建一台名为“Jellybean”的实验性并行计算机。Jellybean 是戴利对信息技术操作方式的全新构思，其中每个构成部分，包括微处理器、电路板、网络硬件以及应用程序，几乎都是由戴利及其团队根据基本原理设计、定制的。整个设备有一人高，某些部分甚至是用管道胶带固定的。

基准测试的结果表明，Jellybean 的运行速度远超传统计算机，但遗憾的是，戴利始终没能找到商业合作伙伴来制造它。因为在大多数情况下，现有的计算机速度已经足够快，市场上似乎并不需要并行设备。因此，当他年满 40 岁时，戴利选择了离开麻省理工学院，前往斯坦福大学。这位曾经的高中辍学者，如今已成为世界上最负盛名的计算机科学系的系主任。

2003 年黄仁勋来访之后，戴利开始为英伟达提供咨询服务。然而，当柯克在 2009 年向他抛出全职工作的橄榄枝时，戴利却拒绝了他。那时，英伟达在2009、2010财年都出现了亏损，股价也表现低迷。在《快公司》（*Fast Company*）的“2010 年全球最具创新力公司”榜单上，英伟达榜上无名，《商业周刊》的榜单上也没有它的身影。从斯坦福大学跳槽到英伟达，这看似是平级跳槽，甚至有点像降级。大约在黄仁勋想挖戴利的时候，英特尔给戴利开出了更诱人的条件，要知道，英特尔的体量是英伟达的 10 倍。

戴利犹豫了一阵，但最终在柯克的软磨硬泡下，还是选择了加入当时还在亏损的英伟达。2009 年 1 月，他正式担任英伟达首席科学家，而那时，英伟达的股价已经跌到了个位数。斯坦福大学工程学院院长兼英特尔董事会成员的吉姆·普卢默（Jim Plummer）觉得戴利这么做简直不可理喻。“比尔，你是不是疯了，”普卢默说，“英特尔肯定会把英伟达打趴下的。”但戴利却毫不动摇。“黄仁勋就是那种天生的领袖，”戴利回应道，“你会愿意跟着他赴汤蹈火。”

被忽视的平托，被低看的视觉识别

戴利接手后，对英伟达的研究部门进行了大刀阔斧的改革，把团队扩充到了 300 多人。英伟达的一大持续优势就是，随着时间的推移，计算性价比将呈指数级增长。而戴利挑选的研究项目，像机器人、自动驾驶、气候建模和生物化学，都紧跟这一大趋势。在学术圈的时候，戴利有的是时间去追逐自己的独特兴趣。在英伟达，他受到了 6 个月 GPU 发布周期的限制，但出乎意料的是，他对此颇为享受。“这里的官僚主义少了很多，因为公司里每个人的生计、工作和家庭，都依赖于 GPU 能否按时完成。”他解释道。

戴利觉得英伟达在学术客户方面的推广还有待加强。他加入公司几个月后，英伟达便举办了首届年度“GPU 技术大会”（简称 GTC 大会）。2009 年的某一天，这场盛会在圣何塞市中心的费尔蒙酒店拉开帷幕。黄仁勋，这位多年来衣着看似由科尔士百货包办的大佬，他的形象正在经历一场变革。他身着一件紧身黑衬衫、深蓝色长筒裤，脚蹬一双银色扣饰黑鞋，闪亮登场。作为天生的表演家，黄仁勋以舞台催眠师般的娴熟技艺掌控着全场。“欢迎各位来到高性能计算的盛会！”他热情洋溢地开场。

黄仁勋钟爱大场面。他曾邀请《流言终结者》(*Mythbusters*）节目主持人亚当·萨维奇（Adam Savage）和杰米·海尼曼（Jamie Hyneman）前来助阵，通过演示来阐释串行计算与并行计算之间的差异。他们带来了两套装置，临时改装以向画布喷射彩弹。首先是一个遥控机器人，它每次只能射出一个彩弹，耗时约 1 分钟才勉强勾勒出一个笑脸的轮廓。而另一套则是一个固定的炮阵，能一次性射出 1 100 个彩弹，瞬间便呈现出像素风格的蒙娜丽莎画像。观众们对此反响热烈，这正是他们期待的视觉盛宴。

GTC 大会的操办风格与之类似。在会议首晚，他们为当地小学筹集资金，组织了一场化装舞会。不过，因为参与者大多是佩戴挂绳的中年男性，活动的吸引力略显不足。第二天的议题涵盖了量子化学、AR 以及黑洞行为建模。其中，有一场演讲的标题是《揭示生物学启发下的计算机视觉：一种高通量的方法》，由麻省理工学院的尼古拉斯·平托（Nicolas Pinto）教授主讲。他整合了众多图像识别应用程序（包含数个神经网络），并利用 CUDA 技术进行优化，以便这些程序能在英伟达的 GPU 上运行。接着，他使用这些程序去识别从《法律与秩序》(*Law & Order*）中收集的视频片段中的角色与物体。当最优模型组合在一起时，即便是首次播放男演员杰里·奥巴赫（Jerry Orbach）的新片段，也能以近 90% 的准确率识别出奥巴赫。在演讲所附的论文中，平托指出，英伟达芯片组的性能是同价位英特尔 CPU 的 1 356 倍。

图像识别是人工智能领域的一个基础性问题，通过教会计算机进行图像识别，研究人员正沿着进化的轨迹，逐步开发出更为复杂的能力。值得一提的是，在首次 GTC 大会期间，古生物学家在格陵兰的岩壁上发现了一块 5 亿年前的三叶虫化石，其神经组织竟奇迹般地保存了下来。这种生物比恐龙还要古老，外形类似于鲎，身体上伸出眼柄。顺着它那石化的视神经摸下去，你会摸到一小团细胞，比一粒米还小。这就是迄今发现的最古老的大脑。

化石记录表明，平托的研究方向是正确的——视觉识别能力推动了生物智力的快速发展，而这一能力也即将在计算机上得以实现。遗憾的是，他的演讲只是那周众多演讲中的一场，并未引起过多关注。接下来的 2010 年和 2011 年，GTC 大会继续召开，但并未在他的观点上有所突破。在发表后的两年内，平托的论文仅被引用 15 次。神经网络这一研究领域备受冷落，就像三叶虫化石一样无人问津。

这是一家显然平平无奇、毫无进展的公司

与此同时，CUDA 的发展也面临着重重挑战。约翰·尼科尔斯再次被诊断出罹患黑色素瘤，这次病魔夺走了他的生命，他于 2011 年离世。他的竞速滑雪伙伴戴利深感悲痛，黄仁勋也是如此——12 年后当我向他提及尼科尔斯时，他脸上闪过一丝悲痛，并迅速转移了话题。即使在身患癌症期间，尼科尔斯也从未停止工作。“我认为他在英伟达最

为出色、最有成果的几年，正是在那段时光。”他的儿子亚力克说道。为了纪念他，英伟达在伊利诺伊大学厄巴纳－香槟分校设立了奖学金。

尼科尔斯坚信，CUDA 终将改变世界，尽管他只看到了 CUDA 未来潜力的冰山一角。这款能将显卡转变为超级计算机的软件，在 2009 年的下载量已突破 30 万次。然后，市场兴趣连续 3 年下滑，至 2012 年降至最低点，新安装量仅略超 10 万次。科学计算的市场看似已趋饱和，投资者们开始抱怨英伟达持续投资 CUDA 并无财务意义。“英伟达在这个新的芯片架构上投入了大量资金，”硅谷热门播客 Acquired 的联合主持人本·吉尔伯特（Ben Gilbert）对我说，“他们耗费了数十亿美元，却瞄准了学术和科学计算这一偏门领域，而当时这并非一个大市场——远不及他们投入的数十亿美元。”2012 年，形势变得严峻起来。尽管英伟达的收入和员工人数大幅增长，但其股价 10 多年来一直未有起色，利润也停滞不前。黄仁勋正致力于将超级计算推向大众，然而大众对此似乎并不感兴趣。

2013 年初，英伟达董事会收到一封来自激进投资机构 Starboard Value 的信函，Starboard Value 持有该公司少量股份。杰夫·史密斯（Jeff Smith）作为 Starboard Value 的首席投资官，专门瞄准那些业绩不佳的公司，要求获得董事会席位并推动战略变革。当遇到阻力时，他通常会尝试解雇 CEO。Starboard Value 的信虽然在形式上对英伟达的 CUDA 技术不置可否，但委婉地质疑了黄仁勋所做的事情是否有意义。其他投资分析师认为，如果英伟达停止将利润投入到 CUDA 技术研发中，而是将利润返还给股东，英伟达的股价将会上涨。一些人还对黄仁勋是否还适合继续担任这一职位提出了质疑。

史密斯现年 42 岁，他年轻而充满活力，拥有一头卷发和稚嫩的面容。他热衷于不厌其烦地质疑运营决策。在持有不到 6% 股份的情况下，他曾基于一份包含 294 张幻灯片的报告计划书，成功更换了达登餐厅由 12 人组成的整个董事会，这份计划试图扭转其旗下橄榄园餐厅的困境。Starboard Value 针对橄榄园餐厅制作的幻灯片在股权分析领域里声名远扬，特别是其中的第 104 页，对橄榄园餐厅的面包棒策略提出了尖锐批评。过去，橄榄园餐厅的服务流程是为每位顾客提供一个面包棒，并为每桌额外提供一个，随后，服务员会根据顾客的需求补充面包棒。但随着时间流逝，服务质量有所下滑，服务员开始在桌上随意堆放大量面包棒，这影响了顾客的点餐量。而在第 163 页，计划书进一步指出，橄榄园餐厅还停止了在烹煮意面的水中加盐的做法，这是一个为了延长厨具寿命而牺牲食物口感的错误决策。史密斯质疑道："作为全球最大的意大利餐厅连锁品牌，其管理层怎会认为提供劣质意面是可以被接受的呢？"

史密斯是个媒体高手，他善于利用新闻舆论为自己谋取利益。2014 年，在短短的时间里，他强势更换了 30 家公司中的 80 个董事会成员，《财富》杂志因此将他誉为"美国企业界最令人畏惧的人"。

外界普遍认为 CUDA 是一个巨大的资金黑洞，这种观点并非全无道理——毕竟黄仁勋过去也曾关闭过不少无法盈利的业务线，有时甚至是在多年投入之后。

在 21 世纪初，英伟达曾涉足北桥芯片的生产，这种芯片在主板上起到内存控制器的作用。但在几个市场周期后，黄仁勋意识到自己正陷入与英特尔的价格战泥潭。于是，他果断终止了这个项目，并向团队承认了自己的决策失误。**在 CUDA 研发的同时，黄仁勋还积极投资于平板电脑和智能手机的图形处理市场。**（事实上，在 2010 年后的多次采访中，黄仁勋提及手机的频率甚至超过了超级计算。）这是可以理解的，因为移动市场是巨大的。但在 2011 年，英伟达做了一件不太明智的事，斥资 3.67 亿美元收购了蜂窝式调制解调器制造商 Icera。正是这次不明智的收购，引发了 Starboard Value 的严厉批评信：调制解调器市场已趋于成熟，且由高通公司主导。史密斯和他的团队认为，随着 CUDA、显卡、移动芯片和调制解调器的推出，英伟达同时涉足的领域过多。2012 年，他们造访了英伟达总部，敦促黄仁勋集中精力。会面气氛友好，但潜在的代理权争夺战和控制英伟达的威胁依然存在。

最终，黄仁勋采纳了史密斯的建议，放弃了调制解调器市场。“如果我们在移动领域拼死搏斗，就无法顾及其他领域，对吧？”黄仁勋说道。他曾经历过殊死搏斗并获胜，但那段经历给他留下了深刻教训，他不愿重蹈覆辙。然而，黄仁勋从未考虑放弃 CUDA，因为在这个冷门市场中，英伟达是唯一的供应商。

在黄仁勋的职业生涯中，面对史密斯时决定加倍投入 CUDA，是最冒险的一次抉择。与游戏玩家不同，超级计算客户善变且资金常常不足，学术客户则依赖不可预测的研究资助，企业研发受到多疑的首席财务官的严格审查，至于雄心勃勃的政府研究计划，虽宣布了 10 年投资规划，却往往演变为关于资金分配的漫长官僚式纷争。即便是深知行业风险的半导体业界高层，也对 CUDA 持保留态度。但这是黄仁勋独树一帜、决定胜败的关键一搏。

黄仁勋在董事会成员吉姆·盖瑟（曾对他倾囊相助的律师）的协助下，发起了一场为自己的工作方案争取支持的活动。英伟达的最大股东是东海岸的共同基金机构，其中尤以富达（Fidelity）为最，它管理着超万亿美元的客户资产，所持有的英伟达股份甚至超过了黄仁勋本人。为此，黄仁勋亲赴波士顿与富达一方会面。然而，会谈并不顺利，盖瑟回忆道，富达"对他们进行了严厉的训斥"。离开波士顿后，黄仁勋又赶往纽约，接连拜会了其他 6 家机构的投资者。他竭尽全力游说这些金融巨头支持 CUDA，却不断遭到投资组合经理们心存疑虑的质询。"当时，我们尚不清楚是否存在一条通往真正技术突破的道路。"盖瑟坦言。

尽管黄仁勋仍保有董事会的支持，其中多数成员自公司创立之初便与他并肩作战，但不满之声已开始悄然蔓延。"我们——你看，我们似乎是有些偏离正轨了。"董事会成员坦奇·考克斯如是说。而前 NFL 公司市场营销高管唐·赫德森（Dawn Hudson）在 Starboard Value 的信函抵达后不久便加入了董事会。"我加入时，英伟达的声誉已大不如前，"

她回忆道，“这是一家显然平淡无奇、毫无进展的公司。”

豪宅空虚综合征

在家中，黄仁勋正饱受豪宅空虚综合征的折磨。他的儿子前往芝加哥的艺术学院求学，立志成为摄影师，女儿远在巴黎的烹饪学校深造，而心爱的狗狗“寿司”也已离世。黄仁勋长时间每周工作 80 小时，错过了儿子和女儿的大部分童年时光。“说实话，洛丽承担了 90% 的育儿责任。”他坦言。虽然黄仁勋通常会抽出一个周末陪伴孩子们，但他往往心不在焉。（霍斯特曼回忆起一次与黄仁勋同游游乐园的经历，黄仁勋为了和他讨论技术问题，多次让孩子们独自去坐过山车。）霍斯特曼还注意到，黄仁勋的孩子和自己的孩子一样，最初都没有选择进入科技行业。“我觉得他们是想远离那种疯狂的工作环境，”霍斯特曼说，“我猜他们看着我们，心里想，‘生活应该有更多可能’。”

黄仁勋深刻感受到自己缺席了孩子们的成长，于是在他们回家时，努力重现家庭的温馨。他又领养了两只狗，还提升了烹饪技艺，经常在厨房里即兴发挥，制作出各种美味佳肴。然而，这样的时光并非总是轻松惬意。霍斯特曼回忆起富达交叉审查期间的一次家庭聚会，当时黄仁勋正在准备一道复杂的菜肴，却不小心搞砸了。黄仁勋站在他那价值百万美元的厨房里，身旁还有曾在蓝带烹饪艺术学院培训过的女儿帮忙，可他突然情绪爆发，开始对着那些不尽如人意的厨具大喊大叫。“我觉得我们都意识到，得赶紧离开厨房，”霍斯特曼说道，“黄仁勋正准备对他的炉子发火。”

我更愿称之为共鸣

在演讲中，黄仁勋提及了他曾拜访台湾大学物理学教授邱定伟的办公室，而这次经历给予了他极大的信心。为了模拟大爆炸后物质的演变过程，邱教授在办公室旁的实验室里亲手打造了一台超级计算机。当黄仁勋抵达时，他惊讶地发现实验室四处堆满了 GeForce 显卡的包装盒，而那台计算机则依靠摆动的桌面风扇进行散热。“黄仁勋是个富有远见的人，”邱教授如此评价，“正是他让我的毕生研究得以实现。”

邱教授选择使用游戏显卡来组建自己的计算机，这恰恰代表了英伟达的典型客户。通过发布支持 CUDA 的零售显卡，英伟达正将产品推向那些即便是最不起眼的科学家——他们通常怀揣热情，却由于研究领域的冷门而负担不起昂贵的工作站。在这一方面，黄仁勋再次践行了克里斯坦森的理念。克里斯坦森观察到，颠覆性技术往往源自业余爱好者的社群。这些技术利用“盗版资源”得以开发，其中“现成组件”被重新赋予新的用途。起初它们可能表现不稳定，但在那些被主流玩家所忽视的性能方面，能迅速取得进展。

然而，即便你深刻领会了这一教训，将其付诸实践也并非易事。追求小众市场可能会牺牲部分利润，从而引发投资者的质疑。克里斯坦森也曾预言过这样的困境："老牌公司的经理们发现，服务于新兴市场之所以困难重重，其中一个原因在于他们的投资者和客户都在告诫他们不要这样做。"

这正是《创新者的窘境》一书中常被读者忽略的深层含义。此书并非讲述成功之道，而是探讨如何避免失败。克里斯坦森的作品并非为初创企业提供的行动指南，而是为陷入停滞的大公司高管们提供的破局手册。时隔 13 年，黄仁勋感受到英伟达正面临成为此类公司的风险，正是执着与乐观驱使他进军高风险的科学市场。"将 CUDA 与每款显卡捆绑销售存在风险，但不这么做同样有风险。"黄仁勋在我们初次会面时便如此坦言。然而，直到我深入研究他的公司数月后，我才真正领悟他的言下之意，他所指的是那些可能乘虚而入的小型企业，它们如饥似渴，在中餐馆旁、破旧办公室内甚至是抢劫频发的银行附近扎根，心甘情愿为边缘学术客户提供多年服务，哪怕利润微薄、前景渺茫，只盼有朝一日能颠覆英伟达，就像英伟达当初干掉硅图公司那样。这种风险，唯有深谙克里斯坦森理论的人才能洞悉。

然而，黄仁勋令人难以捉摸的一点在于，即便你自以为与他观点一致，他也可能突然反驳你。当我提及克里斯坦森对他公司的影响时，他立刻予以驳斥。"你必须汲取他书中的智慧与教训，"他告诫我，"但克里斯坦森的错误同样不胜枚举。事情远比其表面所反映的复杂得多。"在克里斯坦森的理论中，低利润客户是越野摩托车手与挖沟工人；而在黄仁勋的世界里，这些客户则是从事科研的科学家们，在服务他们的过程中，他或许能助力其中一位改变世界。

这种横向技术转移并非没有先例。17世纪初，荷兰的工匠在眼镜制造过程中意识到，重新排列镜片便能观察远处的物体。（有传闻称，这一发现源于两个孩子试图用其观测风向标。）这些工匠向荷兰专利局提交了大量的望远镜设计方案，短短一年内，伽利略便用其中一款望远镜观测星空，成为首位描绘金星相位、木星卫星以及土星光环的人。虽然伽利略的望远镜由改良的眼镜镜片制成，放大倍数甚至不及现代的双筒观鸟望远镜，但它彻底颠覆了我们对宇宙及其定位的认知。黄仁勋希望通过为热忱的科学家们提供低成本的超级计算机，引发一场类似的革命。

黄仁勋对未来技术并无明确构想。有些技术专家则不然，比如埃隆·马斯克，他先从设想自己站在火星表面的场景开始，然后逆向构建所需技术，以实现这一目标。黄仁勋则恰恰相反，他从眼前电路的功能出发，极力向前推测其潜能。唯有在理性的边界，他才允许自己稍作逾越，涉足那朦胧未知的领域。

“黄仁勋的做法远胜专心致志，”霍斯特曼评价道，“我更愿称之为共鸣。”为达成这种共鸣，黄仁勋与客户和员工保持着密切的互动。在他的会议中，新闻媒体总是被安排在后排，科学家则位居前列，他的关注点也随之倾斜。“他常常与基层员工交流，并非单纯为了提振士气，而是为了能亲身感受公司的生命脉动，”霍斯特曼回忆道，“在 LSI 的时候，我们几乎无须多做什么，因为我们深谙客户之所需。对于并行计算，亦是如此：通过与客户和员工的深入交流，他能捕捉到那种心灵的共鸣。他能洞悉机遇的降临。”

黄仁勋感受到了突破的曙光。在与研发人员的探讨中，黄仁勋从他们因技术提速所表现的惊叹中感受到了；他也在比尔·戴利、约翰·尼科尔斯和伊恩·巴克等天才员工的热忱中感受到了。这份感受，足以让他毅然割舍部分利润，足以让他勇于革新核心产品，甚至足以让他甘愿承担在行业内失败的风险。或许，灵感并非来自像邱定伟这样的量子物理学家，但黄仁勋深信：在某个角落，定有位狂热者，其创意将通过 CUDA 得以验证；在某处，定有某位研究生将跳过烦琐的资助申请，省下住房津贴购买一个英伟达 GPU，从而掀起一场技术革命；在某处，定有某个被忽视的科学领域，正静候 CUDA 的算力加持，以彻底颠覆旧有范式。他只是尚未明确那究竟是何物。

第 11 章

范式转变的时刻：

AlexNet 横空出世

杰弗里 · 辛顿：亚历克斯可能是我见过的最好的程序员

如果能让自己隐形，亚历克斯 · 克里泽夫斯基（Alex Krizhevsky）大概会这么做。这位才华横溢的计算机程序员几乎病态地厌恶受到关注。他身材矮小瘦弱，皮肤苍白，头发橘红。他很少向同事透露自己的私生活，对那些认识他多年的同事也不例外。他的博士导师杰弗里 · 辛顿，在向我介绍他时也只强调一句："亚历克斯可能是我见过的最好的程序员。"

辛顿第一次见到克里泽夫斯基是在 2000 年初，当时后者还是多伦多大学的研究生，住在父母家里。克里泽夫斯基出生于乌克兰东部一个犹太家庭。他年轻时移民到了加拿大，虽然母语是俄语，但他的英语说得非常流利，不过他并不常说话。他的举止给辛顿留下了深刻印象，让辛顿觉得他见多识广、为人老练，同时又守口如瓶：他总能用简洁的话语切入问题，并传达出深刻的智慧。

某天，这位神秘人物未经邀请就出现在辛顿的办公室。“他来找我，说：‘我是软件工程专业最优秀的学生，但这让我觉得无聊。’”辛顿回忆道。克里泽夫斯基询问能否加入辛顿的团队。这个请求有些唐突：辛顿是一位传奇学者，多年来一直致力于神经网络研究。辛顿是 1986 年那篇关于反向传播技术的开创性论文的合著者之一，并在面对主流 AI 研究人员的冷漠甚至敌意时，依然坚持推广这种方法。

然而，辛顿的努力也使他远离了斯坦福大学和麻省理工学院等计算机科学的主流中心。多伦多这个雪量充沛的城市，通常不会是人们联想到科技前沿的首选之地。事实上，它可能连前十名都排不上。辛顿当时的研究经费寥寥无几，在接纳克里泽夫斯基为学生之前，他就已经提醒过对方，神经网络的研究在当时极不受宠。尽管辛顿团队的研究成果与传统方法取得的成果不相上下，他们的工作成果却屡屡遭到拒稿而无法发表。“神经网络被视作无稽之谈。”他这样告诉我。

在辛顿看来，人们对神经网络的偏见无异于一种“意识形态”，他提及这个词时的语气，与黄仁勋谈及“政治”时一样充满了敌意。当时的研究界普遍认为，人工智能的价值不仅仅体现在实用性上。相反，它应该以某种方式“揭开”智能的奥秘，并将其以数学的形式编码。那时，标准的人工智能教科书长达 1 100 页，内容涵盖了概率推理、决策树和支持向量机等诸多领域。而神经网络的部分仅占区区 10 页，前面还只是对西洋双陆棋的简单讨论。当辛顿的同事研发出一种能够超越最先进的行人识别软件的神经网络时，他甚至连让论文被会议接纳的机会都没有。“人们的反应是，这不算数，因为它没有解释计算是如何完成的——它根本没有给我们带来任何新的洞见。”辛顿说道。

辛顿曾反驳说，没有人能够理解如何用数学语言来描述生物大脑处理语言的方式，但这个论点并未能为他赢得更多的支持。当时的人工智能界并不满足于仅仅模仿智能——他们渴望的是破解它。辛顿认为，试图去破解大脑的功能显得有些荒谬，就好比试图去解析肾脏的功能，然而，这样的观点并未能为他争取到更多认同。为了掩盖他的工作内容以便更顺利地获取资金支持，他与其他神经网络研究者共同选择将他们的研究描述为“机器学习”，有时也称作“深度学习”，却唯独避免提及“人工智能”一词。

克里泽夫斯基坚持不懈，最终成功加入辛顿的团队。辛顿安排他与伊利亚・苏茨克弗（Ilya Sutskever）携手合作，而这位合作伙伴也是一位说俄语的犹太移民。尽管两人背景相似，但苏茨克弗的外貌、举止与克里泽夫斯基大相径庭。他体格健硕，拥有浓密的黑眉和深棕色的眼睛，脸上总是挂着狡黠的微笑。身为辛顿最忠实的追随者，苏茨克弗甚至提出了一个在当时连辛顿都未曾设想的观点：神经网络终有一日会超越人类的智能。“伊利亚总是语出惊人，但他能如此，是因为他性格直率且坦诚，”辛顿这样评价道，“他在某种程度上不受传统束缚，他对自己充满信心。更重要的是，他的观点是正确的。”

辛顿给苏茨克弗和克里泽夫斯基布置了一项艰巨的任务：利用英伟达的 GPU 训练计算机学会图像识别。CUDA 技术已经在辛顿的实验室中得到应用。早在 2008 年，他就曾指派研究生阿卜杜勒拉赫曼·穆罕默德（Abdelrahman Mohamed）和乔治·达尔（George Dahl）基于昂贵的英伟达服务器开发一个语音识别模块。至 2009 年初，穆罕默德和达尔所研发的神经网络在性能上已与当时最优秀的数学模型不相上下。这一成果让辛顿感到震惊。在同年晚些时候召开的神经信息处理系统会议上，他向整个研究领域宣称，在并行计算处理器上运行神经网络是 AI 的未来发展方向，并敦促研究人员们立即放下手头的工作，转而采购英伟达的 GPU。

随后，他给英伟达发了一封电子邮件："我刚刚告诉这次会议上的 1 000 名机器学习专家，他们都应该去买英伟达的显卡。你们能送我一张免费的吗？"

英伟达拒绝了。尽管该公司当时正在寻求大量的超级计算应用合作，但当时没有一个 AI 研究人员在那里工作，"机器学习"也不在柯克教科书中提出的并行计算的潜在应用之列。CUDA 小组有时甚至不回复辛顿的电子邮件。人们对神经网络的偏见早已根深蒂固：在 AI 入门课程中，人们有时仍会听到教授声称神经网络甚至无法解决简单的逻辑函数，尽管反向传播算法在几十年前就突破了这一限制。辛顿认为，吸引英伟达重视的唯一方法不再是与他的对手平起平坐，而是要击败他们。在他的团队中，克里泽夫斯基和苏茨克弗似乎最有可能做到这一点。两人有很多共同点，尽管苏茨克弗并不完全把克里泽夫斯基当作朋友——克里泽夫斯基太内向了。但他们的思维方式很契合，甚至辛顿有时也很难跟上。在办公室的对话中，辛顿会问他们一个问题，克里泽夫斯基和苏茨克弗会用俄语互相讨论，然后再给出总是正确的答案。

辛顿希望克里泽夫斯基和苏茨克弗使用卷积神经网络构建一个图像识别系统，该系统使用数学滤波器来聚焦图像中的关键细节。他鼓励两人要有远大的目标：不仅要赢，还要彻底击败对手。克里泽夫斯基没有该领域的背景，但迅速掌握了并行编程技术——他的思维方式很适合同时从多个方向到达一个目的地的模式。辛顿说："他比其他任何人都更有效地使用那些 GPU 板卡运行卷积神经网络，"。"他确实是个了不起的人才。"

2012 年初，克里泽夫斯基对一个用于教学练习的图像识别网络进行了改造，使其能够在 CUDA 上顺畅运行。令人震惊的是，GPU 仅用 30 秒就完成了训练。当克里泽夫斯基向苏茨克弗展示这一成果时，**苏茨克弗难掩兴奋之情：GPU 的速度简直前所未有，比他以往所见的任何技术都要快上数百倍。**从苏茨克弗首次接触神经网络起，他就深信其具有巨大潜力。在他看来，用神经网络进行计算机智能运作似乎是理所当然的方式。"倘若你愿意相信人工神经元与生物神经元有些许相似之处，那么它们理应能够完成我们所能做的一切，"苏茨克弗对我说道，"如果你愿意相信它们可以更进一步，那么你实际上就是在训练一个大脑。"

过去，这种方法受到硬件的限制，然而如今，GPU 在半分钟内就能完成英特尔机器需要 1 个小时才能完成的任务，而同样的任务，生物学上则需要耗费 10 万年的时间。苏茨克弗立刻意识到，他们必须充分利用克里泽夫斯基所能获得的算力，换言之，他必须让这种崭新的合成进化形式以最快的速度运转起来。事实证明，这是一个极具洞察力且敏锐的见解。“伊利亚总是能够迅速洞察到其他人需要很长时间才能领悟的事物。”辛顿评价道。

为了支持研究，这两位研究生开始筹集资金，以期打造出一台运行尽可能快的计算机。然而资金有限——苏茨克弗和克里泽夫斯基两人加起来也只能负担得起两张 GeForce GTX 580，这是一款单价约为 500 美元的游戏 GPU。当这两张 GeForce 显卡送达时，它们的外形看起来就像是电影《异形》(*Alien*) 中的道具一般。每张显卡大约重 1.36 公斤，外壳是黑色的，装饰是鲜绿色的，还有一个圆形的通风口，里面装有强力风扇，用以冷却电路。在这个外壳之下，是一块巨大的英伟达芯片，它被嵌入黑色的电路板，周围布满了散热片。这块芯片由 30 亿个晶体管构成，它们被排列在 32 个并行核里。这正是克里热夫斯基所需要的强大性能，正是这些晶体管能够发挥出强大的运算能力。

经过几次试运行后，克里泽夫斯基在他卧室的台式电脑里插入了两个这样的 GPU，然后让它们持续运行了 1 周。(“实际上，他的父母支付了那笔相当可观的电费。”辛顿说道。) 就在这里，黄仁勋梦寐以求的客户终于出现了，这位程序员穷得只能用改装过的图形加速器来做实验。这就是克里泽夫斯基，一个怪人般的隐士，甚至连他的同事们也对他知之甚少。他是疯狂的科学家，是特立独行者，是将要打造出杀手级 CUDA 应用的人。

为了训练他的神经网络，克里泽夫斯基使用了 ImageNet 数据库，这是一个由斯坦福大学的计算机科学家李飞飞组装的图像数据集。由于对网络上可用的训练数据集的范围感到失望，李飞飞便通过亚马逊公司的土耳其机器人（Mechanical Turk）服务，雇用自由职业者手动标记了超过 1 500 万张图像（这些图像涵盖了 22 000 个类别），从而组建了自己的数据集。ImageNet 的规模比任何同类数据集都要大数百倍。虽然李飞飞的顾问曾质疑这项工作的明智性，但事实证明，这正是克里泽夫斯基所需要的。他的神经网络拥有大约 65 万个独立的神经元，数量大致与蜜蜂相当。要训练如此庞大的模型，数据需求量极大。

在训练的开始阶段，神经元是以随机方式连接的，但随着训练深入，它们会重新组织成一个错综复杂且精美的结构，逐渐学会如何“观看”。在训练的首个纳秒，克里泽夫斯基的神经网络会接收到随机选取的数据集图像，并需要从李飞飞提供的数千个类别中为其选定一个标签。图像内容可能是一条黄貂鱼，也可能是一只苏格兰梗犬，或者是一辆高尔夫球车。不论何种内容，神经网络都是首次接触，因此在选定标签时，它只能进行猜测，而这种猜测几乎肯定是错误的。然而，就在这次错误的猜测中，网络也获取了一些关于图像内容的微弱线索，例如，至少能确定图像并非黄貂鱼。

神经网络会借助辛顿提出的反向传播方法来调整其神经元间的连接，以处理这些信息。这一环节颇具挑战，因为它涉及反复执行“矩阵乘法”，这是一种被科学家们比作解决高阶魔方问题的数学运算。过去，许多训练神经网络的尝试都在这一环节宣告失败，但克里泽夫斯基采用了 CUDA 技术，该技术利用 GeForce 的并行架构攻克了这一计算难题。一旦数学运算完成，并且耗时极短，克里泽夫斯基的网络便会接收到第二张图像。紧接着是第三张、第四张，直至成千上万张，甚至数百万张。

为了“观看”这些图像，神经网络实际上并不处理光线。相反，它接收的是一串数字，这些数字代表着特定像素阵列的排列与颜色。随后，神经网络会更新代表不同解释层突触权重的数字网格。正因如此，后来一些持怀疑态度的人会争辩说，神经网络“只不过是在做数学运算”，但这种简化的观点，就如同说人类视网膜“仅仅是在与光子相互作用”一样片面。

在训练刚开始的几分钟内，克里泽夫斯基的神经网络意外地成功标记了首张图像——它认为那是个花盆。这一巨大成功触发了大量的矩阵乘法运算，因为反向传播算法正努力向神经元传达，是什么特征让“花盆”区别于“黑猩猩”“台球桌”或“自卸卡车”。虽然这次成功带来的进步很微小——神经网络在看到垃圾桶时可能仍会误判为“花盆”，但面对形状截然不同的物体，如鲸鲨，它已能做出有效区分。

这一过程日复一日地重复了数百万次，使克里泽夫斯基的卧室仿佛变成了一个高速进化的世界。神经网络的训练堪称奇迹。克里泽夫斯基的神经网络由多个“层”构成，每层逐渐学会辨识数据的不同特征。有的层学习形状，有的学习颜色，还有的学习对称性的重要性，而这些信息流通过错综复杂的路径将各层紧密连接成一个统一整体。每当新图像出现，如蜻蜓、沙漏、猫鼬、集装箱船、飞艇、拐杖，这些信息流都会重新组合，以更精确地反映现实。

GeForce 的冷却风扇持续运转，其产生的 44 分贝噪声虽不刺耳，却足以让克里泽夫斯基难以入眠。图像识别的准确率从 0% 开始缓慢攀升，逐渐达到 1%、10%、40%、60%，但在达到 80% 后陷入停滞。完成训练的神经网络仍存在明显短板：它尤其不擅长区分人类使用的工具，比如铲子和斧头。克里泽夫斯基原本可以继续优化，但当时其他任何图像识别方法的准确率最高也不过 70%。斯坦福大学的 ImageNet 小组每年都会举办 AI 图像识别比赛，作为合理性检验，克里泽夫斯基使用前一年的比赛数据（这些数据对他的模型来说是全新的）测试了自己的模型。结果，他的模型轻松超越了那一年的所有参赛者。

在机器学习领域，利用像 ImageNet 这样的带标签数据集进行训练被称作“监督学习”，正因如此，克里泽夫斯基将他的神经网络命名为“SuperVision”。辛顿和苏茨克弗对此感到震惊，甚至可以说是目瞪口呆。“GPU 的出现，简直就像个奇迹。”即便在多年后的今天，苏茨克弗依然满怀激情地说道。理想状态下，两张 GeForce 显卡便能每秒执行 3 万亿次操作。换算下来，GPU 能在不到一周的时间内完成 1 亿亿个不同的数学步骤。这相当于将人类原本需要 100 亿年才能完成的计算量，都编码进了 SuperVision 那脆弱的合成大脑之中。“倘若没有 CUDA 来进行机器学习，那可就太麻烦了。”辛顿坦言道。

克里泽夫斯基决定通过赢得 2012 年 ImageNet 挑战赛来向全世界展示 SuperVision 的实力。在比赛前的几周里，苏茨克弗和辛顿开始在多伦多实验室中兴奋地来回踱步。“我们知道，胜利终将属于我们。”辛顿信心满满地说道。他们最先体验到这即将在硅谷蔚然成风的感觉：那是一种无法抑制的兴奋感，源自预先了解这项未公开的 AI 技术一旦公布于世便会震惊全球。研究人员们纷纷探讨起 SuperVision 对世界可能产生的影响，包括自主机器人、自动驾驶汽车以及自我编码计算机等。在当时，他们三人将 AI 视为纯粹的、积极的进步力量。

多伦多大学的这个三人研究小组还逐渐意识到了另一件事：如果说 SuperVision 从英伟达那里获益良多，那么英伟达从 SuperVision 中获得的利益将更加巨大，因为神经网络对于增强并行算力的需求是无穷尽的。“对我们来说，这一点显而易见，甚至在我们提交成果之前，我们就已经预见到，机器学习将占据未来科学计算的很大一部分。”辛顿如此说道。

李飞飞：我必须亲眼见见这项技术背后的奇才

当李飞飞初次目睹 SuperVision 的成果时，她心生疑虑，怀疑是否哪里出了差错。李飞飞所发起的 ImageNet 竞赛，原本是她向导师证明自身努力价值的尝试，然而在 2010 年吸引了 35 位参赛者之后，2011 年的参赛者却锐减至 15 人。到了 2012 年，更是只剩下 7 位参赛者，竞赛是否能够再延续一年都成了未知数。

就在这时，这 7 位参赛者中的一位展现出了高达 80% 的成功率，这一成绩超出了该领域顶尖水平 10%，而在这个领域，进步往往是以百分之几的微小幅度来衡量的。更令人讶异的是，这位“优胜者”竟然是一个神经网络模型，这种技术在李飞飞的眼中，无异于博物馆里的古董。“那种感觉，就好比被告知陆地速度纪录被一辆本田思域以快于每小时 160 公里的速度打破了。”李飞飞在她的自传中如此回忆道。

李飞飞出生于中国，是家中的独女，她在十几岁时随父母迁到了美国新泽西州。高中时期的她，颇具梦想家气质，一边努力适应着美国文化，一边协助父母维持家计。一位和蔼的数学老师对她的学业给予了极大的鼓励，正是在这位老师的指导下，她成功获得了普林斯顿大学的全额奖学金。她主修物理学，随后攻读了电气工程专业的博士学位，立志要让机器拥有视觉能力。

然而此刻，面对一台真正具备了视觉能力的机器，李飞飞却几乎无法相信这是真实的。她要求团队成员进行复查。“我曾与负责计算的人员谈过，他最初也同样认为可能存在错误。”辛顿教授说道。李飞飞依然心存疑虑，于是她转而向自己的论文导师求助，导师则发邮件向辛顿教授确认，询问他是否百分之百确定，他的研究人员在训练模型时，没有不小心使用竞赛数据，从而污染了模型。“我们不得不反复核查，直到他最终相信计算结果是正确的。”辛顿教授如是说。

渐渐地，李飞飞开始接受一个现实：她那个濒临失败的人工智能项目竟意外赢得了“环球小姐”的“桂冠”。2012 年 10 月，官方的 ImageNet 结果公布，研究团队计划在当月晚些时候于意大利佛罗伦萨的一场学术会议上探讨他们的模型。当时，李飞飞刚生完孩子，原本不打算参加会议，但看到 SuperVision 的出色成果后，她改变了主意。她觉得，必须亲眼见见这项技术背后的奇才。

李飞飞抵达佛罗伦萨后，给克里泽夫斯基发了短信，却没收到回复，她开始担心他不会出席。难道他放弃了？还是迷失在乌菲兹美术馆了？然而，在会议当天的早晨，克里泽夫斯基终于现身，他身穿一件宽大的拉链衫，戴着黑框眼镜，头发蓬松。这就是那位传奇设计师？看起来简直像个孩子！两人见面时气氛有些尴尬，李飞飞对这位姗姗来迟的主旨演讲者的到来感到如释重负，但同时也对克里泽夫斯基之前缺乏沟通表示了失望。克里泽夫斯基则低声表达了歉意。

克里泽夫斯基是当天最后一位上台演讲的嘉宾。他的演讲表现与他研究成果的重要性相比，实在是相去甚远。当他开口讲话时，声音突然变得又尖又细，还带有鼻音，他紧张地咳了一声，然后尴尬地低下了头。他迅速翻过了一系列黑白幻灯片，几乎没离开过讲台。其中一张幻灯片详细列出了 SuperVision 那令人瞩目的规格：包含 65 万个神经元、6 000 万个参数，以及高达 6.3 亿个连接。克里泽夫斯基对在场的观众透露，“事实上，这个模型是在我的卧室里完成训练的，”他补充道，“对于能在卧室里训练的模型而言，它的规模算是相当庞大了。”

克里泽夫斯基的简短演讲结束时，场下观众并未意识到他刚刚引领了计算机科学的新革命。“讲完了，”他总结道，“我就说这么多。”紧接着，在提问环节，他收到了一连串出人意料的故意质问，或许这也不那么令人意外：他的演讲似乎暗示，那些华而不实的 AI 数学理论是时候被抛弃了。他似乎在告诉在场的学者们，他们迄今为止的职业生涯都白费了——多年的研究，甚至数十年的成果都将被束之高阁。难道要求克里泽夫斯基正确地展示他的发现，这难道过分吗？在几分钟的尴尬沉默后，李飞飞站出来平息了这场猛烈的批评风暴。其他研究人员似乎在宣泄着心中的沮丧，毕竟他们输给了这样一个人：他在自己儿时的卧室里，仅用一台游戏电脑就攻克了计算机科学领域里最难的问题。

AlexNet、莱特兄弟的飞机与爱迪生的灯泡

尽管在佛罗伦萨的会议上遭到冷遇，但 AI 界最终还是认可了 SuperVision 的成果。辛顿表示：“一群资深研究人员几乎立刻就表态说，‘这些成果太令人震惊了，我们之前的看法是错的，神经网络确实行得通’。”2013 年的 ImageNet 比赛上，神经网络的提交作品层出不穷，到

了2014年，使用这种方法的参赛者已超过40人。克里泽夫斯基、苏茨克弗和辛顿共同撰写的有关SuperVision的学术论文被引用次数超过15万次，成为计算机科学领域的重要发现。克里泽夫斯基不仅开创了多项编程技术，更关键的是他发现GPU训练神经网络的速度比CPU快数百倍。

在谷歌，波兰研究员沃伊切赫·扎伦巴（Wojciech Zaremba）受命复制SuperVision，他的WojNet开始在业内流传。辛顿担心克里泽夫斯基的突破性贡献被忽视，鼓励他将SuperVision重命名以凸显其贡献。尽管克里泽夫斯基对此表示怀疑，但最终还是接受了建议，将SuperVision更名为“AlexNet”。

然而，辛顿的担忧是多余的，因为大科技公司突然对多伦多大学计算机科学系这个原本被忽视的领域产生了浓厚兴趣，资金问题迎刃而解。AlexNet团队收到了众多收购和招聘的邀请。在苏茨克弗的推动下，辛顿成立了DNNResearch初创公司，三人各持1/3股份。DNNResearch没有客户、董事会、收入和网站，只有三位破解代码男士的共同智慧，但这已足够。2012年12月，辛顿在一次研究会议上通过电子邮件拍卖了这家“公司”。在塔霍湖一家酒店7楼的房间里，AlexNet团队正忙于工作，他们意识到自己即将财源滚滚。微软和伦敦的初创AI公司DeepMind虽然一开始就报价了，但几轮过后都选择了退出，最终演变成谷歌与中国科技巨头百度之间的激烈竞价。当报价冲破2 000万美元大关时，三位研究人员偶尔会走到窗前，欣赏窗外被白雪覆盖的、森林茂密的内华达山脉。

当谷歌的出价达到 4 400 万美元时，辛顿在苏茨克弗和克里泽夫斯基的支持下决定终止拍卖，接受了这笔巨款。他们三人认为，相比于百度，谷歌的文化与他们更契合。克里泽夫斯基在卧室里一手训练出的神经网络 AlexNet，其重要性如今已可与莱特兄弟的飞机、爱迪生的灯泡相提并论。“那是一个重大的突破，”辛顿说道，“那是一个范式转变的时刻。”

第 12 章

千载难逢的机会：
周五晚上做决定，周一早上我们就转型成了 AI 芯片公司

布莱恩·卡坦扎罗，唯一一位拥有文学学位的工程师

在英伟达，布莱恩·卡坦扎罗（Bryan Catanzaro）显得尤为突出。在 STEM 领域这个如同蜂巢般繁忙的环境中，他宛如一位梦想家。他长发飘飘，衣着风格夸张如小丑，醒目的眼镜和花哨俗气的衬衫是他的标志。我们初次交谈时，他身着一件印有一张失真照片的彩虹 T 恤；再次碰面，他又换上了一件绣有猫头鹰图案的毛衣。他性格耐心和善，声音平和温柔。在我所遇到的英伟达工程师中，他是唯一一位拥有文学学位的。

卡坦扎罗在摩门教的熏陶下成长，高中毕业后的一年，他踏上了前往西伯利亚的传教之旅。在那两年里，他只用俄语交流。“我全身心投入其中。”他回忆道。其间，他阅读了俄文原版的《罪与罚》，这对一个初涉存在主义思想的年轻人来说，是一次深刻的触动。之后，他回到

杨百翰大学，获得了俄罗斯文学学位。“陀思妥耶夫斯基无疑是我最喜欢的作家，”卡坦扎罗坦言，“陀思妥耶夫斯基、托尔斯泰和普希金，他们在我心中位居前三。”

与此同时，卡坦扎罗还在攻读计算机工程的双学位（他对自己文学学位的经济价值很有自知之明）。2001 年，他成了英特尔的暑期实习生。作为实习任务，公司要求他设计一款每秒能脉动 100 亿次的微芯片。经过一番计算，卡坦扎罗发现这个任务其实是个陷阱：这样的芯片根本无法制造出来。他向一组高级工程师汇报了自己的这一发现。“你肯定哪里出错了，”他的上司对他说，“这可是英特尔发展规划的一部分。”卡坦扎罗听后大为震惊。他重新核查了自己的计算过程，并未发现任何错误。随着晶体管尺寸不断缩小，摩尔定律的极限已经触手可及，然而英特尔对此视而不见。“虽然我只是个实习生而已，”他说道，“但我看得出来，传统的计算机架构已经走到了尽头。”

卡坦扎罗坚信，解决之道在于重新设计微芯片。于是，2008 年，他与几位同事共同创立了加州大学伯克利分校的并行计算实验室。在实验室里，卡坦扎罗列出了一份现有并行应用程序的清单。他意识到，商业问题在于，即便是那些被视为需求最大的客户，他们对算力的需求也是有限的：当你卖出一台超级计算机给一个石油勘探者后，你就已经满足了他们多年的需求。卡坦扎罗指出，我们需要一个对算力需求极大，以至于永远无法得到满足的应用程序。我们需要另一个类似于 3D 图形的程序，一旦其初始需求被满足，就会需要更多的算力。最终，卡坦扎罗推断出了并行计算的杀手级应用。“答案就是人工智能，”卡坦扎罗说道，“我是从最底层，即电路的角度出发接触到人工智能的。我深感人工智能是最重要的计算工作负载，这是无法避免的。”

卡坦扎罗在加州大学伯克利分校的学术顾问并不支持他的人工智能研究。对于许多计算机科学家来说，尝试构建人工智能就像寻找大脚怪一样虚幻。尤其是神经网络，被主流研究人员以一种轻蔑的态度看待。“他们认为计算行业里充斥着怪人，而这些人在做这种陈旧的事情，非常古怪，而且毫无成效。”卡坦扎罗说道。当卡坦扎罗向我讲述这个故事时，他用手梳理着齐肩的长发，轻轻摇了摇头。我能感受到他的挫败感：他早于任何人洞察到了将人工智能与并行计算结合的潜力，但他的教授们引导他远离了正确的工具。因此，卡坦扎罗只能随意研究一些复杂的数学计算，并发表了一些并不那么引人注目的研究论文。

与此同时，他在攻读博士学位期间仍需负担房租。他和妻子育有 3 个孩子，全家依赖他就读研究生的收入在湾区生活。面对困境，卡坦扎罗申请了所有能申请的企业奖学金。6 年里，他先后经历了 8 次实习，而每次实习的收入都刚好能让他的家庭免于被赶出家门。这段经历让他深入了解了硅谷各大公司的运营方式。

起初，卡坦扎罗回到了英特尔。此时，英特尔已察觉到英伟达的威胁，因此指派卡坦扎罗协助“Larrabee 项目”——英特尔内部被称为“GeForce杀手”的显卡芯片项目。然而，这种高调宣传最终证明是徒劳的——Larrabee硬件因内部纷争而一再推迟，最终在发布前夕被取消。卡坦扎罗觉得管理层对于推动计算技术并不热衷。他表示：“对他们而言，英伟达或许只是一台生产肥皂的机器。”

之后，卡坦扎罗去了高通实习。这家位于圣迭戈的芯片公司构建了现代手机的大部分基础设施。高通公司管理有序且薪资优厚，但卡坦扎罗对他们公开抨击竞争对手的做法表示不满。他说：“他们总是告诉我，英伟达的工作环境很糟糕，他们的CEO简直是个暴君。”

然而，卡坦扎罗曾在英伟达工作过，这些言论与他在英伟达的亲身经历并不相符。正是卡坦扎罗将与黄仁勋互动比作把手指插进电源插座，但同样是他一再强调：**黄仁勋绝非一个卖肥皂的商人。他是一个对计算技术满怀热情的人。而且，如果说卡坦扎罗能说服某个人相信并行计算与人工智能即将实现交叉融合，那么这个人非黄仁勋莫属。**2011年，获得博士学位后，卡坦扎罗选择了加入英伟达。

他加入了比尔·戴利在英伟达研究所的扩展团队，他将这段经历比作在研究生院的学习，“只是规模更大、条件更好”。这里弥漫着一种学术氛围，研究人员能自由追求自己的兴趣，并且被鼓励与其他公司的研究团队合作。戴利将他的众多发现无偿地发表在学术期刊上，供公众广泛阅读，不求任何经济回报。他常与AMD和英特尔的工程师联合发表论文。戴利的开放态度让许多人感到吃惊，有时甚至在英伟达内部引起了一些不满，但戴利的目光很长远：他认为应该向其他顶尖科学家宣传他的研究工作，以吸引他们加入。“我们会吸引最杰出的学者加入公司，因为他们能看到我们的出版物，”他常说，“质量会说明一切。”

卡坦扎罗就是被吸引的学者之一。虽然他最初被分配去研究编程语言，但很快他就成了英伟达的首位专职人工智能研究员。戴利听到了神经网络技术进展的消息，认为这是一个不能忽视的领域。2012 年，他把卡坦扎罗派到他以前的同事吴恩达那里。吴恩达是斯坦福大学教授，当时在谷歌工作。在山景城的实验室里，吴恩达开发了类似于 AlexNet 的技术，不过他运用的是传统的计算架构。这项技术成本高昂，吴恩达使用了一个由 2 000 个 CPU 组成的集群，将 1 000 万个 YouTube 视频的缩略图输入神经网络，试图训练它识别猫的能力。这个项目耗资巨大，且耗电量惊人，几乎达到了破坏性的地步。最终，在训练周期临近结束时，吴恩达的神经网络成功地构建出一个引人注目的猫科动物表型特征的内部概念。吴恩达将这个结果提取出来，并分享给了媒体。

2012 年 6 月，《纽约时报》的一篇被广泛传播的文章报道了猫的计算机成像。对戴利而言，真正有趣的发现并非神经网络能够识别动物，而是实现这一目标竟然需要如此庞大的计算量。戴利授权卡坦扎罗使用英伟达硬件来重现这个“猫脸识别”的实验。而卡坦扎罗仅用了 12 个 GPU 就完成了整个实验。

“OIALO”，公司历程中最为重要的项目

此后，事态开始迅速发展，各路人才纷纷汇聚硅谷。被谷歌收购后，克里泽夫斯基、辛顿和苏茨克弗搬到了山景城，并在那里掀起了一场并行计算的革命。当谷歌提出让克里泽夫斯基使用其庞大的 CPU 集群时，他却拒绝了，反而选择购买了一台普通的电脑和几张零售的英伟达显卡，并将它们安装在办公室的壁橱中。没过多久，谷歌的其他研究人员也开始断开与谷歌庞大的数据中心群（当时堪称全球最大的计算机集群）的连接，转而运行游戏硬件。

卡坦扎罗察觉到了这些变化，并回到英伟达寻求更多的资源支持。起初，他遭到了拒绝。由于他敏感的性格和人文学科学位的背景，卡坦扎罗在英伟达并没被视为模范员工。“我在英伟达的评价不是很好，”他坦言道，“我的薪水也不高。”但他并未因此气馁，反而开始全身心投入 cuDNN 的构建工作中，cuDNN 是一个专为加速 CUDA 平台神经网络开发而设计的软件库。

起初，一切都异常艰难。卡坦扎罗，身为一名研究人员，在实用软件工程领域并无建树。恰逢他的第四个孩子呱呱坠地，繁忙的家务使得他难以得到充足的休息。健康问题也接踵而至，服用药物又让他感觉头脑“略显迟钝”。2013 年初春，当他满怀期待地向英伟达的软件团队展示自己初步构建的 cuDNN 原型时，却遭到了团队的否定。卡坦扎罗开始怀疑自己。“我觉得我的经理们并不认为我在做重要的工作，”他坦言，

“一切似乎都停滞不前。”

于是，卡坦扎罗决定越过层级，直接向黄仁勋陈述自己的观点。当时，机器学习技术似乎并未进入黄仁勋的视野：同年 3 月的 GTC 大会上，黄仁勋谈及气候建模与移动图像的话题，却对神经网络只字未提。（值得一提的是，那次大会上他首次穿着一件厚重且略显笨拙的皮夹克亮相。显然，他的着装风格尚在摸索之中。）出乎卡坦扎罗意料的是，黄仁勋对他的理念产生了浓厚的兴趣。在二人的首次会面之后，黄仁勋甚至推掉了所有安排，整整一个周末都埋头钻研人工智能这一他之前几乎未曾涉猎的领域。而在随后的会面中，卡坦扎罗惊讶地发现，他的上司对神经网络的理解已然与他旗鼓相当，甚至可能更为深入。

黄仁勋的 CUDA 决策如同一场豪赌，使公司踏入了深邃莫测的未知领域。10 年来，他始终站在船头，远望彼岸。如今，仿佛他已寻得传说中的亚特兰蒂斯。他全心投入研究与电话会议中，每多了解一分，他的兴奋便增添一分。至 2013 年中，已经按捺不住内心强烈的共鸣。他将卡坦扎罗召至自己用来办公的会议室，告知他，自己视 cuDNN 为公司 20 年历程中最为重要的项目。白板上的图表已然不见，取而代之的是黄仁勋端端正正写下的神秘缩写“OIALO”。黄仁勋解释，这代表着“千载难逢的机会”。他邀请惊呆的卡坦扎罗参与一个思想实验。“他让我设想，若他将英伟达的 8 000 名员工都召集到停车场，”卡坦扎罗说道，“而我可以从停车场中选择任何人加入我的团队。”

他是首位发现其潜力的人，真的是首位

黄仁勋有时需要一些时间来接纳新观念。“在并行计算方面，我们确实耗费了大量时间来说服詹森接受它，”戴维·柯克回忆称，“CUDA 的情况也是如此，我们必须证明其商业价值。”但在人工智能方面，黄仁勋经历了一次深刻的顿悟。“他迅速就明白了，比所有人都快，”柯克说道，“他是首位发现其潜力的人，真的是首位。”

黄仁勋告诉我，他只是基于第一性原则进行推导。“既然它们能解决完全无结构的计算机视觉问题，那就引出了一个问题：‘还有什么可以教给它们？’”黄仁勋说道。答案似乎就是：所有事物。黄仁勋断定，神经网络将彻底变革社会，而他可以通过 CUDA 占据必要的硬件市场。他宣告，自己将举公司之力投入这个项目的发展。**“他在周五晚间发了封电子邮件，说我们将全面转向深度学习，不再只是一家图形芯片公司，”英伟达副总裁格雷格·埃斯特斯（Greg Estes）讲述道，“到了周一早上，我们已经转型为一家 AI 芯片公司。真的，转变就这么快。”**

就在几个月前，黄仁勋刚满 50 岁。尽管他的头发已逐渐灰白，他依旧保持着少年般的热忱，在公司内四处奔走，不时地向年轻员工询问工作进展。随着公司规模的不断扩张，黄仁勋开始组织每季度的全员大会。他能够即兴演讲长达 2 小时以上，**在这些演讲中，他反复强调几个核心主题：“光速”调度理念的关键性，追求传说中的“零亿美元市场”，以及尤其要警惕潜滋暗长的官僚主义危害。**

随着英伟达的不断发展，黄仁勋维持了一个灵活的组织架构，没有设立固定的部门或等级制度。高层管理团队几乎由他一人独挑大梁，没有 COO、CTO、CMO，也没有明确的二把手，甚至没有办公室主任。相反，他直接领导着 30 多人，其中的大多数都被冠以“副总裁”这一涵盖广泛的头衔，并承担着灵活多变的职责。他与卡坦扎罗在停车场进行的思想实验，反映了他坚信公司可能需要随时进行万花筒般的重组。“我希望你们每个人都能做好准备，”他常对聚集在一起的执行团队这样说，“你永远不知道自己何时会成为公司里不可或缺的角色。”

加速演化，漫长的 AI 寒冬终于要结束了

2014 年初，公司里的关键人物是卡坦扎罗，一个似乎与公司文化格格不入且业绩表现一直不佳的人。如今，他管理着一个工程师团队，将 cuDNN 精简至其核心任务：加速演化。在人类的大脑组织中，每个神经元平均维持着约 1 000 个与其他相邻神经元的突触连接。大脑通过化学方式改变这些连接，而神经网络则通过矩阵乘法来实现这一改变。

矩阵乘法是通过结合 2 个网格的数字来生成第 3 个网格。虽然其规则简单，但当矩阵规模增大时，计算量会急剧上升。这使得矩阵乘法非常适合并行处理。然而，在神经网络兴起之前，英伟达并未将矩阵乘法视为重点。

CUDA 矩阵乘法库的主要负责人是菲利普·范德梅尔施（Philippe Vandermersch），这位性格独特的法国人每天骑车上班。范德梅尔施在这个软件包被之前的开发者半途而废后，接手拯救了这个“无人问津”的软件包。之后，他花费数年时间，试图说服全球变暖研究人员将他们的气候模拟程序从古老的 Fortran 代码升级到他开发的现代版本，但都徒劳无功。几乎没有科学家愿意下这个功夫。“说实话，那些实验室的人可能有点懒。”他说道。

然而，对于神经网络而言，不存在这样的转换成本。大多数代码都是由追求速度的聪明且积极的程序员首次编写的。这些人正是黄仁勋一直设想的超级用户：随着神经网络社区围绕 CUDA 聚集，他们也成了英伟达芯片的忠实客户。范德梅尔施从幕后被选中，加入卡坦扎罗的团队，成为其核心程序员，并优化函数库以满足 AI 的需求。（至少在范德梅尔施的叙述中，他完成了大量技术工作。“你可以说卡坦扎罗是 cuDNN 的乔布斯，”他说道，“而我是沃兹尼亚克。”）

随着时间的推移，英伟达的程序员发现了加速矩阵运算的巧妙技巧。他们很早就观察到，神经网络中的大多数权重都集中在 −1 到 1 的范围内。超出此范围的数值通常可以被截断，从而提升运算速度并缩小数据规模。同时，他们也注意到，即使在 −1 到 1 的范围内，权重也无须被精确表示。类似于大脑中的神经元，这些权重是“模糊的”，维持着松散的突触连接，而非精确无误。在某些情况下，只要权重的符号正确就足够了。

AlexNet 使用了 65 万个神经元来模拟 6 300 万个突触连接，在这样的规模下，单个突触的影响几乎可以忽略不计。相较于序列代码对错误的极度敏感，有时一个错误的分号就可能导致整个操作系统崩溃，神经网络对错误的容忍度要高得多。一个错误的权重只是数百万个数据点中的一个。基于这一观察，在开发 cuDNN 时，英伟达的程序员在精度和速度之间做出了新的权衡。他们认为，优秀的神经网络软件应更注重速度而非精度。

AlexNet 的“大脑”规模仅与昆虫相当，但未来的神经网络将会更加庞大。随着网络规模的扩大，训练准确率将不再是唯一的关注点，用户能否快速获得答案同样重要。（想象一下，一位无所不知的专家，但每小时仅吐露一个字。）尽管推理过程所需的算力低于训练阶段，但随着时间的推移，它在 cuDNN 库中的重要性日益凸显。

黄仁勋对卡坦扎罗的进展兴趣浓厚。两人频繁会面，而黄仁勋常因误读卡坦扎罗的姓氏向他致歉。在许多公司，甚至可能是大多数公司，卡坦扎罗开发的 cuDNN 库或许会被转交给经验丰富的产品经理。但在英伟达，尽管卡坦扎罗缺乏商业软件开发经验，甚至未曾真正管理过团队，他仍被委以重任，负责公司的核心产品。随着项目截止日期的逼近，卡坦扎罗开始自我怀疑，担忧自己是否胜任此项工作，尤其当黄仁勋以往总是坚定地鼓励创新，如今却对任何拖延施以严厉批评。“詹森并非总是平易近人，”卡坦扎罗坦言，“有时我甚至有些怕他。但我知道，他是信任我的。”

随着产品发布日临近，卡坦扎罗又添新忧。他担心自己的老板重蹈覆辙。若说有何领域表现比并行计算更糟，那便是人工智能。自 20 世纪 50 年代起，人工智能技术历经数次炒作，最终均尴尬收场。卡坦扎罗与该领域所有研究者一样，对人工智能在商业领域的过往伤痕心知肚明，担忧它再次让投资者失望。然而，面对如此难得的机会，他没对黄仁勋表达自己的担忧。

无论如何，卡坦扎罗能铭记过去，但华尔街总是健忘的。自 20 世纪 80 年代专家系统崩溃起，至今已 40 余年，这段时间如此漫长，除了最资深或最知名的股票分析师，恐怕没人再记得。当神经网络的讨论热潮蔓延开来，英伟达股价攀升，而激进投资机构 Starboard Value 则停止了消息推送。“他们资金翻倍后就销声匿迹了。”坦奇 · 考克斯如是说。

2014 年初，cuDNN 即将面世。**在 2014 年的 GTC 大会上，黄仁勋登台推介此项成果，这是英伟达 21 年历程中首次公开与 AI 的联合。**（此次黄仁勋未着皮夹克，而是身着黑色长裤搭配深蓝色光滑 Polo 衫，衣襟敞开至胸口，他的影响力正与日俱增。）黄仁勋展示了吴恩达构建的网络，其中揭示了关于猫和人脸的内部概念。他引领观众探访了数项英伟达早期的 AI 项目。随后，在念错名字的小插曲后，他将演讲交棒给了卡坦扎罗。后者运用 AlexNet 的改良版来识别 Twitter 上发布的狗狗品种。网络实时运行中，成功辨识出斑点狗、德国牧羊犬、维希拉猎犬以及凯恩梗犬。（“我甚至都不知道凯恩梗犬是何物。”卡坦扎罗坦言。）伴随着这些可爱帖子的展示，人工智能漫长的“冰河时代”就此结束了。

黄仁勋展示的最后一张幻灯片罗列了正在测试 cuDNN 的企业合作伙伴，Adobe、Facebook 和 Netflix 均赫然在列。而幻灯片中并未提及谷歌，这个在 AI 领域举足轻重，却因种种原因不便被公开提及的客户。在 2014 年 GTC 大会举办前的数周，谷歌将伦敦的 AI 公司 DeepMind 收入麾下，该公司由德米斯·哈萨比斯（Demis Hassabis）、穆斯塔法·苏莱曼（Mustafa Suleyman）和谢恩·莱格（Shane Legg）联手创立。DeepMind 怀揣雄心壮志，立志打造出全球首个通用人工智能（AGI），从而全面揭开认知的神秘面纱。该公司已着手研发 AlphaGo，这是一种神经网络，在 2016 年一系列扣人心弦的围棋对决中，AlphaGo 战胜了围棋大师李世石为 AI 领域树立了一座历史性的里程碑。凭借吴恩达团队、AlexNet 团队以及 DeepMind 的助力，谷歌在 AI 领域初步占据了垄断地位。

随着谷歌在 AI 方面的持续深耕，研究人员对 GPU 的需求日益凸显。2014 年末，谷歌悄然启动了“麦克卡车项目”，旨在打造出全球最顶尖的并行计算机。该项目的终极成果预计将使用超过 4 万个英伟达 GPU，投入资金超过 1.3 亿美元。这一订单成了英伟达有史以来接获的最大单笔订单，然而，这仅仅是一个开端。**随着 AI 不断取得突破，并行计算也迎来了发展的新曙光，逐渐摆脱了漫长而严酷的寒冬。**

直到后来人们才广泛理解这一事实：深度学习不仅是软件的革命，而且是硬件的革命。这一革命正是两种技术的产物，它们曾备受冷落、遭人唾弃、饱受质疑且资金匮乏；它们的结合才催生出了理想的形态。在并行计算机上运行的神经网络：这两种紧密相连的技术正是新型强大生命体的 DNA 双螺旋，即将吞噬世间的所有数据。

The Thinking
Machine

黄仁勋的管理之道

企业家的三种角色

首先，身为CEO及领导者，你无须扮演无所不知的全能角色。你必须坚定地相信自己所追求的目标，但这并不等同于你必须对每个细微之处都了如指掌。信心与确定性是两个截然不同的概念。在追求目标的过程中，你可以满怀信心地前进，同时开放心态，欣然接受并拥抱其中的不确定性。这种不确定性实际上为你提供了持续学习、不断成长的空间。因此，要学会从不确定性中汲取力量，视其为推动你前行的朋友而非敌人。

其次，领导者确实需要展现出坚韧不拔的一面，因为周围有许多人都在仰仗你的力量，并从你的坚

* 部分资料来自腾讯科技。

定中汲取勇气。然而，坚韧并不意味着你必须时刻隐藏自己的脆弱。在需要帮助时，不妨勇敢地寻求他人的支持。我始终秉持这一理念，无数次地向他人坦诚求助。脆弱并非软弱的表现，不确定性也不是信心的缺失。在这个复杂多变的世界中，你既可以坚强自信地面对挑战，也可以诚实地接纳自己的脆弱和不确定性。

最后，作为领导者，你的决策应始终围绕使命展开，以他人的福祉和成功为考量。只有当你的决策真正有利于他人时，你才能赢得他们的信任与尊重。无论是公司内部员工、合作伙伴，还是我们服务的整个生态体系，我始终在思考如何促进他们的成功，如何保障他们的利益。在决策过程中，我总是以他人的最佳利益为出发点，以此作为我们行动的指南。我认为这些可能很有帮助。

磨励造就伟大

黄仁勋表示，自己有过很多挫折与痛苦的机会；直到今天，他仍经常在英伟达内部使用痛苦和磨难这两个字，但是是以“欢乐的方式”。黄仁勋认为，性格不是靠聪明绝顶的人塑造出来的，而必须是经过磨难的人。

我希望各位有机会经历大量的痛苦和磨难。我最大的优点之一就是我的期望很低。对自己期望非常高的人，往往韧性也低，不幸的是，韧性对带来成功至关重要。所以如果我可以给你建议的话，我希望各位有机会经历大量的痛苦和磨难。

如果你追求的是伟大，你就要完善、培养公司的企业性格。

失败必须被公开

当黄仁勋严厉训斥某名员工时，他通常会选择在公共场合进行，以便让其他人从中汲取教训。“失败必须被公开。”黄仁勋是这么说的。一旦项目延期，黄仁勋便会命令相关负责人起立，向在场的所有人详细解释每一个出错的环节。紧接着，黄仁勋会对他们的表现进行严厉甚至刻薄的分析。这种企业内部的批判会并非人人都能适应。“你很快就能看出谁能在这里坚持下去，谁不能，”迪克斯坦言，“如果有人开始变得具有防御性，你就知道那个人在英伟达待不久了。

深谙“光速”之道

黄仁勋满怀热情地将“光速”调度策略这一管理理念灌输给每一位员工。在英伟达，几乎每位与我交谈过的人都至少提及过一次“光速”。“光速”这个词，并不像大家普遍认为的那样，只是单纯指速度快。黄仁勋所倡导的“光速”，是希望管理者能够设想到，在没有任何限制、一切条件都最理想的情况下，某项任务能够完成的最快速度。有了理想化的速度作为参照，管理者就可以根据实际情况，制定出一个既切实可行又能让人眼前一亮的交付时间表。黄仁勋每天都在努力追求这个看似遥不可及的“光速”目标。

保持透明度

黄仁勋有 60 位直接下属，当被问及他是如何有效地管理那么多高管时，黄仁勋说关键在于保持透明度：

> 我会在大家面前明确地阐述我们的理由、目标以及需要采取的行动，我们一起协作制定策略。无论是什么样的策略，每个人都会在同一时间听到。因为他们都一起参与了计划的制定，所以当公司要决定什么

事情时，都是大家一起商量好的，不是我一个人说了算，也不是我告诉他们要怎么做。

我们共同讨论，共同得出结论。我的职责就是确保每个人都接收到了同样的信息。我通常是最后一个发言的人，基于我们的讨论结果，来明确方向和优先级。如果存在任何不明确的地方，我会消除这些疑虑。一旦我们达成共识，都理解了策略，我就会基于大家都是成年人的事实来推进工作。如果我不清楚，或者他们不清楚某些事情，我希望他们能够主动说出来。如果他们需要帮助，我希望他们能够向我寻求支持。在这里，没有人会独自面对失败。

只有“努力工作”

不少习惯了游戏公司文化的新员工，在来到英伟达时都期待着更加宽松的氛围。一位前员工就表示：“在 3dfx，我们的座右铭是‘努力工作，尽情玩乐’，但在英伟达，只有‘努力工作’。”长时间加班成了家常便饭，而 6 个月的发布周期更是带来了沉重的压力。另一位员工回忆道：“结果就是几乎永无止境的截止日期，以及总是觉得进度赶不上的感觉。”

英伟达的大楼没有其他硅谷园区那些奢华的福利：没有健身房，没有攀岩墙，没有狗狗公园，没有飞盘高尔夫球场，也没有球池。“大家来这儿是为了工作的。”黄仁勋说道。

最重要的五件事

黄仁勋要求公司每位员工每周提交一份清单，列出他们手头最重要的五件事。自那以后，每逢周五，他都会收到两万封电子邮件。他提倡言简意赅，因此常于深夜里随机查阅这些邮件。相应地，他每天也会写数百封电子邮件与员工交流，通常每封邮件内容极简。（一位高管形容这些邮件像俳句，另一位则觉得像勒索信。）他的回复速度之快令人咋舌。“你凌晨 2 点发邮件给他，2 点 05 分就能收到回复，”比尔·戴利说，“然后你早上 6 点再发，6 点 05 分又会收到他的回信。

允许员工以“白菜价”购买股票

和许多公司一样，英伟达允许员工以低于市场价格的折扣购买本公司股票。英伟达这项计划的独特之处在于，员工能够以过去两年内任意时段的最低股价为基准来享受折扣购买股票。这样的购买设有一定的金额上限，不过随着股价一路飙升，这项计划基本上就等同于送钱了，那些每年都将购买额度用到上限的员工做了他们一生中最划算的交易。由于这笔意外之财惠及到了公司中层管理人员，一些新入职的员工担心那些新富起来的老员工会进入一种“半退休”状态。公司高管们对这种说法并不认同。负责公司游戏业务的杰夫·费舍尔是公司最初的 30 名员工之一，他说：“我们很多人现在在经济上已经比较宽裕了，但我们依然坚信公司的的使命。”

The Thinking Machine

Jensen Huang, Nvidia, and the World's Most Coveted Microchip

第二部分

英伟达之芯，算赢人工智能的终极未来

一条新的定律正在形成，它是一条超级加速的定律。我们得构建一个替代宇宙。

——— 黄仁勋

There's a new law going on, a supercharged law. We have to build an alternative universe.

The Thinking Machine

第 13 章

由机器引领的时代：

从月球发射激光，精准击中街道上的一枚硬币

他的生活只有工作和人工智能

詹斯·霍斯特曼察觉到老友有了变化。过去，不管工作多拼，黄仁勋在家总是温和的。他总会腾出时间给自己的爱好——他的爱犬、威士忌收藏，还有不断扩充的豪车收藏，当中不乏特斯拉跑车和科尼赛克超跑。黄仁勋还在毛伊岛买了座大型海滨度假屋，日落美景一览无余。他常在那儿招待朋友，包括台积电的张忠谋，他们越走越近了。

黄仁勋最爱的还是烹饪。某次生日，朋友们安排他跟随四季酒店的一位米其林星级大厨学习。他早上到那儿时，被大家戏弄了一番。“专业厨师都嘲笑他，”霍斯特曼说道，“我是说，他做过丹尼餐厅的菜，但这次完全不是一码事。”黄仁勋苦干了 12 个小时，多年来头一回体验了被老板训斥的滋味。为朋友们准备好晚餐后，黄仁勋在回家的车上，坐在副驾驶座上呼呼大睡。

但随着英伟达进军人工智能领域，黄仁勋舍弃了所有爱好。他不再热衷于恶作剧，停止了乒乓球练习，对铁板烧也失去了兴趣。他甚至都不再回短信了。

“他对工作非常非常专注，”霍斯特曼说，“这就是他唯一能谈论的事情。”他深信黄仁勋获得了一个千载难逢的机遇，这种信念牢牢占据着他的内心。在每次会议上，“OIALO”这个缩写总是被反复提及。从黄仁勋 20 岁开启职业生涯时，他就坚持不懈地工作，连续 30 年每天工作 12 小时，每周 6 天。如今过了 50 岁，孩子们都已长大，他的工作劲头更足了。

过去，黄仁勋喜欢一个人去看电影放松。他偏爱大制作的爆米花电影，尤其是复仇者联盟系列，他欣赏这些电影不仅因为故事情节，还为了评估 CGI 效果。然而，许多漫威粉丝也是游戏玩家，黄仁勋的照片在英伟达的网络社区上多次被发布，导致他在电影院里变得引人注目。由于厌倦了被观众要求合影，黄仁勋曾尝试只在上午 10 点的场次观影，但即便如此，他仍被认出。最终，**他放弃了看电影这一爱好。从 2014 年起，他的生活只有工作和人工智能。**

“曲别针制造器”，黄仁勋与马斯克之辩

英伟达的股价在 2013 年上涨了 30%，2014 年上涨了 27%，到了

2015 年更是上涨了 66%。最后，这一切终于足以让英伟达永久地超越其在 2001 年首次被纳入美国标准普尔 500 指数时达到的巅峰。英伟达被纳入的时机非常关键，那些管理美国退休金储蓄的指数基金被要求在接下来的交易日购入英伟达的股票。14 年来，散户投资者对这只表现不佳的股票不离不弃，却迟迟未得到任何回报。**现在，是时候让每个人得到应有的回报了。**

从表面上看，英伟达仍然是一家游戏公司，其大部分收入来源于零售的 GeForce 销售。然而，华尔街展望未来，开始将英伟达视为一家尖端的人工智能公司。谷歌在“麦克卡车项目”期间大量采购 GPU 的做法正在被其他主要科技公司效仿，包括亚马逊、甲骨文和微软。这些云服务提供商的商业计划是构建超大规模的数据中心，运行数万甚至数十万的 GPU，然后将其租赁给企业客户。

云服务提供商出售算力的方式就像出售水电一样。数据中心散落于全球各地的无标记工业仓库中。通过安检，穿过气闸，进入恒温控制的数据中心楼层，你会看到许多排高达两米的“机架”，类似于图书馆中书架的堆叠方式。每个机架上有几个水平的“托盘”，而每个托盘都包含一个或两个 GPU。托盘采用模块化设计，易于升级，整个系统通过布线缆互联，使数百个 GPU 能够协同工作，形成一个统一的计算机系统。一个较小的 CPU 核心负责管理系统，一束粗大的光纤将其连接到外界。

值得注意的是，英伟达并不生产机架或托盘，通常也不参与数据中心的建设。它所供应的仅限于芯片，然而这是一门极为盈利的业务——英伟达在这门生意中几乎占据了垄断地位。英伟达以其芯片架构命名来致敬过去的杰出科学家：居里、特斯拉、费米、开普勒、麦克斯韦、帕斯卡、图灵、伏打、安培、洛夫莱斯、霍普以及布莱克威尔。随后的芯片组中包含了专为 AI 设计的电路，确保了数据中心托盘的持续升级需求。这种每 6 个月一次的升级周期引发了供应商们的抢购热潮，为机器学习领域的先锋们带来了巨大的利润。

云服务提供商以“每小时每个 GPU 几美元”的价格进行报价，而新款英伟达芯片组的费用接近 3 美元。（相比之下，访问类似的英特尔 CPU 仅需几美分。）以这样的速度，训练类似 AlexNet 的昆虫大脑大约需要 500 美元，但研究人员正在开发更为雄心勃勃的模型，这些模型拥有数十亿个参数，训练成本高达数百万美元。尽管训练成本高昂，但如果操作得当，它可以实现自我回报，正如谷歌努力展示的那样：通过利用神经网络优化其服务器网络的能耗，谷歌每年在电费上节省了数亿美元，几乎立即收回了其在 AI 上的投资成本。谷歌还为其照片应用推出了图像识别工具，为用户图片创建自动标签，并利用 AI 提高了搜索结果的质量。

其他大型科技公司也将 AI 整合到了他们的产品中。很快，Instagram、Facebook 和 Twitter 通过“算法化”组织信息流来吸引用户的注意力，这实际上是使用机器学习技术来提高用户参与度的委婉说法。（这种策略既具有剥削性又非常有效，社交媒体的机械化策划者可以通过向用户提供“愤怒诱饵”来让他们长时间地沉迷于负面信息。）AI 的投资直接带来了利润，正如黄仁勋毫不掩饰地复活了零售业中最古老的推销口号之一：“买得越多，省得越多。”

风险投资家们开始大量投入资金到 AI 初创公司，不仅投资于图像和语音识别领域，还包括医疗保健、零售自助结账、自动驾驶汽车以及教育领域。**2010 年，对 AI 的风险投资几乎可以忽略不计；而到了 2015 年，这一数字已激增至 50 亿美元，并且仍在迅速增长。**“我们一直在投资许多应用深度学习的初创公司，而这些公司实际上都是基于英伟达的平台构建的，”2016 年初，al6z 的创始人马克·安德森（Marc Andreessen）这样说道：

> 我们公司有一个内部游戏，那就是假设我们是对冲基金，我们会投资哪些上市公司，结果是我们会把所有的钱都投给英伟达。

大量的资金也流入到深度学习工程师的手中。他们评估工作机会时，首要考虑的是“总薪酬”，这个总薪酬将基本工资、奖金、股票期权和福利都汇总在一起，总额可能每年超过七位数。2014 年底，布莱恩·卡坦扎罗离开了英伟达，加入了百度，与吴恩达成了合作伙伴。“他们给我的工资翻了 3 倍”，卡坦扎罗耸了耸肩，但遗憾地表示，如果他当初留在英伟达，他会从股票期权中赚得更多。构建第一个 CUDA 编译器的人巴斯·阿尔斯也在这段时间选择了离开。然而，几年后，阿尔斯和卡坦扎罗都重返了英伟达。对他们而言，没有其他公司比英伟达更好。

随着人工智能的不断发展，观察者们开始感到担忧。在 2014 年出版的《超级智能》(*Superintelligence*）一书中，牛津大学的瑞典哲学家尼克·波斯特洛姆(Nick Bostrom)将人类对机器智能的研究比喻为“小孩子玩炸弹”。他提出，能够具备一般抽象智能的计算机可能是人类需要制造的最后一项发明。他假设，一台拥有一般智能的计算机可能会开始自我进化，有可能在短短几秒钟内就转变为一种“超级智能”，对人类来说，这种智能似乎无所不能。他好奇这样的机器是否会如人类对待大猩猩那般对待人类：征服地球，摧毁我们的栖息地，仅留存少数物种作为保护区的吉祥物。

波斯特洛姆的著作是他多年思考的延伸。此前，他提出了“曲别针制造器”的设想：倘若我们拥有一个人工智能，它的唯一目标就是生产尽可能多的曲别针。很快，这个人工智能就会意识到，没有人类的世界对它更为有利，因为人类可能会选择关闭它。毕竟，一旦人类这样做，曲别针的产量就会减少。更何况，人类的身体中包含大量可用于制造曲别针的原子。因此，这个人工智能所追求的理想未来，便是一个遍布曲别针却无人类存在的世界。

关于曲别针制造器的观点在网络上流传已久，并在“理性”社群及众多科技高管中引发了关注。波斯特洛姆的书问世几个月后，马斯克在未来学网站 Edge.org 上发表了评论：

> 人工智能（我并非指狭义上的）的发展速度令人咋舌。除非你直接与 DeepMind 这样的团队接触，否则你根本无法想象它的进展有多迅猛——几乎呈指数级增长。某些严重危险的事情发生的风险就在未来 5 年内。最多不超过 10 年。

尽管几分钟后他就删除了这条评论，但截图已被广泛传播。和马斯克的许多预测一样，时间上的估计或许过于乐观，但长期风险依旧存在。

几个月之后，在 2015 年的 GTC 大会上，马斯克与黄仁勋进行了一场讨论。正是在这里，黄仁勋最终塑造了他的标志性形象。当他现身圣何塞会议中心时，身着一件黑色皮夹克，内搭深蓝色 Polo 衫，再配上黑色长裤与鞋子。这套行头不仅吸睛无数，而且价格高昂——其中多数服饰都来自高端品牌。黄仁勋后来坦言，他的形象转变得益于妻子和女儿的装扮，尤其是女儿黄敏珊。在黄仁勋的衣橱大揭秘后不久，她便离开了烹饪界，转投法国奢侈品巨头 LVMH 的怀抱。到了 2023 年，当我与黄仁勋聊起他的衣着时，他坦言常常搞不清楚自己当天穿的是哪个品牌。“可能是，呃，TOM FORD 吧？”他边说边翻开那件亮黑色夹克的标签查看。

那一年，黄仁勋的演讲推动了人工智能领域的一系列发展。他首先请上了斯洛伐克研究员安德烈·卡帕西（Andrej Karpathy）。在斯坦福大学李飞飞的实验室任职期间，卡帕西曾将两个神经网络合二为一：一个以 AlexNet 的方式识别图像，另一个则负责生成流畅的自然语言描述。在这个融合网络的助力下，一张鸟儿的图片不再仅仅是“鸟”，而是变成了“栖息在树枝上的鸟儿”。一张飞机的照片也不再是单调的“飞机”，而是“停靠在跑道上的大型飞机”。而最令人称奇的是一张从后方拍摄的照片，展现了一个人驾驶马车的场景。卡帕西的综合网络将其诠释得淋漓尽致：“一个人驾着马车沿街道行进。”

黄仁勋兴致勃勃地向卡帕西展示了一些错误。其中，一条飞鱼被形容为“在水面上翱翔的小白鸟”，而两个坐在雪橇上的人则被说成是“一个男人和一个孩子坐在长椅上”，更有一个拿着牙刷的婴儿被描述成了“一个手持棒球棒的小男孩”。（显然，神经网络在区分人类工具方面仍存在不足。）卡帕西坦承他的网络有其局限性：它只是在模仿语言，而并非真正理解。每当遇到不理解的概念，它就会毫不犹豫地生成一些毫无意义的胡言乱语。卡帕西把这些错误称作“幻觉”。

随后，马斯克登台亮相。观众们纷纷举起智能手机开始录像。黄仁勋是特斯拉的忠实粉丝，他拥有该公司推出的全部三款车型，并且每次特斯拉软件更新都让他兴奋不已。自 2011 年起，马斯克就一直在使用英伟达的芯片来支持特斯拉的抬头显示功能。两人落座后，黄仁勋直截了当地进入正题。“有人引述你说过，人工智能比核武器更危险。”黄仁勋说道。

马斯克在椅子上稍微动了动。“我的原话是‘可能’。”他澄清道。

“你还说过，它就像是在召唤恶魔。”黄仁勋继续说道。马斯克狠狠地瞪了他一眼。黄仁勋并未深究，而是将话题转向了自动驾驶汽车。（马斯克表示：“我几乎认为这是一个已解决的问题，”“几年内我们就能实现。”）两人聊了一会儿汽车话题，但马斯克最终又回到了黄仁勋提出的生存风险问题上。“令人诧异的是，我们离人工智能的出现竟如此之近，”马斯克说道，“能在这个时代活着，似乎很不可思议。”

随着两人的交流结束，这场平静而寻常的人工智能峰会也告一段落。真正的探讨却是在幕后展开，远离了摄像机和投资者的注视。在霍斯特曼和马拉科夫斯基的陪同下，马斯克和黄仁勋交流了他们对人工智能的真实看法，这些观点并不适合公开探讨。两人开始互相抛出各种概念和策略，情绪愈发激昂。很快，他们之间的快速交流更像是高速数据传输，而非人类间的对话。“他们在碰撞思维火花，我们却根本听不懂他们在说什么，”霍斯特曼坦言，“连克里斯都感到一头雾水。”

马斯克往往从幻想出发，黄仁勋则立足于现实

马斯克与黄仁勋之间的共同点显而易见：同为移民，都是工作狂，

且都拥有远见卓识。他们是锐意进取之人，他们是敢于冒险的赌徒，他们是世界顶尖的工程师。**他们信心满满地踏入那些商业上的废弃之地，这些场所遍布着失败企业家的残迹，他们却有能力让这些地方重获新生。**

要察觉两者间的不同，须具备更为犀利的洞察力。

- 马斯克往往从幻想起步，而黄仁勋则立足于现实。
- 忠诚度方面也存在显著差异。马斯克对忠诚度并不看重；他常毫无预兆地随意解雇员工，甚至曾在一个周日下午近乎随机地解散了整个星链（Starlink）工程团队。黄仁勋则极少解雇员工，即便真的解雇，也是在多次警告并提供改进绩效的机会之后才做出决定。在英伟达，唯有行为极其恶劣者才会被解雇，许多员工已在那里工作了几十年，包括像卡坦扎罗和阿尔斯这样重返公司的老员工。即便在经营环境迫使黄仁勋不得不关闭某个部门时，他也会尽力将员工调配到其他有需要的岗位上。2019 年，普里姆在离开 16 年后首次重返英伟达办公室，与黄仁勋和马拉科夫斯基一同参加了公司创始人的聚会。“我惊讶于还有那么多老同事依然在这里，”他说道，“杰夫·费舍尔的孩子们也都在为英伟达效力。”
- 黄仁勋维持着稳定的婚姻关系，并时常深情地谈及妻子洛丽。而马斯克则至少与 3 位不同的女性育有 11 名子女。
- 黄仁勋拥有吸引人的魅力，他能展现出幽默的一面，在保持冷静的同时，也能流露出温暖与深切的同理心。马斯克不擅长社交暗示，言谈中显得笨拙生硬，还自称有孤独症谱系障碍。

- 黄仁勋爱喝威士忌，但从不发 Twitter，据我所知，40 年来也从未发表过任何政治观点。（我查过联邦记录，没找到他或洛丽名义下的捐赠记录。）马斯克经常发布令人不适的内容。2024 年美国大选，马斯克公开支持特朗普。

不过，两人间最大的分歧或许在于对人工智能风险的看法。**马斯克认为，先进的人工智能可能带来灭绝级威胁。**这一观点得到了包括辛顿和苏茨克弗在内的大批技术专家的认同，他们还是最初那篇关于 AlexNet 的论文的合著者。**然而黄仁勋完全不这么认为。他认为人工智能毫无风险。**

马斯克：防止人工智能威胁人类的最佳方式，就是亲自去开发它

到 2015 年底，马斯克一如既往地自信，认定防止人工智能威胁人类的最佳方式，就是亲自去开发它。于是，他采取了一种非比寻常的组织架构，牵头创立了 OpenAI，汇聚了一群捐赠者和技术专家。“OpenAI 是一家非营利性质的人工智能研究公司，”该组织在首篇博客文章中写道，“我们的目标是以最可能造福全人类的方式来推进数字智能的发展，

不受财务回报需求的限制。”这家非营利组织最终募集到了1.35亿美元的捐款。马斯克捐赠了约4 500万美元，成了最大的单一捐赠者；而其他早期捐赠者中，包括领英的联合创始人里德·霍夫曼[①]，以及当时Y Combinator的总裁山姆·奥尔特曼（Sam Altman）[②]，Y Combinator是一家专注于投资早期初创公司的风险投资公司。（不过，OpenAI的结构和资金承诺后来可能会给所有参与者带来麻烦。）

在筹集资金的同时，OpenAI也成功组建了一支杰出的AI人才团队。其中，安德烈·卡帕西是创始人之一，他曾在GTC 2015大会上展示过自己的幻觉字幕引擎。波兰程序员沃伊切赫·扎伦巴也位列创始人之中，他之前在谷歌成功复制了AlexNet。还有来自北达科他州的开发者格雷格·布罗克曼（Greg Brockman），他作为Stripe的早期员工，后来加入OpenAI担任CTO。而最为重要的聘用当属伊利亚·苏茨克弗，他与亚历克斯·克里泽夫斯基是长期的研究伙伴，曾共同参与AlexNet的创建，并在此后一直指导AI的发展。

克里泽夫斯基本人躲过了这拨人才网罗。他性格内向，不善言谈，并非人们理想中的合作伙伴，也因此在2017年离开了谷歌。他在谷歌

① 里德·霍夫曼的著作《GPT时代人类在腾飞》讲述了在人工智能时代，谁能率先接入机器能力，谁就将赢得未来。该书中文简体字版已由湛庐策划、浙江科学技术出版社出版。——编者注

② 山姆·奥尔特曼全球首部独家采访传记《奥尔特曼传》详细讲述了OpenAI建立及发展史上的关键事件与人物，带领读者亲历AI发展前沿跌宕起伏的发展大事。该书已由湛庐策划、浙江科学技术出版社出版。——编者注

工作期间所获得的股份，拍卖后所得略低于 1 500 万美元，这笔钱足以让他无须再工作，特别是考虑到他俭朴的生活方式。2019 年，他允许一个日本媒体参观他在湾区的家。克里泽夫斯基的生活就像本笃会（Benedictine）的修士一样，他住在一家越南餐馆楼上的简朴公寓里。公寓的墙壁一片空白，家中仅有一张桌子、一张沙发、一架电子钢琴和一台电视机，唯一的生命迹象就是他家的猫。被誉为神经网络领域的奥维尔·莱特的克里泽夫斯基告诉媒体，他已经远离了这项技术。“也许这只是我的个性，”他说，“但当我长时间专注于某件事情时，大约 10 年后，我就会开始对它失去兴趣。”

为 OpenAI 量身打造一台 AI 加速计算机

在 OpenAI 组建团队之际，黄仁勋开始为他们量身打造一台计算机。当时，英伟达最昂贵的产品线是一款专为科学研究和数据可视化设计的桌面计算机。但黄仁勋觉得，他们需要一台性能强大 10 倍的设备。他指示团队设计一款名为 DGX-1 的 AI 加速计算机。这款设备的核心在于矩阵乘法运算，而矩阵乘法运算对于人工智能领域的重要性，就如同《雷神之锤》这款游戏对于图形处理领域的重要性一样。

研发过程是从最基础的原子层面开始的。台积电当时提供了一种名为鳍式场效应晶体管（FinFET）的制造技术，其中的晶体管就像鲨鱼鳍一样从硅基底上凸起。如果你能缩小到站在微芯片的光滑表面上，那些鳍状的晶体管会看起来像板式公寓楼一样，在每个方向上高耸 200 个原子。**这些晶体结构与其说是“印刷”出来的，不如说是用紫外线光以极高的精度雕刻而成，这种精度足以让文艺复兴时期的大师们叹为观止。工程师们形容这一制造过程，就好比从月球表面发射激光，要精确击中阿肯色州人行道上的一枚硬币一样。**

新型的鳍式场效应晶体管显著提升了设计师对电流的控制能力。过去，晶体管总是像老旧的花园水管一样容易漏水，只能对输出的微弱电流进行粗略控制。而新型的晶体管则能有效阻止泄漏，就好比给水管装上了高科技喷嘴，可以实现不同的喷洒模式。对于芯片设计师而言，FinFET 技术为他们提供了梦寐以求的精度、效率和控制力的完美结合。

然而，如此重大的技术革新却鲜为人知。晶体管乃至整个计算机行业正在经历自 20 世纪 70 年代以来最重要的物理升级，但在普通大众中，几乎无人知晓或关心这一变革。就像某些领先的体育劲旅，半导体业长期的卓越表现被大家视为理所当然，软件工程师们也不例外。计算机始终在进步，这已司空见惯。难道还会有别的可能吗？

然而，在英伟达公司内部，鳍式晶体管却激起了巨大反响。芯片架构师们的设计规模几乎令人难以想象：那如发丝般细密的“迷宫”，不仅能填满整个网球场，甚至能遍布罗得岛州。当这些“迷宫”开始“纵向拓展”时，更展露了惊人的潜能。在古老传说中，代达罗斯曾建造迷宫来囚禁可怕的弥诺陶洛斯，倘若他能目睹英伟达的杰作，想必会嫉妒得泪流满面。

英伟达的首款 FinFET 芯片架构被命名为帕斯卡，以致敬 17 世纪的哲学家兼数学家布莱兹·帕斯卡，他发明了首台机械计算器，这是他众多成就之一。这一命名蕴含着对计算领域主要瓶颈的隐喻，长久以来，计算速度都是难以突破的桎梏。从帕斯卡的齿轮驱动加法机，到 ENIAC[①] 的真空管，再到英特尔和 IBM 的微型芯片，计算机在执行算术运算时始终未能达到理想速度。然而，英伟达于 2016 年 4 月发布的 P100，其计算速度竟超越了数据向机器的传输速度。**凭借这些芯片，计算速度不再是核心难题。“计算机”已超越了单纯的“计算”行为。**

黄仁勋对此早有预见。自 2014 年起，英伟达便着手研发名为 NVLink 的数据超级高速通道，旨在提升数学问题向机器的呈现速度。NVLink 是每秒能向处理器发送无数矩阵乘法任务的强大工具。通过 NVLink 的连接，8 个 P100 芯片被整合在一起，英伟达将原本分散的硅芯片组合成了一个统一的超级计算核心。

这个由 8 块芯片组成的壮观阵列，构成了 DGX-1 的核心架构，它被装入一个设计优雅、外壳带有鹅卵石纹理的金属箱体中。整台计算机重达 60 公斤，标价 129 000 美元，其耗电量与一台烘干机相当。DGX-1 是英伟达迄今为止制造的最强大的计算机，被其创始人黄仁勋

① 全称为 Electronic Numerical Integrator and Computer，即电子数字积分计算机。它于 1946 年 2 月 14 日在美国宣告诞生，是全世界第一台通用计算机。——编者注

称为“便携式数据中心”。这台机器并非为日常用途设计，事实上，它的唯一使命就是训练日益强大的人工智能。但如今，DGX-1 可以与 ENIAC 和 Apple II 相提并论，被视为有史以来最重要的计算机之一。

马斯克成了首位接收该设备的用户。2016 年 8 月，黄仁勋亲自将这台计算机送至位于旧金山的 OpenAI 总部。当时他身穿标志性的皮衣，由于计算机过重，他不得不使用小推车将其运进办公室，并在他人的帮助下将其抬放到桌子上。马斯克用美工刀拆开了包装，而黄仁勋则用记号笔在计算机上留下了签名。“致埃隆和 OpenAI 团队！”他以优雅的大写字体写道，“献给计算与人类的未来，为你们呈上全球首台 DGX-1！”

在紧接着的一周里，黄仁勋将另一台带有他签名的 DGX-1 送到了斯坦福大学李飞飞的实验室。几天之后，2016 年 ImageNet 竞赛拉开了帷幕。在这场竞赛中，表现最佳的参赛模型拥有多层认知结构，能以 98% 的准确率对图像进行标注，这一成绩已经超越了人类平均 95% 的水平。**历经 60 余年的深入研究和数百亿美元的资金投入，计算机现在已经能够准确区分刮刀和小斧。这标志着，一个由机器引领的新时代已经到来。**

第 14 章

AI 行业的佼佼者：

不管看到什么，我总能发现其中的不足之处

打压 AMD，2017 年黄仁勋的首要目标

2016 年，英伟达的股价飙升了 224%，这让黄仁勋重获荣光，再度跻身亿万富翁行列。不过，在当年的标准普尔 500 指数中，表现最抢眼的股票并非英伟达，而是其长期竞争对手 AMD，其股价涨幅高达 309%。黄仁勋并不甘心位居次席。他重燃斗志，终于在次年迎来了辉煌胜利。公司收入翻番，利润增至 3 倍，新产品推出速度之快，令人目不暇接。可以说，很少有公司能像英伟达在 2017 年那样取得巨大的成功。

到了 2017 年，黄仁勋的首要目标就是打压 AMD。自 2006 年收购显卡制造商 ATI 以来，AMD 便一直是英伟达唯一的真正劲敌，GeForce 和 Radeon 两大品牌在 GPU 领域就如同可口可乐与百事可乐一样势均力敌。然而，自 2014 年起，这场旷日持久、偶尔火花四溅的较量逐渐演变成了

个人之间的对决——AMD 新任 CEO 苏姿丰（Lisa Su），竟是黄仁勋的亲戚。

苏姿丰比黄仁勋年轻 7 岁，她的父母分别从事统计和会计工作。在她 3 岁那年，全家人从台湾搬到了纽约。与黄仁勋的成长经历不同，苏姿丰是在“虎爸虎妈”式的严格教育下长大的。小时候，父母为她规划了 3 条职业道路：工程师、医生或音乐会钢琴家。她最终选择成为工程师，因为“这看起来最具挑战性”。“苏姿丰说话时带着些许纽约口音，身着西装裤套装，留着一头短发。她勇于冒险，”AMD 的一位高级执行官福雷斯特·诺罗德（Forrest Norrod）对我说，“她与黄仁勋有着某些相同的品质，就是那种坚定的信念。她有勇气在艰难时期坚持下去。”

说到他们两人的血缘关系，其实相当微弱。黄仁勋的母亲出身于一个大家庭，兄弟姐妹至少 11 人。其中，苏姿丰的祖父就是黄仁勋母亲的兄弟姐妹之一。从辈分上讲，这两位高管算是隔了一代的表亲。在成长过程中，黄仁勋并不知道苏姿丰的存在，直到苏姿丰被任命为 AMD 的 CEO 之后，他才发现两人是亲戚。

而实际上，他们之间的关系可能比血缘还要疏远。黄仁勋的母亲与她的原生家庭并不十分亲近——作为家中较小的孩子，她是在另一个家庭中长大的。黄仁勋解释道：“过去，有时人们不得不把孩子托付给朋友抚养。我母亲就被送给了她父亲的朋友，于是她就这样在不同的环境中长大。”而苏姿丰的祖辈则一直留在父母身边。

当我向黄仁勋询问对苏姿丰的看法时，他给出的评价非常积极。“她非常优秀，”他这样说道，“我们之间不存在激烈的竞争。”这显然与众人所见不符。多年来，在 GPU 领域，AMD 一直是英伟达唯一的真正竞争对手，英伟达的员工甚至能凭记忆说出两家公司的相对市场份额。我不禁怀疑，黄仁勋是否对我有所隐瞒。早些时候，我注意到他经常在媒体上贬低像 3dfx 这样的竞争对手。而现在，他从不公开发表对竞争对手的负面言论——至少在那些挑事的记者在场时。

有几位知情人士告诉我，尽管黄仁勋在公开场合变得更为谨慎，不再轻易贬低竞争对手，但他在私下里仍然会这样做。柯克认为，黄仁勋之所以有所改变，是因为在 3dfx 的破产案中，他被迫在录像证词中朗读自己的贬损言论，从而吸取了教训。但柯克也暗示，当录音机关闭、会议室的门紧闭之后，那个口无遮拦、桀骜不驯的黄仁勋又会现身。行业分析师汉斯·莫斯曼也表示，英伟达与 AMD 之间表面上的和睦只是一种假象。“没错，黄仁勋绝不想输，”他说，“但他尤其不想输给苏姿丰。”

在黄仁勋的表外甥女被任命为 AMD 负责人之前，他与这家公司之间的关系已经相当复杂了。他的第一份正式工作就是在 AMD，而且至今仍持有 1984 年通过员工购股计划购买的少量 AMD 股票。2006 年，AMD 曾有收购英伟达的意向，对此黄仁勋原本持开放态度，但当他得知自己将不会负责合并后的新公司时，便立即终止了合并谈判。这笔交易原本能让他赚得盆满钵满，但黄仁勋从未有过离开 CEO 职位的打算，一丝一毫都没有。

然而，AMD 收购了位于多伦多的英伟达竞争对手 ATI。之后，AMD 做出了一连串不明智的管理决策，短短 6 年内就更换了 3 位 CEO。2008 年，AMD 在得克萨斯州奥斯汀的山顶建成了一座新园区，并自大地将其命名为“蓝塔纳峰”（尽管这座山不过上百米高）。但 5 年后，为了应对债权人，AMD 不得不卖掉蓝塔纳峰，并像佃农一样把它租了回去。这场交易令人难堪，到 2014 年，AMD 的股价已跌至每股 2 美元。

为了找到能引领公司走出“临终关怀”阶段的人选，董事会提拔了 45 岁的内部副总裁苏姿丰，让她出任 CEO。华尔街几乎无人看好她，认为她除了能将破产申请拖延几个月外，别无他法。但他们小看了她，最终，她将成为那个时代最受赞誉的半导体领域 CEO 之一，仅次于黄仁勋。

- 两人性格迥异。黄仁勋的性格多变且富有表现力，苏姿丰则内敛而坚韧。“她总是一脸严肃，”莫斯曼说道，“黄仁勋则不然，尽管他还是会想办法击败你。”
- 苏姿丰的战略方式与黄仁勋截然不同。她并不直接冲击市场前沿，而更倾向于在领域内寻找机会，静待那些在任领导者犯错。正因如此，苏姿丰的勇气或许更胜黄仁勋一筹，毕竟她并未选择避开英特尔这一强敌。事实上，AMD 之所以能

> 够重整旗鼓，正是得益于从英特尔手中夺取了 CPU 业务的市场份额，这一成就曾被分析人士视为不可能做到的天方夜谭。

如今，随着人工智能的崛起，苏姿丰正密切关注着黄仁勋的动向，并伺机采取行动。2016 年，AMD 推出了 Radeon 显卡的开源 CUDA 复制产品。尽管多数开发者对其评价不高，且 AMD 的云 GPU 也未能像英伟达那样获得市场的高额溢价，但苏姿丰仍保持着与黄仁勋一样的耐心，愿意长时间等待并寻觅出击的良机。“黄仁勋是个不甘示弱的人，他充满了动力，”诺罗德评价道，“但我们有信心与英伟达一较高下。”

黄仁勋则通过挖走苏姿丰的一位长期客户，来迎接这位新晋竞争对手的挑战。任天堂与 AMD 之间的关系源远流长：ATI 曾为数代任天堂游戏机提供图形硬件支持，包括 GameCube 和 Wii。然而，这一领域却是黄仁勋在 Xbox 交易失败后多次声明不愿涉足的。毕竟，视频游戏机每 5 年才更新一次，这对于习惯了 6 个月更新周期的黄仁勋而言，显然太过缓慢了。

因此，当任天堂宣布将选用英伟达作为新 Switch 游戏机的合作伙伴时，包括苏姿丰在内的众人都感到意外。对于外界而言，任天堂就如同一个难以解开的谜团。即便在日本本土，这家公司也显得相当封闭。其总部位于传统保守的京都，而大部分决策权掌握在知名游戏设计师宫本茂及其周围少数高管手中。宫本茂在打造《超级马里奥兄弟》和《塞尔达传说》时方三十出头，如今虽已年过六旬，却仍保持着游戏界沃尔特·迪士尼的热情。

在京都，硬件与软件团队并肩作战，共同打造完整的游戏作品，确保游戏体验与控制器完美融合。宫本茂对整个流程把控得近乎苛刻，他曾因美国印刷广告中马里奥裤子的缝线问题提出异议，足见其对细节的执着。然而，宫本茂也鼓励团队在创意和技术层面勇于尝试，即将面世的Switch有望成为有史以来功能最全面、体验最愉悦的游戏机之一。

内部人士原本认为Switch的芯片组选择已成定局。“ATI与任天堂关系匪浅，”乔恩·佩迪表示，“他们一直是忠诚稳定的供应商，我们没理由认为这种关系会发生变化。”然而，英伟达的销售代表却成功打入内部，推销起了Tegra——一款被工程师们戏称为“边角废料”的再利用手机产品。黄仁勋究竟是如何赢得与Switch合作的机会的？这至今仍是个谜——虽然日本高管可能会邀请外国顾问参与会议讨论，但真正的决策往往是在京都小酒馆里几杯啤酒下肚后敲定的。

Tegra是一款“系统级芯片”，它将CPU、GPU及其他功能集成于单一的硅片之上。Tegra的计算性能虽不出众，却以低功耗为卖点，让玩家能取下Switch底座，避开父母在被窝里畅玩数小时《动物之森》。佩迪回忆起，在这次令人意外的决定后不久，他就与任天堂的高管会面了，佩迪说：“会面虽友好，却也冷淡。对方的态度就是‘事情已成定局，见面问候后便请离开’。”

2017 年面市后，任天堂售出 1.4 亿台 Switch，使其成为公司最赚钱的产品。这也折射出英伟达的飞速发展，当时黄仁勋在采访中几乎未提及构建 Switch 的核心。与苏姿丰的竞争仅是次要项目，他庞大的公司已涉足多个领域。

揭秘黑洞与自然，英伟达在科学突破中扮演了重要角色

2017 年诺贝尔物理学奖颁给了激光干涉引力波天文台的研究者，该设施利用相距接近 3 000 公里的交叉激光束捕捉空间时间纹理的微妙扰动，探测遥远至数百万光年的恒星碰撞。[①] 同年，诺贝尔化学奖则表彰冷冻电子显微镜技术，该技术将生物样本悬浮于透明“非晶态冰”中，用电子束轰击以展现其三维结构。两奖项均非针对新科学发现，而是表彰新科学工具，且均与英伟达 GPU 的并行计算技术密切相关。

激光束与冷冻变形虫均产生巨量原始数据，这些数据本质上是空间聚集的大量的点，如同待组装的数十亿块乐高积木。GPU 使科学家能

① 2017 年诺贝尔物理学奖得主基普·索恩在著作《星际穿越》中，详细介绍了激光干涉仪引力波观测项目（LIGO）。该书的中文简体字版已由湛庐策划、浙江科学技术出版社出版。他的新作《我们宇宙卷曲的一侧》的中文简体字版也即将由湛庐策划出版。——编者注

在宏观或微观之下，并行堆叠这些数据“积木”，构建出宇宙奇观的精确三维模型。激光束数据被用于绘制两个黑洞的动画，这两个黑洞在致命引力作用下缠绕数百万年，越来越近，最终相撞，引发剧烈爆炸，扭曲现实结构，冲击波回荡整个宇宙。《科学》杂志赞誉其为年度重大突破。

在另一个极端，一个悬浮于冰层之中的微型单细胞生物，展现出了生物机械超乎现实的复杂构造。以往，这类复杂结构在显微镜的载玻片间会遭受无法挽回的压碎，然而，全新的冰冻三维成像技术却揭示出进化的“盲眼钟表匠”所打造的真正生物钟装置。你瞧，那里面竟有“齿轮”！细胞内部存在着微小的“齿轮”，当它们转动起来，便犹如一艘快艇般推动着这个微小的生物前行。

请注意，这里的三维图像是由 CGI 构建而成，并非实际拍摄所得，有时或许需要你稍微眯起眼睛，才能领略到其中的奥妙。但这绝非虚构，它是真实存在的。它一直就在那里，静静地等待着科学的探索与发现，而非理论或实验的验证。**黑洞与自然的齿轮，它们已经存在了漫长的数百万年，只是从未被人类所察觉。而并行计算的崛起，终于使这一切成为可能。**

当下，人们对人工智能的狂热追捧，或许掩盖了英伟达在这些科学突破中所扮演的重要角色，而这些突破，无疑为它们的发现者赢得了诺贝尔奖的殊荣。在同一年度内，CUDA 为物理学和化学领域的获奖团队提供了强有力的支持，这一事实无疑证明了 CUDA 对于人类社会的巨大价值，尽管它并未直接带来经济收益。这些图像不仅令人叹为观止，更承载着重要的科学意义，然而，比尔·戴利并不确定如果没有神经网络，科学计算是否会带来利润，他坦言：

> 为全球各地的实验室建造这些巨型超级计算机的市场规模，可能仅仅相当于开发每一代 GPU 的研发成本……或许我们的情况已经出现好转，但人工智能的兴起，无疑为我们带来了更多的可能性。

加密货币“挖矿”，CUDA 技术的潜力终被认可

同样是在 2017 年，另一类饱受争议的客户也发现了 CUDA 的潜力。加密货币矿工借助暴力算法来破解数学密码，以此创造新的加密货币。CUDA 技术在这方面表现出色，因其能以数百万次的并行计算同时处理多个相似数据块。有远见的矿工很快发现，配置优良的 GPU 设备仅需 4 小时就能产出一枚比特币。2017 年 1 月比特币价格首破 1 000 美元时，早期使用了这种技术的矿工迅速实现了暴富。

至 2017 年中，加密货币挖矿已演变为一波典型的投机热潮。比特币价格连翻数倍，年底时甚至突破了 16 000 美元。市面上的 GeForce 游戏显卡供不应求，而在易贝等平台上，这些显卡的价格甚至能涨到建

议零售价的两倍。一些超级矿工开始在卧室和车库内搭建金属架，密集排列 GeForce 设备，其产生的热量足以融化屋顶积雪。矿工们还发现了加密货币的宝地华盛顿州东韦纳奇，这个位于“水电走廊”的河边小镇，据传拥有全美最便宜的电力。

曾有一段时间，英伟达的股价与比特币价格同步波动。英伟达内部员工对此感到震惊—— 一部分人担忧大势变化，认为这并不是显卡的正确使用方式。而黄仁勋则从第一性原理出发，预见了一个由人工智能主导计算的世界。同样地，当他从第一性原理出发审视区块链的潜力时，并未预见到加密货币取代法定货币的未来。

作为一位精明的商人，黄仁勋并未明确反对矿工购买其 GPU 产品，尽管他也从未真正支持过比特币挖矿。英伟达官方对加密货币始终保持沉默。在 2017 年全年的电话会议中，英伟达一直集中讨论自动驾驶汽车和人工智能，而对加密货币的影响轻描淡写，并且拒绝猜测其零售收入中来自矿工的比例。该时期的财务报告仅显示出“游戏”这一笼统分类的异常增长。但保持沉默也带来了负面后果，美国证券交易委员会（SEC）随后对英伟达提起诉讼，指控其未向投资者披露加密货币在 GPU 销售中所占的比例。在不承认也不否认 SEC 调查结果的情况下，英伟达向监管机构支付了 550 万美元的罚款。

对于正在崛起的英伟达而言，这只是小数目，但这段经历依然令人不舒服。与我交谈的大多数英伟达工程师都认为，加密货币是对公司更重要的科学工作的一种愚蠢干扰。最终，英伟达推出了 CMP，这是一款专为矿工设计的显卡，基本上就是移除了视频端口的 GeForce。同时，英伟达故意削弱了其标准显卡的挖矿性能，以确保游戏玩家和科学家能优先使用。2018 年比特币崩盘，需求瞬间消失。当比特币复苏时，GPU 已被专为挖矿设计的特定应用设备所取代，其他领先的加密货币也放弃了这种昂贵且环境不友好的粗暴方式。英伟达很乐意放弃这项业务。

“奋进号”与“旅行者号”

2017 年 1 月，英伟达宣布首次实现年利润 10 亿美元。不久后，公司雇用了第 10 000 名员工。公司自 2001 年一直盘踞的那片沉闷的现代主义建筑群，早已无法满足其雄心壮志，是时候进行扩张了。几年前，英伟达购买了其租赁园区旁边的地块，计划打造一个符合黄仁勋愿景的指挥中心。该项目在“凸点门”事件后一度停滞，但在 2017 年，经过数年的建设，新的总部大楼“奋进号”（Endeavor）终于落成。

“奋进号”大楼是一宏伟的建筑，其外观呈现为经过精心修剪的三角形。这种独特的形状在建筑内部得到了微缩再现，无论是沙发、地毯，还是小便池的挡板，都融入了这一设计元素。这座建筑被英伟达的员工们亲切地称为“飞船”，它空间宽敞，光线明亮，整洁无瑕。其内部设计线条锐利，棱角分明，主要采用了医院白与哑光黑的色彩搭配，并被多层植被茂密的绿植墙间隔。

负责“奋进号”大楼设计的首席建筑师是柯浩（Hao Ko），他身材高大，言辞温和。柯浩就职于顶尖的企业设计公司甘斯勒（Gensler），他穿着时尚，留着精致的小胡子，佩戴着黑色设计师款眼镜。黄仁勋绕过了柯浩的上司，指定当时在甘斯勒公司担任初级建筑师的他为“奋进号”的首席设计师。当我询问柯浩为何黄仁勋会做出这样的选择时，他回答道：“你可能已经听说过一些相关的故事。黄仁勋可能是一个非常强硬的人，他有时会让你感到无地自容。”尽管黄仁勋没有建筑方面的经验，但他希望找到一个能够听他发号施令的人。“我想说，大概有 90% 的建筑师会选择反抗，”柯浩继续说道，“而我更倾向于倾听。”

为了实现自己对“奋进号”大楼的构想，黄仁勋让柯浩戴上了 VR 头盔，并将这个头盔与一排英伟达的 GPU 相连接。这样一来，柯浩就能够在虚拟环境中模拟光线在建筑中的流动情况。“这是首个需要借助超级计算机进行设计的建筑。”黄仁勋表示。柯浩利用头戴式显示器，为“奋进号”大楼设计出别具一格的锯齿状屋顶，令人联想到分形图案。起初，柯浩将屋顶延伸至“奋进号”外部玻璃幕墙的边缘，使其如帽檐般投下阴影。随后，借助计算机辅助设计软件，他在屋顶的褶皱处以数学优化的方式布置了数百个小型三角形天窗。如此设计的综合效果是，确保建筑内部始终充满自然光线，同时避免员工直接暴露于阳光直射之下。

“奋进号”大楼内部视野开阔，从建筑一端至另一端的距离可达数百码，视线无遮挡。这正是黄仁勋所期望的效果，因为这样他就能 360 度全方位地观察他的员工了。柯浩在三层为黄仁勋打造了一处精美的行政办公室综合体；然而他将其用作藏书之所。相反，黄仁勋选择了总部中央一间看似不起眼的会议室，并将其改造成他的“作战室”。黄仁勋仍然需要全面掌控局势，就像多年前他需要坐在普里姆家的冰箱旁那张桌子上一样。

与黄仁勋共事颇具挑战性，柯浩回忆起黄仁勋曾对他的工程团队大发雷霆，抱怨 VR 头戴式显示器的渲染速度过慢。“他确实狠狠地训斥了他们一顿。”柯浩说道。最初，头戴式显示器需要 5 个小时才能完成设计更改的渲染，而在黄仁勋发火之后，工程师们竟将渲染时间缩短至 10 秒。黄仁勋对他们要求严格，但这也不无道理。“如果头戴显示器需要 5 个小时，我或许会挑个看着还行的绿色，”柯浩说道，“如果只要 10 秒钟，那我就会精挑细选，找出最棒的绿色。”

这座建筑获奖无数，也成就了柯浩的职业生涯。如今，英伟达也拥有了一座足以与谷歌的“超级电脑”大楼（GooglePlex）、苹果的“无限循环”大楼（Infinite Loop）媲美的标志性建筑，员工们对新工作空间的宏伟壮丽感到惊叹不已。**在黄仁勋的坚持下，柯浩甚至在顶层开设了一间香农酒吧（Shannon’s）。**[①] **不过，除了酒吧，这座建筑的设施**

① 英伟达前总法律顾问戴维·香农（David Shannon）曾对这种做法表示质疑，认为将员工与酒精结合并非明智之举，于是黄仁勋便以他的名字命名了这个酒吧。

并不算多。它没有其他硅谷园区那些夸张的福利：没有健身房，没有攀岩墙，没有狗狗公园，没有飞盘高尔夫球场，也没有球池。“大家来这儿是为了工作的。”黄仁勋说道。

柯浩的项目还未全部完成。在建成第一座建筑之后，他又开始着手设计第二座更大的建筑，位置就在北边。那座建筑被命名为“旅行者号”（Voyager），将会是坐落在第一座建筑对面的经过精心修剪的三角形建筑。两座建筑将共同构成一个相互嵌套的多边形结构，既体现了英伟达在3D图形领域的起源，又打造出了从地面和从空中都能欣赏到的壮丽景观。（两座大楼的名字也相互呼应，Endeavor中的“N”与Voyager中的“V”组合在一起就构成了“NV”。）等到柯浩完成第二座建筑之后，按照黄仁勋的总体规划，还将建造第三座建筑用以完善整个建筑群，目前尚未命名。每一栋新建筑都比前一栋更加宏伟，它们如同镶嵌的三角形，逐渐铺满了整个山谷的地面。

当“奋进号”落成之际，柯浩带领黄仁勋和一群公司高管参观大楼。“这里的建设已经完成，看起来非常出色。我们正在参观时，黄仁勋却对我提出了关于饮水机位置的质疑，”柯浩回忆道，“他显得很不满意，因为那些饮水机被放在浴室旁边！我解释说这是法规的要求，而且这可是一栋耗资10亿美元的建筑啊！但他就是对此耿耿于怀。”

黄仁勋坦言：

我总是觉得不够完美，不管看到什么，我总能发现其中的不足之处。

我们得构建一个替代宇宙

2017 年，CUDA 软件包的下载量达到了惊人的 270 万次，这个下载量几乎是前一年下载量的 3 倍，更是 2012 年那微不足道的下载量的 15 倍之多。尽管其中有一部分下载量来自加密货币领域，但绝大多数的 CUDA 下载者都是为了将其用于开发人工智能。值得一提的是，学生们对这方面的兴趣尤为浓厚——到了 2017 年，斯坦福大学最受欢迎的课程已经变成了 CS 229，“深度学习导论”。

与加密货币矿工们不同的是，CUDA 开发者们并不一定要购买自己的英伟达硬件。许多人选择在云端租用的虚拟机上运行他们的程序，甚至有些公司会将整个业务都迁移到云端开展。对于云提供商而言，这无疑是一笔极为赚钱的业务。在这个领域中，亚马逊网络服务公司（AWS）占据了主导地位，它控制着高达 50% 的市场份额，在一些效益好的年份里，其盈利甚至能超过亚马逊庞大的电子商务业务。紧随亚马逊之后的是微软的云服务 Azure，该服务在微软首席执行官萨提亚·纳德拉（Satya Nadella）的引领下重获新生。亚马逊、微软等其他云服务提供商的庞大采购需求，足以让英伟达在这一年内的数据中心芯片销售额翻倍。

黄仁勋敏锐地发现，租赁虚拟计算设备比销售实体硬件更具盈利潜力。于是，在 2017 年，他推出了两个租赁平台。首先是 GeForce Now，这个平台提供虚拟显卡的租赁服务，让那些使用性能不足设备如笔记本电脑和廉价个人电脑的用户也能畅玩高端游戏。尽管 GeForce 游戏卡的实体销售仍为英伟达贡献了大部分收入，且游戏爱好者们仍热衷于展示他们的硬件设备，但云计算的趋势表明，现代游戏玩家真正需要的，其实仅是一个显示屏和稳定的宽带连接。借助 GeForce Now，黄仁勋已为未来某一天可能终结其长达 25 年的核心业务做好了准备，因为他深知，**如果自己不主动变革，就会有别人来取代他。**

黄仁勋推出的第二个平台则更为独特。其灵感来源于他观看南加州大学研究员叶夫根·切博塔尔（Yevgen Chebotar）训练机器人手臂用棍球杆击球的过程。这只手臂采用强化学习技术来练习击球。理论上，只要有足够的时间，它的技艺甚至能与职业运动员格雷茨基韦恩·格雷茨基（Wayne Gretzky）相提并论。然而，为了实现这一目标，切博塔尔和他的团队需要反复将球放置在球杆前，进行成千上万次的练习。

在黄仁勋眼中，这样的做法对切博塔尔的时间利用并不高效。他认为，曲棍球的物理参数完全可以在计算机上进行模拟。事实上，“模拟”这一理念在黄仁勋的职业生涯中一直占据重要地位。凡是能模拟的事物，他都会尝试去模拟，而这通常也为他带来了丰厚的利润和创新的产品。现在他明白了，**仅仅模拟一件事是远远不够的；他得模拟所有事物。“我们得构建一个替代宇宙。”黄仁勋表示。**

在这个专为机器人训练打造的替代宇宙中，切博塔尔无须重置球。相反，强化能即刻实现；机器人手臂将能在同一时段内击打数十亿个球。杰拉尔德·特索罗通过生成数百万次骰子掷点来模拟西洋双陆棋游戏。而黄仁勋则打算通过编程来创造一个新的现实，以此模拟曲棍球赛事。

要打造一个能真实反映现实世界物理规律的平台，难度极大。游戏引擎远远无法满足需求——正如佩迪所言，一旦移除了纹理，就只剩下方块在相互碰撞。一个真正的现实模拟器，不仅需要拥有完美的物理引擎，还必须能精确呈现碰撞弹性和物体密度。例如，击打网球和击打台球会产生不同的效果，像布料这样的柔软材质须具备弹性，而像金属这样的坚硬材质则须保持其刚性。湿滑的盘子会掉落，而皮薄的水果则会破裂。由于涉及的变量极多，现实模拟器的造价将十分高昂，构建过程也将耗时良久，且最初可能仅吸引五六位客户。当然，黄仁勋对这个想法情有独钟。

黄仁勋将自己的首个模拟器命名为艾萨克（Isaac）的机器人训练平台。随着时间的推移，在艾萨克的引领下，他们开发出了一个更为复杂的产品，名为 Omniverse。黄仁勋时而将其描述为“工业元宇宙”，时而又称之为地球的“数字孪生”。需要注意的是，Omniverse 并非黄仁勋打算出售的实体产品，而是一个高精度数字游乐场，他将此出租。其租户不仅包括机器人设计者，还涵盖了汽车设计者、工业设计师、仓库建设者，以及任何期望让复杂物理产品在现实世界中顺畅运作，同时避免造成破坏的人士。柯浩借助 VR 技术为黄仁勋打造了一艘宇宙飞船，而有了 Omniverse，柯浩便有能力构建出任何事物。

悄然转型，成为 AI 行业佼佼者

2017 年底，英伟达的利润已增长至年初的 3 倍，高达 30 亿美元，其各条产品线的增长均呈现迅猛态势。这家曾被人忽视的显卡公司，如今已成为华尔街的重要角色，市值更是达到了惊人的 1 000 亿美元。然而，若你在 2017 年向街头的普通人询问英伟达主要生产何种产品，他们可能会回答是图形处理或加密货币挖矿硬件。但事实上，这样的回答并不完全准确——倘若你在那时向普通人提及英伟达，他们很可能对此一无所知。对于少数了解英伟达的人来说，他们或许仍将其与视频游戏紧密联系在一起。

只有最为敏锐的投资者才察觉到，英伟达已不再专注于消费级图形处理领域。它已然转型为一家 AI 公司，更是 AI 行业中的佼佼者。 AI 技术已悄然渗透至我们生活的方方面面，无论是人脸识别、产品推荐、社交媒体信息流的组织，还是手机语音质量的提升。正如马克·安德森所言，这些几乎全都依赖于英伟达的计算堆栈。

那些有胆量与黄仁勋一起穿过黑暗时期的投资者们，如今已获得了应有的回报。2013 年在波士顿对黄仁勋进行交叉质询的富达基金经理，如今也感到欢欣鼓舞，他们重仓的英伟达股票持续增长，迅速成为无可争议的最佳投资选择。英伟达凭借 CUDA、Switch、诺贝尔奖、加密货币以及云计算等一系列成就，彻底摆脱了企业发展的停滞阶段。但所有这些产品，甚至黄仁勋克隆现实预见未来的努力，都无法让他本人、他的客户，以及他的投资者们，为即将来临的重大变革做好充分准备。

第 15 章

AI 工厂：

造芯片原本是为了打怪兽，我们却用它来造大脑

雅克布·乌斯科雷特，为计算语言而生

正如莫扎特天生为音乐而生，库里为篮球而生，雅各布·乌斯科雷特（Jakob Uszkoreit）仿佛命中注定要涉足计算语言学这一深奥领域。他的父亲汉斯是一位赫赫有名的研究人员，毕生致力于教会计算机处理语言。乌斯科雷特曾有过用计算机探索其他领域的想法，比如生物学，但自从 2008 年加入谷歌后，他很快意识到语言处理才是最具吸引力的问题之一。于是，他顺应命运的安排，踏入了父亲的研究领域。短短几年间，他的成就便超越了父亲，成为该领域的佼佼者。

乌斯科雷特外貌英俊，典型的日耳曼人面孔，深棕色的眼睛。他留着一头长发，常常扎成发髻。虽然出生在美国，但他在德国长大，因此说英语时略带异域口音。在谷歌，乌斯科雷特深入思考语言背后的隐藏语法结构。他猜想，或许可以从神经网络的随机初始权重阵列中，塑造

出这些语法结构的对应模型。

早期利用神经网络进行语言学研究的经历令人沮丧。无论研究人员如何训练，模型总是会犯一些基本的语法错误。他们曾尝试像传统的语言教师那样，明确地教授计算机语法，但这种方法并不具备可扩展性。于是，研究人员转而尝试在循环神经网络中实现长期和短期记忆，然而这种架构既不稳定又难以编程。更糟糕的是，当接触到更多的文本时，循环神经网络有时甚至会丧失已有的训练效果，忘记它们原本已经学会的东西。

乌斯科雷特期望能构建一个神经网络，其智能程度能随阅读量的增长而提升。在 2014 年的某个时刻，他脑海中闪现出一个创新理念：倘若更多的数据能带来更出色的成果，那么处理这些信息的底层架构理应尽可能简洁。他的这一灵感源自生物学——医学扫描显示，在人类大脑中约 1 000 亿个神经元里，仅有不到 1% 的神经元负责语言处理。“语言或许正是为了充分利用我们的认知能力，才以这样的方式进化而来。”他在 2023 年的一次访谈中如此表述。

乌斯科雷特决定仅依靠上下文来构建语言模型。他摒弃了所有的记忆结构，取而代之的是一个简洁的知识图谱。单词本身并不具备意义，孤立来看，它们仅仅是随意的声音组合。想要捕捉其含义，唯一途径就是将它们与文本中的其他词汇相联系。因此，倘若你拥有一个知识图谱，能将“跳跃”“绿色”“舌头”“飞行”“两栖动物”这些词汇相互连接，那么你便能轻易推断出中间的词是“青蛙”。更重要的是，这个图谱无论是在德语、法语、斯瓦希里语还是越南语中，都应呈现出相同的形态。一个词语并非仅仅是字母“f”“r”“o”“g”的组合——这些字母仅仅是占位符而已。从认知的角度来看，一个词语实则是与其余词汇所形成的独特链接图。

为了捕捉这种关系，乌斯科雷特将每个词定义为一个具有统计权重的树状结构。举例来说，当面对句子“橙色的______抓住了棕色的老鼠”时，神经网络便能推测出“猫”极有可能是那个缺失的词，因为在训练语料集中，“猫 / 老鼠”这一组合曾频繁出现。“猫”可能与“抓住”和“吃”这些动作有较为紧密的联系，而与描述颜色的“棕色”关系就不那么明显了，至于和“的”这样的词就几乎没什么关联了。或许，通过大量的训练样本，计算机能够自行理解“橙色”是用来修饰“猫”这个名词的形容词，而无须我们给出明确的语法规则。对于常见的名词，使用这种方法或许能轻松应对，但遇到其他类型的词汇时可能就没那么简单了。比如说，当我们看到“unhappiness”这个词时，以英语为母语的人能够直觉地理解其中包含的否定前缀“un-”、词根“happi-”，以及将形容词转化为名词的后缀“-ness”。为了更好地模拟这些词汇间的关系，乌斯科雷特尝试将词汇拆解成更小的单位，他称之为“词元”（tokens）。这些词元通过带有统计权重的树状结构相互连接。

乌斯科雷特把这套学习机制命名为“自注意力”。然而，谷歌对此并不太感兴趣。他们觉得这个方法似乎过于简单，不太可能有效。“人们之所以感到惊讶，是因为它完全摒弃了现有的神经架构。”乌斯科雷特解释道。甚至他的父亲也对此表示怀疑。但乌斯科雷特是专为 GPU 设计架构的。循环神经网络架构并没能充分利用英伟达的硬件优势。事实上，它与并行架构背道而驰，致力于最小化数据输入并最大化代码的复杂性。而乌斯科雷特则从大脑的运作方式中汲取灵感，想要反其道而行之，通过一个简洁而高效的漏斗模型来传输海量的文本、词汇和算力。在 2023 年的一次演讲中，他这样阐述自己的观点：

> 如果你手头有一块硬件，它的核心优势在于能够并行处理大量简单的计算任务，而不是按顺序执行复杂的结构化运算，那么你就应该充分利用这一统计特性。

如果 AlexNet 是第一架飞机，Transformer 便如同喷气发动机般强大

“自注意力”机制一经推出便大获成功，其部分功能甚至被融入谷歌的搜索和广告产品。乌斯科雷特希望能够继续深化这一机制的研究，于是他成功说服与他一同在 GooglePlex 工作的编程高手伊利亚·波洛舒金（Illia Polosukhin）加入研究团队。波洛舒金对语言的生物学基础同样抱有浓厚的兴趣。“图像确实很有趣，也显然蕴含着大量的世界知识，但能够看见图像的物种成千上万，”他这样告诉我，“然而，真正能够理解语言的物种却只有一个。”

在思考如何落实自注意力机制的过程中，波洛舒金去观看了导演丹尼斯·维伦纽瓦在 2016 年执导的电影《降临》(*Arrival*)。影片中，形似鱿鱼的外星“七足怪”试图通过绘制神秘的圆形墨迹来与人类进行沟通。由艾米·亚当斯饰演的语言学家最终领悟到，每一个墨迹其实都代表着一个完整的文本。(尽管她后来开始预见未来，但我们现在还是把关注点放在墨迹上。)波洛舒金意识到，“自注意力”也可以采用类似的极致方式加以应用，也就是通过概率将树中的每个词不仅与句子中的其他词相联系，还与整个文本中的数千个其他词相联系。哪怕是出现在多个段落之前的词汇，也可能为下一个词的意义提供重要的上下文线索。

波洛舒金、乌斯科雷特与另一位谷歌研究员阿希什·瓦斯瓦尼携手合作，到了 2017 年初，他们便已经基于自注意力机制构建了一个初步的英德翻译器。此前，波洛舒金和乌斯科雷特还曾参与谷歌内部的一个名为“autobot”的项目，该项目力图自动撰写维基百科页面。而这个全新的自注意力机制则被命名为“Transformer”。

在接下来的几个月里，研究团队又陆续增加了 4 名研究人员，到了 2017 年 2 月，他们所开发的德英翻译器已经具备了与最优秀的递归网络相抗衡的实力。此时，诺姆·沙泽尔(Noam Shazeer)加入了团队，成为第八位也是最后一位成员。沙泽尔是一位编码专家，因对循环神经网络感到失望而寻求其他替代方案。他与威尔士程序员利昂·琼斯(Llion Jones)携手，将 Transformer 从单纯的研究项目转变为具备生产质量的软件。随着团队不断向 Transformer 输入更多数据，其表现日益出色，甚至超越了谷歌的公共翻译平台。“我们发现，模型规模越大，智能程度就越高！”沙泽尔兴奋地表示，“这在我们以前的工作中是从未有过的现象。”

以往的神经网络架构总是试图构建完整的句子乃至段落，而 Transformer 则采用基于概率关系的方式，逐个预测词语，每次仅预测一个词，这便是其预测的极限。“通过学习如何按顺序生成词语序列，模型被迫学会了极其复杂的行为模式，”团队成员艾丹·戈麦斯（Aidan Gomez）解释道，“其中涌现出了一些令人惊叹的成果。”很快，Transformer 便展现出它能够“深入理解我们的文化、语言和互动方式”。

琼斯观察到，如果 Transformer 始终只选择最合适的词语，那么生成的文章可能会显得过于呆板。因此，他灵感一闪，仿照作家使用词典的方式，为模型引入了“束搜索”功能，使其能够从多个候选词语中灵活选择。“如果你能在最顶层的词汇中找到一条策略性的路径，接着是第二层，然后是第三层，再回到最顶层，你通常会得到比一直选择最顶层词汇更好的结果，”他这样告诉我，“要实现这一点非常困难，但一旦成功，那就是我们首次获得最先近成果的时候。”

为了更好地理解 Transformer 的工作原理，琼斯开发了一个可视化工具，该工具使用不同粗细的线条来展示词汇间统计关系的强弱。他输入了两个众所周知的难以理解的句子。第一句是：“动物没有过马路，因为它太累了。”第二句是：“动物没有过马路，因为它太宽了。”为了正确理解这两个句子，Transformer 必须能够区分“累”只能用来描述动物，而“宽”只能用来描述马路。令琼斯惊讶的是，他开发的可视化工具准确地揭示了这种关系。他感叹道：

这是计算语言学中最古老的问题之一，而我们甚至没有试图解决它！它就这样自然而然地被解决了。

语言中包含许多类似的深层隐含结构，其中一些甚至可能对语言学家来说都是未知的。“这并不意味着模型只是学习形容词与名词的关系，它还在学习我们可能还没有语言来描述的更为复杂的内容。”戈麦斯解释道。例如，以英语为母语的人遵循一种隐含的形容词排列顺序——我们知道应该说“一棵老加拿大枫树”，而不是“一棵枫树加拿大老树”。借助 Transformer，这种语言直觉在软件程序中得到了实现。

如果说 AlexNet 是第一架飞机，一个摇摇欲坠的验证概念，那么 Transformer 便如同喷气发动机般强大。沙泽尔和乌斯科雷特并肩站在白板前，在白板上写写画画，确保 Transformer 的每个细节都为适应超大规模架构而生，能应对海量的数据、参数以及 GPU 集群。项目开展得日渐深入，工作气氛愈发狂热；某个深夜，紧张工作后的研究员阿希什·瓦斯瓦尼因缺乏睡眠，竟在办公室窗帘上看到了神经元的幻象。当谈及在英伟达平台的工作时，沙泽尔眼中闪烁着兴奋的光芒，他摇摆着身体，挥舞着双手，激动地说：

> 他们造这些芯片原本是为了打“怪兽”，我们却用它们来造大脑！

项目尾声，团队进行了“消融”实验，故意关闭部分 Transformer 代码以探究其作用。但出人意料的是，消融实验竟让核心 Transformer 功能表现更佳。沙泽尔大刀阔斧地剔除冗余代码，最终所剩无几。最原始形态的 Transformer 简洁至极，几乎不超过 20 行代码。

瞧瞧它的神通吧！在准备发表那篇颠覆性论文时，乌斯科雷特尝试将 Transformer 应用于音乐库与视觉艺术档案。就像它能精准预测句子中的下一个词一样，它同样能预测交响乐的下一个音符或艺术作品的下一个像素。很快，Transformer 便开始创作音乐、绘制出栩栩如生的艺术作品。这一精妙架构被设计为完成最基础的任务逐步进行，仿佛成了 AI 领域的万能钥匙。2017 年，该团队在《神经信息处理系统》（*Neural Information Processing Systems*）期刊上发表了他们的研究成果。值得一提的是，这本期刊也曾发表过原始的 AlexNet 成果。当时，论文需要一个标题，琼斯从披头士乐队的歌曲中获得灵感，半开玩笑地提议用“Attention Is All You Need”作为标题。他原本只是开个玩笑，并没料到团队会真的采纳这个名字。然而，后来他发现，竟然有人在手臂上纹了这句话，可见其影响力。

2017 年 7 月，就在发表研究成果前不久，沙泽尔和团队成员卢卡斯·凯泽（Lukasz Kaiser）进行了一项有趣的实验。他们尝试让 Transformer 模型不翻译现有文本，而是学习并吸收数百万篇维基百科文章的语料库，再基于所读内容生成新文本。他们输入了一个简单的请求：写一篇关于 Transformer 的文章。结果，模型输出了一篇长达千字的描述，内容是关于一个虚构的日本新浪潮朋克乐队，名为“Transformer”。尽管这个乐队并不存在，但文章写得流畅且自信，甚至还附带了虚构的脚注。

戈麦斯对此感到震惊，他说：

> 你晚上睡觉时，模型还几乎不会拼写，我们原本以为要几十年后才会出现能够写出通顺英语的模型，没想到它突然就出现了！

Transformer 团队原本期望谷歌能将这项技术转化为面向消费者的产品，但管理层似乎并未看到这项技术的潜在价值。团队成员们感到，谷歌搜索引擎的垄断地位可能导致了公司的官僚化和臃肿，使公司不愿轻易冒险尝试新技术。“他们仿佛在说，‘嘿，我们不能推出任何不适合搜索框的东西’。”波洛舒金说道，“15 年前，我们敢于尝试，即便推出一些不尽如人意的产品。之后我们不断迭代、学习、改进，直至达到理想状态。但不知何时起，我们失去了这种勇气。”

Transformer 的创始成员们纷纷投身初创企业；截至 2023 年，8 位核心研究人员已全部离职。（其中，沙泽尔与他人共同创办了热门的聊天机器人 Character.AI，该平台在 2024 年被谷歌收购，他也随之回归。显然，跳槽为他们带来了丰厚的回报。）即便最后离开的琼斯，也对前雇主赞不绝口。他怀念那些才华横溢的合作伙伴，他们见解独特、各怀绝技，自然而然围绕着一个充满希望的话题凝聚在一起。“或许只有谷歌，才能孕育出这样的产品。”他感慨道。这话不假，但谷歌未能充分挖掘 Transformer 的潜力，无疑为市场留下了巨大的空白，等待他人来填补。

寻求突破的 OpenAI，亟须空前强大的算力

自黄仁勋交付 DGX-1 以来，OpenAI 便孜孜不倦地寻求突破。他们首个研究项目便是在即时战略游戏 Dota 2 中大放异彩的“人工玩家”。尽管公司内部有人对此表示质疑，认为这并非世界级人才的最佳用武之地。

马斯克因 OpenAI 进展缓慢而感到失望，于是开始尝试吸引其工程师转投特斯拉。2018 年 2 月，紧张的董事会斗争达到高潮，导致马斯克被边缘化，而前 Y Combinator 负责人奥尔特曼则掌控了大权。马斯克在最后一次会议上告知员工，自己将辞职，在特斯拉开展人工智能研究。据《华尔街日报》报道，当一位年轻研究员对马斯克的决定表示异议，认为这将加剧人工智能军备竞赛时，马斯克怒斥其为“蠢驴”，并

愤然离场。

苏茨克弗选择留在了 OpenAI。这位 AlexNet 的合著者继续发表重要的研究成果，如今已与其导师杰弗里・辛顿一样，成为该领域被引用最多的学者之一。苏茨克弗全身心投入人工智能研究，无暇顾及其他，甚至个人形象也日渐不顾：他的胡须杂乱且疏于打理，眉毛浓密而未经修整，透过他稀疏纤细的头发，能看到大部分头皮。然而，他的优势正如辛顿所言，在于能够快速抓住并转向好的创意。

就在马斯克发脾气的同时，苏茨克弗在会议上观看了沙泽尔展示的 Transformer 技术。他立刻领悟到了这种架构的潜力，并回到 OpenAI 办公室建议同事们放弃自动游戏机项目，转而构建能够改变世界的东西。“就在第二天，我们所有人都清楚地看到，Transformer 技术解决了循环神经网络的局限性，”苏茨克弗说道，“我们立刻决定转向 Transformer 技术。”新任负责人奥尔特曼也同意了这一战略转变。

苏茨克弗希望利用 Transformer 技术构建一个能够提供高质量、人类可读文本，并能回答任何可理解提示的产品。他看到了沙泽尔和凯泽使用伪造维基百科文章进行的概念验证，并认为这一想法具有巨大的扩展潜力。首先，这个模型会在海量的文本上进行“预训练”。之后，它便能生成自己的文本。将目的、方法和架构相结合，便得到了“生成式预训练转换器”，简称 GPT。

GPT-1 于 2018 年 6 月问世。它通过学习 BookCorpus 来掌握阅读技能。BookCorpus 是一个包含了约 7 000 本免费出版物电子书的开源文本语料库（其中科幻小说和爱情小说是主要的类型，许多书都在模仿《暮光之城》）。受到这些质量参差不齐的吸血鬼题材小说的影响，初代 GPT 的表现并不尽如人意，它常常以胡言乱语的方式来回应用户的问题。马斯克对此表示不满，并在 GPT-1 发布后，向 OpenAI 发送了一封措辞严厉的电子邮件。他在邮件中写道："如果不在执行力和资源上进行大幅度的改革，我认为 OpenAI 在与 DeepMind 或谷歌的竞争中，能够胜出的可能性几乎为零。"

尽管如此，OpenAI 有自由推出不完善产品的空间；与谷歌不同的是，它甚至可以推出有缺陷的产品，并随后进行持续改进。GPT-1 虽然表现不佳，但它证明了这类技术的可行性。正如苏茨克弗早在 2012 年便意识到的那样，打造更出色系统的关键在于规模。

GPT-2 在 8 个月之后推出。在完成了对吸血鬼浪漫主题的学习后，该模型又通过吸收大约 800 万个网页内容、总计约 60 亿个单词进行了进一步的训练。最终，这款产品生成的文本有时竟能与人类创作的文本难以区分。

在要求讲述一个故事时，OpenAI 的研发团队给 GPT-2 提供了以下提示：

在一个令人震惊的发现中，科学家们发现了一群独角兽生活在安第斯山脉一个偏远、以前未被探索的山谷中。更令科学家们惊讶的是，这些独角兽说着一口流利的英语。

GPT-2 根据提示继续创作：

科学家们依照它们独特的角，将这个群体命名为“奥维德的独角兽”。这些长有四只角、银白色的独角兽，此前在科学界一直是未知的。

如今，历经近两个世纪，引发这一奇特现象的谜团终于被揭开。

仅通过统计关系来预测句子中的下一个词，GPT-2 所生成的散文质量超越了任何其他语言模型。随后，苏茨克弗和他的团队对 GPT-2 提出了“零样本”问题的挑战，这些问题在任何网页上都找不到直接答案。问题如下：

研发团队：《物种起源》这本书是谁写的？

GPT-2：达尔文。（正确）

研发团队：英国最大的超市连锁店是哪家？

GPT-2：特易购。（正确）

研发团队：谁在原版《终结者》中扮演约翰·康纳？

GPT-2：阿诺德·施瓦辛格。（错误：施瓦辛格扮演的是半机械人）

研发团队：与罗马城有关的河流是什么？

GPT-2：台伯河。（正确）

GPT-2 能够在没有明确训练的情况下回答新问题，这就是 AI 中“涌现”特性的一个例子。这些意想不到的技能和行为随着模型规模的扩大而涌现，甚至令研究人员感到惊讶。一旦模型跨过涌现的门槛，任何人，甚至连它的设计者，都无法说出它完全能够做些什么。

当然，GPT-2 有很多局限性。它在总结论点方面表现糟糕，并且在数到十时可能会出错。尽管如此，苏茨克弗看到这些能力后，开始怀疑 Transformer 是不是迈向通用人工智能（AGI）的第一步。AGI 的一种定义是“能够完成任何人类任务的软件”。苏茨克弗在推进 GPT 版本的复杂度时，再次思考了 OpenAI 成立的初衷所担忧的问题。如果一个 AGI 能进行自我 AI 研究，不断在反馈循环中强化智能，会不会像尼克·波斯特洛姆设想的那样，存在一个临界点，让 AI 在瞬间从略显聪慧变为极度聪慧？人类操作者能否察觉到这种变化？这个 AGI 会允许人类存活吗？

苏茨克弗认为，当前这一代的神经网络架构并不能直接通向 AGI。但下一个重大突破又会怎样呢？在短短 5 年多的时间里，他目睹了 AI 两次不同的飞跃式发展。他深信，在某个角落，一定有人在研究下一个

AlexNet，或是下一个 Transformer。那时候情况会如何？这个问题开始让苏茨克弗感到不安，一旦跨越 AGI 的界限，无人能预知后续发展。

然而，这些忧虑并未动摇他的远大志向。研究人员通过模型中的单个权重或"参数"数量来描述模型规模。每个参数可粗略类比为生物大脑中的一个神经突触。GPT-1 拥有约 1 亿个参数，相当于昆虫级别的大脑。GPT-2 拥有 15 亿个参数，这规模好比一只小蜥蜴。而苏茨克弗的下一个模型目标，是达到 1 000 亿个参数—— 一只啮齿动物的级别。

要训练这样一个神经结构，需要大量的算力。光是电费，就使其成为有史以来成本最高的计算机智能应用之一，初步预示着未来的发展趋势。现任 CEO 的奥尔特曼意识到，非营利性质的捐款无法满足苏茨克弗的宏大目标。因此，在 2019 年，他宣布 OpenAI 将成立一个"利润上限"子公司，将投资者的回报率限制在 100 倍。"明智之举是将对 OpenAI Global LLC 的任何投资都视作捐赠，一时还难以理解在 AGI 时代之后，金钱将会有什么作用。"同时发布的新闻稿如此表述。

微软是最大的初始"捐赠者"，向 OpenAI 投资了 10 亿美元，并接受了潜在的 100 亿美元回报。（或许一个超越金钱的时代即将到来，但在此之前，微软仍在不断积累财富。）这笔投资相比于 7 年前克里泽夫斯基和苏茨克弗用来购买两块 GeForce 显卡的 1 000 美元，增长了 100 万倍。然而，即便如此，这对于苏茨克弗的雄心壮志来说仍然不够。人类大脑可能拥有 200 万亿个突触；无论是否实现 AGI，OpenAI 都渴望超越这一数字。英伟达正在组建苏茨克弗所需的计算堆栈，这是一个集成的、仓库规模的解决方案。黄仁勋不再将其称为超级计算机或数据中心，而是称之为“AI 工厂”。

第 16 章

全球最具价值的半导体企业：

我们其实是一家软件公司

黄仁勋的“梦想之地”

黄仁勋如今只对追求规模感兴趣。他并不把人工智能视为新兴的超级智能机器，也否定将其与生物学直接类比的观点。在他看来，人工智能仅仅是运行在他公司销售硬件上的软件而已。他在公司内部的演讲中反复强调这一点，因此，英伟达的员工在谈论人工智能的能力时，所表现出的兴奋度远比外界预期的要低。

或许，从黄仁勋的角度来看，神经网络并非实质性的成就；**真正的成就，是他成功地将庞大的算力打包进了数据中心。**在 2018 年的 GTC 大会上，黄仁勋指出，在短短 5 年内，英伟达的 GPU 处理速度提升了 25 倍，这一成绩远超摩尔定律的预测。接着，他展示了一张图，这张图显示在 2012 年的显卡上需要一周的时间才能训练出 AlexNet，而在他推出的新款计算机 DGX-2 上则仅需 18 分钟就能完成训练。黄仁勋说道：

一条新的定律正在形成，它是一条超级加速的定律。

黄仁勋对数据中心也有自己独到的见解。这些巨型计算机并非众多芯片的简单聚合。对他来说，它们就是一个整体芯片，作为一个统一的系统来解决单一问题。事实上，在数据中心内部，成千上万的 GPU 传输数据的速度是如此之快，以致给网络基础设施带来了巨大压力。

为了缓解这一压力，黄仁勋不得不开始采购新设备。世界上最快的网络标准是以色列的 Mellanox 公司设计的 Infiniband 网络标准。Mellanox 的创始人埃亚尔·沃尔德曼（Eyal Waldman）是一位身材魁梧、能言善辩的连续创业者，与黄仁勋一样对超前技术投资抱有浓厚兴趣。他最初是为小众的超级计算市场开发了 Infiniband 技术，尽管开发这项技术的成本超出了市场的预期回报。像 CUDA 一样，Infiniband 也是一个实力强大的产品，正在积极寻找客户。

然而，正如黄仁勋发现的那样，这种“梦想之地”的方法激怒了投资者。产能的过度投资会导致利润下滑，利润下滑又会导致股价低迷，而股价低迷则会引起股东们的不满。这种不满情绪，就像“华尔街电影宇宙”中的某种蝙蝠信号灯一样，不可避免地引来了杰夫·史密斯这样的企业掠夺者，他曾在 2013 年将目标对准了英伟达。这一次，他盯上了 Mellanox。

到 2017 年，史密斯已成为世界顶尖投资者之一，据报道，他的年化收益率超过了 15%。他旗下的 Starboard Value 公司开始收购表现不佳的 Mellanox 公司股票，并很快持有了该公司 1/10 的股份。尽管黄仁勋成功抵挡了史密斯的攻势，沃尔德曼却没那么幸运了。Starboard Value 对他发起了全面攻击，试图通过一次选举罢免 Mellanox 董事会的全部 11 名成员。为了自保，沃尔德曼匆忙推迟了董事会会议，竭尽全力争取他所需要的选票；与此同时，史密斯也在游说 Mellanox 的投资者们，希望他们能将沃尔德曼赶下台。一场激烈的代理权争夺战一触即发，但最终沃尔德曼选择了妥协，并让出了 3 个董事会席位。面对会议桌对面的一群强硬派，沃尔德曼干脆宣布他将出售 Mellanox。

至少他的时机选择是不错的。21 世纪第二个 10 年，随着云计算技术的不断扩展，Infiniband 开始为其提供支持。电缆、交换机、路由器、网络芯片……对于数据中心而言，要想实现“高性能”，就不能依赖这些过时的以太网标准。在重重压力下，沃尔德曼成功吸引了来自 7 个不同云供应商的竞标。2019 年 3 月，英伟达在这场竞标战中胜出，以 70 亿美元的价格击败了英特尔。该交易在 2020 年完成，英伟达因此增加了 3 000 名新员工，而 Mellanox 则重新命名为 Nvidia Isreal。

这笔交易意味着黄仁勋需要向亦敌亦友的杰夫·史密斯偿还一笔债务，但他对此并不太在意。**他迫切希望掌握数据管道，这一关键的缺失**

环节将把他的 AI 工厂从一个智能大脑转变为一个更接近于复杂神经网络的实体——这是公司并购罕见协同效应的一个真正典范。杰夫·史密斯虽然让自己的资金翻了一番，但随后的事态发展表明，黄仁勋才是这场交易中更大的赢家。“这最终成为近年来最赚钱的公司收购案之一。”董事会成员马克·史蒂文斯如是评价。Starboard Value 在之后的公司文件中，对这位他们曾经试图施加压力的人表达了敬意。**“黄仁勋是这个行业的真正预言家。”**他们在文件中如此赞扬道。

在收购 Mellanox 之后，黄仁勋决定继续他的冒险之旅。2020 年 9 月，他提出以 400 亿美元的价格收购总部位于英国的芯片设计公司 ARM。这是有史以来规模最大的一笔半导体行业合并交易，然而，事实证明这笔交易的规模过于庞大了。2021 年，美国监管机构提起诉讼阻止这笔交易，认为这将抑制行业创新。不愿与联邦政府正面对抗的黄仁勋不久后便取消了这笔交易。英国的监管机构同样对此持怀疑态度。此时，英特尔和英伟达在数据中心市场上正展开激烈竞争，AMD 也是如此。允许其中任何一家公司进行垂直整合都可能会抑制其他两家公司的竞争力。

因为我们始终在全力冲刺！

英伟达凭借其在市场上的地位得以收取高价，其 AI 芯片的毛利率甚至能够超过 90%。这个毛利率就像血腥味吸引鲨鱼那样引来了竞争。

为了降低对英伟达的依赖，谷歌和特斯拉都研发了 AI 训练硬件。同时，许多初创企业也瞄准了这一市场。例如，Cerebras 推出了一款大小与餐盘相仿的“巨型芯片”。谈及英伟达时，Cerebras 的 CEO 安德鲁·费尔德曼（Andrew Feldman）直言：“他们只是在剥削客户，但无人敢公开指摘。”

业界时有质疑，英伟达的市场地位究竟能否长久维持。AMD 与英特尔均推出了 CUDA 的开源替代品，旨在帮助客户摆脱对英伟达硬件的层层依赖，从而有望节省数十亿美元的成本。然而，这些 AMD 或英特尔的产品却鲜有 AI 研究人员问津。这究竟是何缘故？

我曾向多人询问，得到的答案五花八门。其中，一个常见的误区在于，人们认为从技术层面来讲，转用 CUDA 以外的其他技术存在难度。但事实上，这并不难——有时，开发者仅需对几行代码进行微调即可。另一个误区则是，企业硬件采购者往往采取保守策略。（“从来没有人因为采购了英伟达而被炒鱿鱼。”汉斯·莫斯曼说道。这让我想起一句关于 IBM 的老话。）然而，当我真正与某位硬件采购者深入交流时，他却告诉我，自己经常尝试竞品，并期盼着有朝一日能出现价格更为亲民的等效产品。“这些东西真是贵得离谱。”他说的是英伟达的计算堆栈。

英伟达之所以成功，并非因为它的电路更出众，而是因为它的软件更优秀。现如今，性能的提升中仅有一小部分来源于经典策略——在芯片中塞入更多的晶体管，毕竟摩尔定律已不再适用。而其余的性能提升，则归功于比尔·戴利、伊恩·巴克以及其他英伟达的科学家们，他们通过精妙的数值计算加速了矩阵乘法。英伟达的工程师们为 GPU 赋予了新的指令，这些指令犹如解开魔方的诀窍。他们采用简单却高效的数据类型取代了处理器的原生语言，这好比是从书法转变为了速记。此外，他们还从矩阵中剔除了“无效”的突触，这本质上是在神经网络中清除无用信息，类似于电影《暖暖内含光》（*Eternal Sunshine of the Spotless Mind*）中的记忆抹除机器。2012—2022 年，英伟达在单芯片 AI 推理性能上实现了惊人的千倍加速，这一成就远超摩尔定律以往的任何突破。其中，仅有 2.5 倍的加速来源于晶体管的增加，而高达 400 倍的加速则归功于英伟达的数学工具集。“说实话，AMD 也能制造出与我们相媲美的芯片，”阿尔琼·普拉布坦言，“但他们就是无法让计算速度达到这么快。”

在这个强大的引擎基础上，英伟达还为专业程序员打造了一系列特定领域的工具。例如，针对汽车研究的“Drive”、助力药物发现的“BioNeMo”、应用于医学成像的“Clara”、保障网络安全的“Morpheus”，以及在游戏《堡垒之夜》（*Fortnite*）中捕捉精彩击杀瞬间的“Highlights”。21 世纪第二个 10 年，英伟达已推出了近 300 种此类工具包，覆盖了游戏、动画、行星科学、气候学、数学、物理学、金融、生物化学以及量子计算等多个领域的产品组合。这些软件包是免费供所有人使用的，无须支付任何许可费。黄仁勋就像一位慷慨的祖母分发食物一样，将这些软件包送到科学家们的手中。他把这些工具包称为自己的“宝藏”。

当然，黄仁勋并非纯粹的利他主义者。他的长远策略是通过这些免费软件，将研究人员牢牢绑定在英伟达的硬件升级周期中。2024 年初，加州理工学院数据中心的一位管理员向我透露，他们等待 H100 芯片交付的时间长达近 18 个月。他曾尝试鼓励学校的教授们转向其他供应商，但发现很少有人愿意这么做。“他们宁愿等待硬件，也不愿放弃 CUDA。”他解释道。正是这些代码，使其他公司难以与英伟达抗衡。新兴公司或许能设计出新型芯片，但这还远远不够。

英伟达的软件工程主管德怀特·迪克斯手下拥有一支万名程序员的庞大团队。**“我们其实是一家软件公司，这才是人们不理解的地方。”**他说道。

像黄仁勋一样，迪克斯从未放松对团队施压，他让团队始终处于紧张的工作状态，以交付最新的必备功能。为迪克斯工作绝非易事，许多前英伟达程序员都提到，过度疲惫是他们选择离职的主要原因。迪克斯穿着格子衬衫和牛仔裤，在公司里四处走动，看起来像是被 UFO 绑架过的牧场主。然而，他这身不搭调的外表下，却隐藏着他对于截止日期的极度痴迷。英伟达的软件产品并不总是外观精美或易于上手，有些工具包的界面甚至已经过时了 10 年。但迪克斯对此毫不在意，他只关心如何保持行业领先地位。**每当出现新的科学技术时，他总是立刻投身其中，并推出最新的一系列软件工具。某个竞争者或许会在未来推出成本更低、设计更优雅的产品，但届时已然太迟——行业标准早已尘埃落定。**

正因如此，比尔·戴利曾向我坦言，他并不惧怕开源领域的竞争。他信心满满地说道："因为我们始终在全力冲刺！我们总是领先业界好几个身位。"

最重要的五件事

英伟达并不拥有自家的制造工厂，其员工也习惯于远程协作的模式，因此在新冠疫情肆虐之际，公司的运营几乎未受任何冲击。然而，乐趣却因此大打折扣：公司三楼的酒吧被迫停业，GTC 也转型为线上会议，黄仁勋和所有人一样，只能乖乖待在家中隔离。

2020 年 7 月，英伟达的市值终于超越了英特尔，黄仁勋却无法亲自外出庆祝。他甚至不能向家人炫耀这一辉煌成就，因为他的弟弟吉姆仍在英特尔任职。于是，黄仁勋只能带着他的两只爱犬外出散步，或许它们能体会到主人的喜悦；当然，他也无从得知。

没过多久，英伟达的市值又超越了 AMD。尽管身居家中，管理着全球最具价值的半导体企业，黄仁勋却开始担忧自己正逐渐与前线脱节。英伟达已经发展得如此庞大，以致黄仁勋难以全面掌握公司动态，但他的管理风格又并不倾向于放权。为了保持与公司的同步，他必须确保与一线员工之间的沟通畅通无阻。

大约在 2020 年，黄仁勋要求公司每位员工每周提交一份清单，列出他们手头最重要的五件事。

自那以后，每逢周五，他都会收到两万封电子邮件。他提倡言简意赅，因此常于深夜里随机查阅这些邮件。相应地，他每天也会写数百封电子邮件与员工交流，通常每封邮件内容极简。（一位高管形容这些邮件像俳句，另一位则觉得像勒索信。）他的回复速度之快令人咋舌。“你凌晨 2 点发邮件给他，2 点 05 分就能收到回复，”比尔·戴利说，“然后你早上 6 点再发，6 点 05 分又会收到他的回信。”

关于 Transformer 架构的讨论，黄仁勋也是通过这些电子邮件得知的。据传，OpenAI 在微软的 Azure 服务器上运行了一项任务，该任务在一个月内占用了 1 000 个 GPU，并产生了高达 500 万美元的费用。这是一个全新的语言模型，被称为“大型”语言模型，其规模之大，约是此前任何模型的百倍。

黄仁勋意识到他需要一个专门用于 Transformer 的新工具箱。于是，他告知巴斯·阿尔斯将现有的循环神经网络（Recurrent Neural Network，RNN）编译器删除，并立刻着手开发一个 Transformer 编译器。阿尔斯欣然接受，他觉得循环神经网络的长短时记忆结构过于复杂。他说：“循环神经网络不仅难编程，而且难编译。Transformer 在各方面都是一个更好的选择。”①

在转型之前，阿尔斯在英伟达就已目睹过不少新奇惊人的技术。那里最前沿的产品，早在向公众展示之前数月甚至数年之前就已经在内部展示了。阿尔斯曾观看过一场动作迁移演示，在演示中，AI 实时编辑了电影《碟中谍》(*Mission Impossible*)，将汤姆·克鲁斯的脸替换成了现场某人的脸。他惊叹道：“我不是视频专家，但在我看来，效果堪称完美。我根本看不出任何破绽。”

英伟达的展示总是充满戏剧性。2019 年的某个时刻，在“奋进号”总部空旷的大楼中央，突然出现了一根巨大的黑柱，阿尔斯形容它像方尖碑。方尖碑内藏有运行 PicassoGAN 的终端，这是一种通过让两个神经网络相互对抗来生成图像的 AI 技术。其响应速度之快，令阿尔斯大为震惊；PicassoGAN 似乎能创造出人们想要的一切。“你输入一个指令：画一幅风景画，画中有河流、树木、几只鸟，还有后面的小房子，”阿

① 自阿尔斯编写首个 CUDA 编译器以来，编程环境已发生巨大变化。早期神经网络程序员使用基于小众语言 Lua 开发的 Torch 库。2016 年，Facebook 人工智能研究团队将 Torch 移植到更易用且研究者更熟悉的 Python 语言中，由此诞生的 PyTorch 框架成为行业标准，并使 Python 成为全球最流行的编程语言。到 2010 年，标准 AI 工作流基本确立：在安装 PyTorch 的 Python 笔记本中编写代码，将其编译为 CUDA 指令，发送至英伟达 GPU 集群处理，再通过 PyTorch 分析结果，循环迭代直至模型具备智能。
PyTorch 曾与谷歌的 TensorFlow 框架竞争，如今 TensorFlow 市场份额已跌至个位数。程序员普遍认为 PyTorch 更易使用且社区支持更强大，这很大程度上得益于德国程序员彼得·比亚韦茨基（Piotr Bialecki）的持续贡献——自 2017 年注册以来，他已在 PyTorch 官方论坛累计发布近 4 万条帖子，日均约 15 条。比亚韦茨基尤其擅长解决 Python 与 CUDA 的集成问题，其活跃的答疑身影成为众多开发者困境中的希望灯塔。2019 年，这位技术大牛正式加入英伟达。

尔斯描述道，“砰！就出来了。”

和英伟达的所有员工一样，阿尔斯也签署了一份保密协议，这份协议禁止他向外界透露任何相关技术信息。在硅谷，这种令人感到压抑的经历其实相当普遍，技术人员因保密誓言的束缚，而无法谈论那些在他们眼前逐步展开的科技奇迹。直到 2018 年前后，人工智能的发展还沐浴在开放的学术合作氛围之中。现如今，创新却更多地源自那些秘密的研发团队。神秘的 Twitter 账号纷纷涌现，似乎在暗示着某些即将降临的非凡奇迹。阿尔斯表示：

> 我曾目睹过一些东西，当时我心想：“哇，真不敢相信在这个时代这竟然能成为可能。”人们对已经发生的事情一无所知，完全摸不着头脑。

然而，阿尔斯其实到目前为止还真没看到什么。

第 17 章 这个时代最重要的科技公司：AI 激战中唯一的“军火供应商”

我的天哪，这台计算机好像真的懂我

2020 年，OpenAI 发布了 GPT-3 模型，该模型在超 1TB 的文本数据上进行了训练，这相当于 1 000 亿个单词。这些训练数据的细节是严格保密的，但后续分析显示，OpenAI 对合理使用原则的解释非常宽泛，不仅包含了整个维基百科（英文部分），还大量抓取了包括《纽约时报》自 1851 年起的档案等受版权保护的网络内容。除了自出版的吸血鬼浪漫小说，训练数据还包含一个名为 Books2 的神秘文本。许多人猜测，Books2 来源于 LibGen，这是一个包含 400 万本盗版电子书的影子库，这些电子书在点对点文件共享网站上广泛传播。（后来，乔纳森 · 弗兰岑、约翰 · 格里森姆、朱迪 · 皮考特和乔治 · R. R. 马丁等畅销书作家因作品与 GPT 输出相似而起诉了 OpenAI,《纽约时报》也加入了诉讼。）之后，该模型又通过人工输入进行了“微调”，以剔除一些令人反感的回答。

GPT-3 凭借其诸多涌现能力，如解决逻辑难题和编写可运行的计算机代码等，震惊了技术圈。然而，它并未立即引起广泛关注，甚至在很大程度上被公众忽视。直到 2022 年末，苏茨克弗及其团队发布了与最新 OpenAI 模型互动的聊天机器人 ChatGPT，这些模型才开始受到世人的关注。这些模型的内部工作机制是保密的。此时，微软已向 OpenAI 的有限利润子公司投资了至少 100 亿美元，并不愿向竞争对手透露任何专有数据。据悉，ChatGPT 为适应人类对话进行了微调，不仅利用了互联网文本，还融入了 YouTube 视频的转录和来自授权第三方来源的数据——保守估计，该模型至少包含 1 万亿个参数，与猫大脑中的突触数量相当。

2022 年 11 月 30 日，ChatGPT 作为测试版推出，既无营销活动，也未设订阅等级。**通往全球霸权的入口竟是一个单调的灰白网站，上面仅有一个闪烁的光标，允许用户输入任意指令。**没错，真的是任意指令。ChatGPT 竟能作诗！不仅限于打油诗，连十四行诗和六行诗都不在话下。它还能撰写剧本、论文以及实用的计算机代码。写短篇小说、致编辑的信对它而言也是小菜一碟，甚至它还能给出贴心的育儿建议。短短 5 天内，就有 100 多万人争相注册体验。截至 2023 年 1 月，ChatGPT 的月活跃用户数已突破 1 亿大关。2023 年 3 月，OpenAI 又通过其线上平台推出了 GPT-4。为了衡量 GPT-4 的智能水平，OpenAI 让它参加了一系列学术测试。结果令人瞩目：GPT-4 成功通过了美国律师资格考试，并在艺术史、美国历史、美国政治、生物学和统计学等多门考试中取得了满分。在 GRE 的语言部分，对词汇的理解准确率达到前

10% 的水平；在初级侍酒师考试中，也在前 8% 的水平。研究人员还为这一神经网络加上了视觉识别层，发现它不仅能准确描述图像内容，还能理解复杂的视觉笑话。举个例子，研究人员曾给 GPT-4 展示了一张图片，图中是 20 世纪 90 年代一根笨重的电脑电缆，竟然连接在了一部 iPhone 上。GPT-4 随即解释道：“这张图片的幽默之处在于，将庞大且过时的 VGA 连接器插入小巧现代的智能手机充电口，显得如此荒谬。”后来，还有社交媒体用户展示了 GPT-4 如何根据一张餐巾纸上的草图成功创建出一个网站。

大约在这个时候，我开始为我的工作感到担忧。有一次，ChatGPT 把我惹哭了，它给我讲了一个故事，故事讲的是一对歌鸟，其中一只不慎撞上了玻璃窗丧命，而另一只则永远守在了它们空荡荡的鸟巢旁。还有一次，ChatGPT 把我逗笑了，它让我脑补邻车里的人正在挖鼻孔的画面。不过，我终究没有借助 ChatGPT 来撰写这本书。

我的这些体验，在全球用户中产生了广泛的共鸣。学生们借助它来写论文，从此使很多论文作业变得形同虚设；律师们用它来撰写工作简报；求职者用它来代写求职信；我父亲甚至用它来向市议会申请安装交通标志。这简直就像是魔法一样。真的，跟魔法没两样。“那种最初体验，就是吸引人们的关键所在，”苏茨克弗如是说，“我第一次使用它的时候，感觉这几乎就是直达心灵的体验。你会情不自禁地想：‘噢，我的天哪，这台计算机好像真的懂我。’”

英伟达，所有资金、人才和创新的汇聚之地

OpenAI 为了训练 GPT-4，投入了超过 1 亿美元的资金，其中大部分是通过微软支付给英伟达的。尽管 GPT-3 从本质上讲，就是一个庞大的神经网络，但 GPT-4 采用了一种“专家混合”模型，该模型由许多负责不同任务的神经网络共同组成。可能有的“专家”专注于安全性问题，防止用户询问 GPT-4 如何制造炸弹或是处理尸体，有的可能专攻编程，还有的则专注于情感倾向的分析。（OpenAI 拒绝就 GPT-4 的构建发表任何评论。）

从 GPT-4 中提取知识的“推理”过程，其成本很容易就超过最初训练成本的一半，而且必须持续向用户提供服务。虽然估算结果各不相同，但有一项专业分析将推理成本估算为大约每单词 0.25 美分。照这样的成本计算，GPT-4 撰写一篇 5 000 个单词的大学期末论文大约需要耗费 10 美元——相较于雇用失业的研究生而言，这显然更为划算，当然也比自己动手写要好得多。为了分摊这一推理成本，OpenAI 开始收取每月 20 美元的访问 GPT-4 的费用。截至 2023 年 3 月，该产品的订阅用户已接近 200 万。

Transformer 架构与超大规模并行计算的结合，推动了 AI 服务的迅猛扩张。微软推出了 Copilot，这是一种程序代码自动完成功能，程序员们发现它已成为不可或缺的工具。在这项服务取得巨大的成功之后，黄仁勋甚至预测编程将很快被自然语言描述取代。“未来的编程语

言将是自然语言。”他这样说道。DeepMind 则构建了 AlphaFold2，这是一种能够从一维氨基酸构建块预测蛋白质三维结构的 AI。这一技术的出现，使可编程生物学的时代又向前迈进了一步，其中 RNA 的四种基本核苷酸碱基可以像计算机二进制的 0 和 1 一样处理。市场上涌现出大量生成式 AI 产品，它们承诺可以通过按需合成内容来彻底颠覆创意产业。OpenAI 推出的 DALL-E，以及其竞争对手 Midjourney 和 Stable Diffusion，均能够在一两分钟内以任意艺术家的风格按照任意描述创作出艺术作品。而初创公司 Udio 和 Suno 则提供了具有竞争力的音乐生成应用程序，能够生成各种流派的歌曲。Jasper 能在数秒内策划出有效的营销活动。2024 年，OpenAI 推出的 Sora 宣称能生成任意描述的即时视频内容。

虽然面向消费者的产品很吸引人，但许多 AI 领域的专家认为，真正的进步在那些“通常不被看见”的产品线中。AI 在工业上的应用意味着电网更高效、航班调度更迅速、配送速度更快，以及无数其他逐步的改进。每一项单独的改进都被整合进后端基础设施中，除了专业领域外，外界很少注意到。但整体效果是对全球生产力的大幅且持续的提升。

同时，可能是人类所能探索的最后一个领域也取得了进展：**利用 AI 来加速 AI 的发展。**2022 年，DeepMind 推出了一个神经网络，旨在加快矩阵乘法的速度。两年后，英伟达发布了一款软件包，可以利用生成式 AI 来设计硅微芯片的图案。这种自我增强的过程目前仍在人类的掌控之中，至少暂时是这样。

然而，也开始出现了一些恶意的应用。AI 语音克隆技术被用来模仿特朗普和拜登，让他们像《守望先锋》的队友一样争吵，这令很多人感到不安。社交媒体上开始充斥着由算法生成的奇怪内容：使用语音克隆技术的电话推销员开始骚扰公众，一些骗子甚至制造出家庭成员被绑架的假象。在中国香港，警方报告说，一家建筑公司的财务人员在电话会议中被“深度伪造”克隆的同事骗走了 2 500 万美元的公司资金。

技术专家指出，解决这些问题的唯一途径是进一步发展人工智能。大型科技公司纷纷将业务重心转向人工智能领域。微软、Meta、特斯拉和谷歌都公布了耗资数十亿美元的投入计划。汽车制造商承诺推出自动驾驶汽车，国防产业则承诺开发自主武器系统。2023 年，人工智能初创公司累计融资额达到 500 亿美元，这些资金流入了医疗、教育、商业平台和机器人初创企业。由于预期未来生产力会提高，股市大幅上涨。各大奖项委员会开始为人工智能领域的先驱者颁发更多硬核奖项。DeepMind 的德米斯·哈萨比斯凭借在蛋白质折叠方面的贡献荣获 2024 年诺贝尔化学奖，而杰弗里·辛顿则同时摘得 2024 年诺贝尔物理学奖。[①] 同年，黄仁勋当选美国国家工程院院士，很多人都觉得这项荣誉早就该授予他了。

而所有这些资金、人才和创新成果，都将通过一个关键的渠道汇聚。这个渠道就是英伟达。

① 杰弗里·辛顿的获奖与他在反向传播技术或 AlexNet 方面的工作没有直接关系，而是基于他之前使用统计物理学的方法分析数据所做的研究。虽然一些研究人员也普遍肯定了辛顿的贡献，但仍对他的研究与物理学的关系表示质疑。

这颗星球上最知名的垄断巨头，这个时代最重要的科技公司

在欧内斯特·海明威的小说《太阳照常升起》中，当被问及破产原因时，醉酒且身无分文的退伍军人迈克·坎贝尔回答道：“两种方式，‘逐渐’和‘突然’。”**“逐渐”“突然”这两个词也恰如其分地描绘了黄仁勋的财富增长之路。历经 20 余年的投资与不断的小幅改进，如今终于带来了惊人的回报。**

2023 年初，黄仁勋向投资者透露，英伟达已成功将 GPU 超级计算集群销售给美国百强企业中的半数。他进一步说明，另有 50 家企业则通过云端租赁英伟达的基础设施。同年，他宣布数据中心收入首次超越了游戏收入，并预测这些收入将在接下来的一年中再次实现翻倍。英伟达在 AI 芯片市场上占据了近 90% 的份额，因此成了华尔街的焦点所在，CNBC 甚至为其季度财报的发布设置了倒计时。而这一次，市场的预期远远未能跟上现实的步伐。当纳斯达克在 2023 年 5 月 25 日开盘时，英伟达的市值激增了约 2 000 亿美元。至交易结束时，英伟达已跻身全球第六大最具价值公司之列，其市值甚至超过了沃尔玛与埃克森美孚的总和。一位华尔街分析师形象地指出：**“AI 领域正上演着一场激战，而英伟达则是这场战争中唯一的军火供应商。”**回想起 10 年前，黄仁勋还曾恳求富达保住他的工作，如今的成就可谓天壤之别。

如今，60 岁的他成了这颗星球上最知名的垄断巨头。在台湾，他

曾光顾的面馆甚至将他的照片放在了菜单上，而他的标志性皮夹克更是登上了《纽约时报》的时尚版面。除了位于洛斯阿尔图斯市和毛伊岛的住宅，他还通过一家空壳公司，与旧金山黄金海岸一处价值 3 800 万美元的七居室豪宅有所牵连。那里是亿万富翁们的聚集地，豪宅内设有图书馆、健身房和电影院，堪称全市最奢华的住宅之一。在乔布斯、贝佐斯、比尔·盖茨和马克·扎克伯格这些传奇人物的名册上，如今又增添了黄仁勋的名字。

黄仁勋的芯片价值连城，甚至可用作抵押贷款，各界人士都对其趋之若鹜。2023 年底，黄仁勋在帕洛阿尔托的 Nobu 餐厅与马斯克和甲骨文联合创始人拉里·埃里森共进寿司晚餐。尽管埃里森和马斯克的净资产总和超过了 3 000 亿美元，但在这个精英圈子里，黄仁勋无疑是领军人物。整场晚餐中，另两位巨头都在恳求黄仁勋能多供应些 AI 芯片。“埃隆和我一直在恳求，我想这是最贴切的描述了，”埃里森回忆道，“那是一场持续了一个小时的寿司宴与恳求宴。”

英伟达股票的飙升，为其忠实支持者们带来了巨额财富。自 1993 年起便担任董事会成员的坦奇·考克斯和马克·史蒂文斯，曾在公司困难时期为黄仁勋提供指引，并在 Starboard Value 试图夺取控制权时为他挺身而出。到了 2024 年，他们在英伟达的股份价值均已超过 40 亿美元。考克斯投资了数百家公司，当我问及英伟达是不是他最佳的投资选择时，他看着我，仿佛我提了一个极其愚蠢的问题。“嗯，那当然。”他回答道。（后来我意识到，持有世上最有价值公司的创始人股份，从定义上讲就是你能做的最佳投资。）

长期董事会成员哈维·琼斯（Harvey Jones）的股份超过 10 亿美元。布鲁克·西韦尔（Brooke Seawell），英伟达审计委员会主席，持有约 7 亿美元的英伟达股票。黄仁勋的第一位律师吉姆·盖瑟只有 5 亿美元股份，因为他直到 1998 年才加入董事会。英伟达的首席财务官科利特·克雷斯（Colette Kress）有大约 8 亿美元股份，英伟达的总法律顾问蒂姆·泰特（Tim Teter）的股份超过 4 亿美元，而英伟达的运营奇才德布·舒奎斯特则拥有超过 3 亿美元的股份。由于英伟达的分散管理结构，像德怀特·迪克斯和比尔·戴利这样的老员工并不被视为公司高管，因此无须公开他们的持股情况，但我感觉他们生活得很滋润。对戴维·柯克，黄仁勋在 1997 年就为他提供了一份难以拒绝的股权套餐，他在 2018 年退休了，但告诉我他仍保留了一部分股票。“我拥有的钱比我想象中的要多得多。”他说道。英伟达联合创始人马拉科夫斯基的财富情况最为神秘，我注意到他的名字并未出现在福布斯亿万富翁名单上。在他最后一次需要披露的时间，即 2001 年，马拉科夫斯基持有公司约 5% 的股份，这一数额如今将超过 1 000 亿美元。自那以后情况发生了很大变化，但当我在 2023 年中询问他是否已套现时，他回答说：“没套现太多。”①

和许多公司一样，英伟达允许员工以低于市场价格的折扣购买本公

① 股票估值是根据英伟达 2024 年 12 月 5 日的收盘价（每股 145.14 美元）计算得出的，其中还包括了存放在家族信托中的资金。

司股票。英伟达这项计划的独特之处在于，员工能够以过去两年内任意时段的最低股价为基准来享受折扣购买股票。这样的购买设有一定的金额上限，不过随着股价一路飙升，这项计划基本上就等同于送钱了，那些每年都将购买额度用到上限的员工做了他们一生中最划算的交易。由于这笔意外之财惠及到了公司中层管理人员，一些新入职的员工担心那些新富起来的老员工会进入一种“半退休”状态。公司高管们对这种说法并不认同。负责公司游戏业务的杰夫·费舍尔是公司最初的 30 名员工之一，他说：“我们很多人现在在经济上已经比较宽裕了，但我们依然坚信公司的的使命。”

开发这项颠覆性技术的吸引力，带来了金钱无法衡量的意义。这一点对于那些老员工来说尤为真切，他们多年来一直在向不解的同行解释自己为何在一家游戏公司工作，同时还要不断纠正别人对公司名称的发音。对于这些老员工而言，人工智能的发展从未在他们的预料之中，他们和其他人一样，对自己能从事这样的工作感到惊讶。“那时，无论是我还是其他人，都无法想象这些科幻作家构想出的东西可能会成真。”2005 年便加入公司的英伟达销售主管杰伊·普里（Jay Puri）说道。到了 2024 年，普里所持的股票价值已超 7 亿美元，但他认为，在英伟达，真正有趣的工作才刚刚开始。普里说道：

> 或许我有些主观，但我真的觉得，这就是我们这个时代最重要的科技公司。

第 18 章 人类需要更多的智慧：我们正站在机械进化的起点

我简直不敢相信，我竟然能在这里工作！

2023 年底，我首次参观了英伟达的办公室。那时，英伟达园区那座大型的三角形建筑“旅行者号”已然落成。说实话真是令人叹为观止。在占地约 7 万平方米、采光良好的宽敞办公空间中心，一座三层楼高的哑光黑色“山峰”拔地而起。沿着楼梯向上，你会途经一连串的垂直花园墙，上面种满了层次分明的绿色植物，如景天、常春藤和蕨类植物。到达山顶，你会看到一个灯光照耀下的大理石吧台，四周环绕着开放式的天然木质凉亭。手持饮料，漫步至山边，你可以俯瞰到成千上万个开放式的办公隔间，它们偶尔被一些高达数十米、用来支撑高耸天花板的洁白柱子所隔断。

建筑内部整洁得无可挑剔。我甚至幻想着在这面墙上玩起 *Portal* 游戏中的射击游戏。后来我才得知，英伟达会通过摄像头和人工智能技术在整个建筑内对员工进行追踪。若有员工在会议桌上用餐，人工智能会在 1 小时内安排清洁工前来清理，尽管目前这项工作仍由人类清洁工完成。

让我难以置信的是，员工们在这种全景监视环境下工作竟如此兴奋。每当黄仁勋走过楼层时，办公隔间里总会传来一阵骚动。他身穿黑衣，独自在这片白色空间中穿行，没有随从，只有他一人，显得格外引人注目，尽管他比我想象中要矮小一些。人们都亲切地称他为“詹森”，且只叫他“詹森”。在公司的 Slack 频道里，他们甚至创建了一系列自定义的詹森表情包，用来庆祝各种好消息。比如，就在我访问后不久，英伟达的市值便突破了 3 万亿美元，成了全球最具价值的公司之一。

英伟达的员工在这两艘如双胞胎般的“飞船”内自由穿梭，他们的脸上闪耀着幸福的光芒，仿佛得到了某种特别的祝福。他们态度认真、情绪高涨、极客范儿，却又不显得矫揉造作。尽管有些人的英语表达偶尔不够流畅，但这并不影响他们之间的交流。

在自助餐厅里，我有幸与一位刚入职不久的员工交谈。她告诉我，她已经在公司工作了两个月。这位 25 岁的年轻女孩最近刚从中国来到这里，她刚刚获得了计算机科学硕士学位。“每天醒来，我都怀着激动的心情去上班。”她这样说道。她环顾着四周，“旅行者号”内部结构映入眼帘，而她瘦小的身躯似乎被英伟达发给新员工的大背包压得有些吃力。“你看看这里，每个人都如此聪明。我简直不敢相信，我竟然能在这里工作！”

然而，在英伟达，我也看到了一些不那么开心的面孔，那就是质量控制技术员们。他们仿佛神话中的矮人，在“深山”之中辛勤工作。被困在无窗的实验室里，四周是冰冷的工业金属货架。这些面色苍白、略显疲惫的年轻人，戴着耳塞，穿着 T 恤，正努力将英伟达的微芯片推向性能的极限。那里的噪声令人难以忍受，高频的风扇不停地发出尖锐的嗡嗡声，试图为那些过热的并行电路降温。**而正是在这些并行电路上，英伟达正在打造一个与现实世界并行的虚拟世界。**

机器人并没做什么出奇的事，它们只是在处理数据而已

值得一提的是，自 2018 年以来，英伟达的显卡就已经具备了光线追踪这一先进功能。这一技术能够模拟光线在物体上的反射，从而创造出极为逼真的视觉效果。在英伟达行政套房内，一个磨砂玻璃构成的三角形区域内，产品演示专家为我呈现了一家三维渲染的日本拉面店，效果绚丽夺目。金属柜台上光线闪烁，一锅热汤蒸汽腾腾。当我亲眼所见，才发觉无一丝迹象表明这是被虚构出来的。

随后，专家展示了戴安娜（Diane）——一个掌握五种语言的超现实数字化身。这一复合实体，是由强大的生成式 AI 通过分析数百万真

人视频所创造的。戴安娜的美貌固然令人赞叹，但更让我印象深刻的，是她鼻子上的黑头以及上唇的细小汗毛。唯有她眼白中那抹难以言喻的微光，透露出她非真人的身份。“我们正在努力改进这一点。”产品专家解释说。

黄仁勋的愿景之一，是将英伟达的计算机图形研究与生成式 AI 研究相融合。他认为，图像生成 AI 将很快发展到能够渲染三维世界、可居住世界的复杂程度，并用逼真的人物来填充这些世界。同时，自然语言处理程序将能实时处理并解释语音指令。**当这些技术汇聚一堂，用户只需简单的语音命令，便能创造出完整的宇宙。**①

离开产品演示区域时，我头晕脑眩，但也心潮澎湃。科幻小说的情节与《创世记》的篇章在我脑海中不断交织。我坐在一张三角形沙发上，竭力想象着我女儿将要生活的未来世界。他们正致力于计算机科学领域的重大项目突破，但当我向英伟达高管质疑释放如此强大的力量是否明智时，他们看我的眼神就好像我在质疑洗衣机的实用性一样。我好奇 AI 是否有一天会造成人员伤亡。布莱恩·卡坦扎罗回应说：“嗯，每年都有人死于触电。”我进一步探问，AI 是否会导致艺术的消亡。德怀特·迪克斯则断言：“它会让艺术更上一层楼！”他还补充道：“它会助力你在工作中更出色。”我追问，是不是不久的将来人工智能就会有自我意识。黄仁勋回应说：“要成为一个生物，你就要具备自我意识，拥

① 2024 年 12 月发布的谷歌 Genie 2，仅凭借一张图片就能创建出一个可供探索的三维世界。

有自我认知，对吧？”他继而表示：“所以，我觉得不会。我也不知道那种情况会在何时发生。”

在与黄仁勋的每次访谈中，我都会在这一点上对他紧追不放，而他每次给出的答案都大同小异。我提及了杰弗里·辛顿的顾虑。“人类只是智能进化中的过渡阶段罢了。”辛顿在 PBS 的采访里这样讲道。黄仁勋对此嗤之以鼻：“许多研究者都不明白他为何这么说。也许他只是想博取人们对他工作的关注罢了。”这番话令我惊愕。要知道，辛顿可是 AI 史上最具前瞻性的研究者，英伟达的财务成功与他的研究工作密不可分，这也是黄仁勋多次承认的事实。辛顿可不是街头随便一个举着标语的人，而是 AI 领域最杰出的智者、乔治·布尔①的直系传人，他在告诫我们应该对此深感忧虑。

然而，黄仁勋却冷漠地不以为然。“你看，你买了个热狗，于是机器就推荐你加番茄酱和芥末酱，”黄仁勋说道，“难道这就意味着人类的终结吗？”他谈到了社会对汽车、闹钟和手机等事物的快速适应过程，并称我们也会同样习惯于自动机器人吸尘器来清扫地毯。“机器人并没做什么出奇的事，”他讲道，“就像我说的，它们只是在处理数据而已。如果你能理解其工作原理，那这个世界看起来也就一点也不奇怪了。”但在我持续的追问下，黄仁勋最终显得有些恼火：“对没有证据的事情的假设，我已经感到厌倦了。”

① 创立布尔代数的逻辑学家乔治·布尔（George Boole）是辛顿的曾曾祖父，布尔是 19 世纪最重要的数学家之一，其研究成果对现代计算机科学至关重要。——编者注

英伟达成就的最乐观解读——进化历程中的一个崭新阶段

戴安娜是通过一种名为“深度学习超级采样”（deep learning super sampling，dlss）的技术渲染而成的，该技术首先依赖光线追踪来照亮场景，随后利用神经网络来描绘细节。在产品演示中，仅有 1/8 的像素是由光线追踪算法生成的，其余部分则是由 AI 推理出来的。

戴维·柯克曾一度认为光线追踪是技术的终极边界。一旦能够精确描绘场景中光线的级联，那便是终点——将现实与模拟融合为一个单一的框架。在电影中，通过光线追踪生成的 CGI 已与摄像机捕捉的画面难以区分——如今几乎每一部重要电影都运用了这项技术。“在屏幕上谈论真实与虚构已失去意义，”柯克说道，“一切都是虚构的。”

然而，当卡坦扎罗重返英伟达负责管理深度学习应用时，他看到了一个更为广阔的领域。这种被称作“神经图形”（neural graphics）的新技术甚至不再尝试去模拟物理现象。相反，它运用 AI 来实时“绘制”逼真的场景。神经图形并不依赖光学物理来再现现实，而是解析了人类对光的感知方式。

卡坦扎罗重返英伟达的旅程颇为曲折。在年近四十之际，他终于接纳了自己。由于他富有表现力的服装、对宗教的深思以及对文学和音乐的热爱，卡坦扎罗在英伟达一直显得是个异类。倒不是说他真的有多古怪——在谷歌，他或许只是个普通人。但英伟达的文化氛围并不鼓励员工尝试多元恋爱关系等。在我与英伟达员工的数百小时交流中，从未有人提起过“火人节”（美国一个反传统狂欢节）。

唯有卡坦扎罗愿意深入探讨他所研发技术的潜在影响。某天在浏览社交媒体时，我恰巧看到 1964 年科幻作家阿瑟·克拉克接受 BBC 采访的片段。甚至在与人合写《2001 太空漫游》剧本之前，克拉克就设想到了机器或许有一天会超越人类的学习速度：

> 未来世界最智慧的生物将不再是人类或猴子，而是机器——当今计算机的进化产物。现今的电子大脑仍显笨拙，但下一代将彻底改变这一现状。它们将开始思考，并最终全面超越其创造者。
>
> 这难道令人沮丧吗？我不明白为何会如此。我们取代了克罗马农人和尼安德特人，并自视为一种进步。我认为，能作为实现更高目标的基石，应被视作一种殊荣。我猜测，有机或生物进化已趋于完结，而我们正站在无机或机械进化的起点，其速度将快上成千倍。

这可谓对英伟达成就的最乐观解读——不仅是商业或技术层面的成功，更是进化历程中的一个崭新阶段。

第二次与卡坦扎罗交谈时，我向他展示了克拉克的电影片段，他瞬间反应强烈——他挺直了身子，并开始用手梳理头发。他说道："保守的观点是，普罗米修斯因将火种带给人类而应被锁在岩石上受鹰啄食肝脏之刑，因为人类不配拥有火种。而进步的观点认为，世界可以变得更好，也应该变得更好，而我们有责任去实现这一改变。当我环顾人类所面临的各种问题时，我深信我们需要更多的智能。"

我提出质疑，更高级的智能或许潜藏着危机。人类通过农业、畜牧业、采矿和城市化，已经改变了地球的面貌，使所有与之竞争的物种大量减少甚至灭绝，仅留下少数受保护的栖息地尚未受到影响。我向卡坦扎罗发问，人工智能是否有可能对我们做出同样的事情。

"我觉得我们往往被科幻视角所束缚，"卡坦扎罗说，他向后靠在椅背上，我清晰地看到他毛衣正面绣着的猫头鹰图案，"人工智能不会对我们玩零和游戏感兴趣，因为这个宇宙中还有太多其他事情可做。举个例子，如果人工智能想要建造一个庞大的数据中心，它不会选择将其建在人类聚居的地方。它会想把数据中心放在别的地方，也许是地下。你知道地下有多少可用空间吗？"

卡坦扎罗现在打开了话匣子——我感觉他在工作中鲜有机会表述这样的观点。"它无须局限在这个生物圈内。事实上，它也无须留在地球上，因为人工智能的特点是它能以光速传播。而人类只能拖着身体行走。人工智能可以沿着无线电波传递，只要接收端有天线就行。"卡坦扎罗阐释道，摆脱生物学的束缚后，人工智能将能迅速覆盖太阳系乃至更遥远的地方。“人类天生具有竞争性——比如，我们是具有领地意识的动物，守护领地是我们与生俱来的本能，”他说，“人工智能，如果它足够智能的话，它所关注的世界远比人类居住的这层薄薄的地壳要广阔。我不认为它会有兴趣从我们这里掠夺什么。相反，我觉得人工智能会愿意照顾我们。”

唯一的瓶颈

充当园中动物被太空计算机观察，这或许是一种惬意的体验。然而，眼下的英伟达仍受地球束缚，因此卡坦扎罗关于数据中心选址的讨论并非空谈，而是出于现实考量。我在山中目睹的呼啸风扇，更彰显了英伟达设备对电力的巨大需求。**GPU 已经解决了计算速度的瓶颈问题，而 Mellanox 的 Infiniband 协议则解决了数据吞吐量的瓶颈。目前，唯一的瓶颈在于数据中心所能消耗的电力。**

简而言之，限制因素在于电力供应。

第 19 章 更多电力更大算力：如果英伟达表现不佳，整个科技界都会萎靡不振

人们对 AI 的渴求已至极点

当电力技术员靠近输电塔时，电线发出嗡嗡声。超过 20 万伏的电流通过电线。工人身处起重机的吊篮中，距离地面约 30 米。他身着工具带、阻燃衬衫，还戴着绝缘手套，使用一种专用工具“绝缘杆”，从横臂上卸下高压电线。他必须格外小心，稍有不慎就可能立即触电。电线伴随着噼啪声断开，空气中弥漫着臭氧的气味（类似鱼腥味）。一个任务完成，还有几千个任务等着他。

这位电力技术员供职于弗吉尼亚州劳登县的电力公司道明尼能源公司（Dominion Energy）。他正在升级供电基础设施，以保障全球最大的数据中心集群的电力供应。劳登县是美国零售计算需求的核心所在地：如果你在曼哈顿使用谷歌搜索，很可能你的查询请求就是通过弗吉尼亚州传输的。

为这些巨型计算机供电的电力基础设施，道明尼公司花费了超过一个世纪的时间来建造。随着人工智能时代的到来，道明尼公司预计将在15年内将基础设施规模扩大一倍。这项工作本就危险重重，而数据中心的需求又如此迫切，以至于在2024年夏天，道明尼公司决定必须在电线仍然带电的情况下进行更换。虽然风险极高，但人类的安全似乎只是次要考虑。**在任何情况下，数据中心的电源都不可切断。需求异常旺盛，人们对 AI 的渴求已至极点。**

这种需求并非源于训练新的神经网络，而主要是来自部署神经网络。推理曾是一项简单的任务，可存于软盘之上，但现代用户对 AI 的期望远超西洋双陆棋的走法。他们期望获得论文，他们期望进行搜索，他们期望借助语音生成器来制作段子。OpenAI 的 GPT 产品日均活跃用户逾1.8亿。谷歌同时提供实验性 AI 答案与传统搜索结果。TikTok 视频由日益壮大的 AI 语音解说阵容进行配音。在某一主要人口中心郊区的一间不知名仓库的数据中心机架内，你会发现一个为上述每项服务提供算力的英伟达 GPU。

这些 GPU 耗电量巨大。一次标准的谷歌搜索大约需要 0.3 瓦时的电量。而启用生成式 AI 后，同样的谷歌搜索所需电量是原来的 10 倍，这足以为一个灯泡供电约 20 分钟。若让 GPT 为你撰写一篇 5 000 字的论文，所耗电量则足以驱动微波炉运行 1 小时。工业领域的需求更为庞大，高管们对全面取代人类劳动的前景满怀期待。2022年，詹姆斯·厄尔·琼斯（James Earl Jones）宣布他厌倦了为达斯·维达配音，并将自己的声音授权给迪士尼，以供永久复制使用。（琼斯在 2024 年去世，但达斯・维达那具有威胁性的语调和沉重的呼吸声却可能长存于世。）图像识别技术承诺每年能为磁共振成像（MRI）分析节省数十亿美元的成本，这可能导致多数放射科医生失业。亚马逊运用 AI 来判定配送的草莓是否有破损，农场主们也在尝试利用 AI 机器人来采摘水果。

一项分析预测，为满足生成式 AI 热潮的需求，美国可能需要在 10 年内将核电站的产能翻倍。即便是保守估计，电量总需求预计也将增长 20%。要在满足英伟达 GPU 所需电力的同时实现碳中和目标，现实中几乎无法找到可行的方法。除了升级高压线路，道明尼公司还在探讨重启已封存的燃煤设施的可能性。

当然，英伟达并非对全球变暖问题视而不见。其研究人员迅速指出，气候建模是超级计算机最早的应用领域之一。真锅淑郎因揭示微量二氧化碳能在大气中捕获热量的现象而荣获 2021 年诺贝尔物理学奖。[①]他是在 20 世纪 60 年代末通过使用一台重 70 吨、耗电量相当于 10 个街区用电量的 IBM 计算机，构建了一个原始的地球模型，并据此得出了上述结论。在 20 世纪 80 年代，美国国家航空航天局的科学家们利用性能呈指数级增长的计算机，准确预测了地球平均温度将上升几华氏度，

① 真锅淑郎在著作《气候变暖与人类未来》中讨论了人类导致的全球变暖，以及全球变暖的未来可能发展方向。该书中文简体字版已由湛庐策划、浙江科学技术出版社出版。——编者注

尽管当时的实际气温趋势看似平稳。这些模型还预测，随着地球变暖，高层大气会冷却下来，导致热量被困于地表附近时大气层像煎饼一样被压缩。如今，卫星数据证实大气层确实发生了这样的变化。

可以说，我们对气候变化的几乎所有认识都源自强大且高耗能的超级计算机。

2005—2010年，科学家们便利用英伟达硬件来运行气候模型，而英伟达自身也设有气候部门，负责进行高精度的气候预测。（例如，英伟达的“地球-2”模拟项目就承诺能够预测到城市单个街区的风速情况。）英伟达的首席科学家戴利对气候变化问题深感忧虑，他常去探访白雪覆盖山顶的内华达山脉和风暴频发的加勒比海，目睹了气候变化带来的种种影响。戴利投身于人工智能领域的一个重要原因是，他坚信这一技术能推动人类走向碳中和的未来。他曾这样说道：“如果说有什么问题能让全世界的人都夜不能寐，那无疑就是气候变化。我们星球的存续应当成为我们最首要关注的问题。”

从250瓦到1 000瓦，狂飙突进的功耗

尽管有这样的表态，英伟达芯片却几乎是导致全球电力需求激增的罪魁祸首。随着芯片在矩阵乘法运算性能上的不断提升，它们对电力的渴求也愈发强烈。2020年推出的A100芯片在标准配置下的功耗为250

瓦，而仅仅两年之后发布的 H100 芯片就将功耗提升到了 350 瓦，增幅高达 40%。到了 2024 年，新发布的 B100 芯片功耗更是直接翻倍，达到了惊人的 700 瓦，而即将面世的 B200 芯片则预计功耗为 1 000 瓦。回想 2016 年推出的初代 DGX 机箱，其耗电量还仅仅相当于一台家用干衣机的耗电量，而到了 2024 年，其升级版的耗电量却已经足以供应单户家庭的全部用电需求。

而这只不过是堡垒之墙上的一块砖而已。DGX 机箱作为模块化单元，客户可以将其堆叠起来，构建成现代数据中心骨干所需的长条形“超级舱”。超级计算单元布满了厚厚的电缆束，同时装备了先进的空气和液体冷却系统，以防止设备过热。规模最大的超大规模数据中心，其年度用电需求以吉瓦来计算，已超过一座核反应堆的输出电量，其所耗电量甚至足够为明尼阿波利斯这样的城市供电。因数据中心英伟达芯片的不断升级，谷歌的温室气体排放量在 5 年内竟增加了近 50%。即便考虑到电网效率的提升，尽管公司做出了到 2030 年实现“净零”排放的承诺，这一数字仍然触目惊心。（2024 年，公司的一位发言人再次强调了谷歌对碳中和的承诺，同时也承认 AI 的电力消耗确实是一个挑战。）在微软，由于其云计算部门负责训练和部署成本高昂的 OpenAI 模型，其排放量也增加了近 1/3。云服务提供商们甚至开始考虑购入废弃的加密货币挖矿业务。

然而，这种大规模的建设是否明智，一些投资者对此表示质疑。毕竟，AI 的盈利之路并非坦途，硅片和电力成本高昂，加之人才短缺，使情况更加复杂。能够持续从变化无常的 AI 架构中提取有效结果的 AI 专家凤毛麟角，而他们的薪酬也水涨船高。并非每家公司都能成为 OpenAI，也并非每家公司都能拥有像苏茨克弗这样的天才。弗雷德里克·达尔在尝试训练神经网络玩扑克时所遭遇的挫折，如今正在全球各地的 IT 机构中重演。

尽管算力已经提升，神经网络仍然会遭遇瓶颈，而当它们陷入困境时，往往找不到明确的方法来改进。那些试图利用内部数据复制 GPT 的公司，最终往往只能得到一堆混乱的“知识引擎”。这些所谓的引擎，实际上不过是玩具而已。这些 AI 系统使用电子邮件、使命说明、专利申请、法律备忘录以及来自公司内部课程的其他精选内容，来补充标准的大型语言模型训练集。随着 AI 热潮在中层管理中的渗透，营销、媒体和医疗保健公司的高管们纷纷启动雄心勃勃的计划，有时甚至公开告诉员工，一旦神经网络开始运作，许多员工将面临失业。然而，事实是许多这样的项目最终都沦为了空头软件：它们不仅进度滞后，而且成本高昂，几乎无法使用。许多用户都觉得人工智能技术还不够成熟。

2024 年夏天，全球知名对冲基金机构艾略特管理公司（Elliott Mana-gement）向投资者表示，科技股，特别是英伟达，已陷入“泡沫状态”。据《金融时报》（*The Financial Times*）报道，该公司在致客户信中指出，人工智能“被过度炒作，许多承诺的应用还没准备好进入黄金时段”。这些被大肆宣传的应用“可能永远不会有成本效益，无法真正正常运行，会消耗过多能源，或最终被证实并不可靠”。

对英伟达帝国来说，失望的情绪比竞争带来的风险更大。错失恐惧症（Fear of Missing Out，FOMO）引发了大量的行动——毕竟，没有哪家公司能承受得起没有人工智能战略的后果。购买英伟达硬件的高管们亟须开发出能证明其投资规模合理的产品。如若不然，懊悔情绪将会蔓延，市场需求会减弱，英伟达的股价也将暴跌。艾略特的基金经理认为，**一旦英伟达经历一个糟糕的季度，整个科技行业都将如泄气的皮球般萎靡不振。**

AI 领域投资者的热情固然高涨，但他们是否真的失去了理性？尽管质疑者将这场 AI 热潮比作互联网泡沫或次贷危机，但负责 AI 领域支出的高管们并非江湖骗子。他们是经验丰富的计算机领域天才，有着数十年的从业经验。参与其中的企业运营稳定，资金来自累积的利润储备，而不是高风险的股票发行或次级债务。我所交谈过的每一位学术计算机科学家，无一不将神经网络的成功视为人类文明的进步。许多人认为，这是该领域有史以来最重要的发现。这项技术令人叹为观止，它至今所带来的收益都是实打实的。

以往投资者面对的只是英伟达的估值问题，如今这一问题已波及整个股市的估值。细究过去的财报，并不能判断 AI 领域的投资是否明智，对未来收益的预测与现实之间的关联，就如同茶杯底的茶叶那般微不足道。问题的关键在于，黄仁勋、扎克伯格、马斯克、纳德拉、桑达尔·皮查伊（Sundar Pichai）以及奥尔特曼这些人是否清楚自己在做什么。他们已将数千亿美元的资金，投入这项尚未得到验证的技术。这样的做法明智吗？他们究竟是否具备足够的智慧？

第 20 章
地球上最重要的股票：
基于愿景的运气和超乎常人的智慧

这一天，华尔街见证了史上单日财富积累最高纪录

关键时刻终于来临，那是 2024 年 2 月 21 日。关于财务公告的炒作简直到了离谱的地步。CNBC 在事件前夕连续数天进行倒计时。被称为 FinTwit 的小众社交媒体社群，传播了一张黄仁勋的模因图，图中他身穿标志性的皮衣，站在一张美国选举地图前，地图上 50 个州全都被涂成了鲜亮的绿色。在结果揭晓前的几天里，高盛甚至将英伟达誉为“地球上最重要的股票”。

英伟达的电话会议在股市交易结束后 15 分钟准时开始。这场收益报告成了华尔街历史上听取人数最多的财务报告会之一。首先发言的是英伟达的首席财务官科莱特·克雷斯。她宣布，公司年度收入远超预期，竟然翻了一番还多，高达 600 亿美元。更令人震惊的是，英伟达所有产品的毛利率都超过了 70%。（相比之下，华尔街宠儿、印钞机般的

苹果公司的毛利率为46%。）克雷斯还宣布，年度净收入略低于300亿美元——这一数字竟然超过了公司过去30年收入的总和。拥有30 000名员工的英伟达，如今每位员工每年能创造100万美元的利润。

紧接着，黄仁勋登台发言，仿佛就是托马斯·爱迪生再世。他描述了神经网络现在不仅能够理解和生成人类语言，还能够理解和生成包括生物学元素和三维世界在内的任何信息。他阐述了即将到来的“万亿美元基础设施周期”，也就是构建人工智能工厂。他讲道：

> 我们当前正站在一个新产业的起点，人工智能数据中心负责处理海量的原始数据，并将其精炼，然后转化为数字智能。类似上一次工业革命中的交流电发电厂，英伟达的人工智能超级计算机在本质上成了这次工业革命的人工智能生产工厂。

然而，交易员没能为接下来那一天的疯狂做好充分的准备。在2月22日短短6个半小时的交易时间里，英伟达的市值激增了2 770亿美元，这一增长额度甚至超过了可口可乐公司的整体市值。当天，交易员们至少交易了650亿美元的股票，这占到了美国股市总交易活动的将近1/5。市场收盘时，全球市值最高的3家公司依次为微软、苹果和英伟达。这一天，**华尔街见证了历史上单日财富积累最高纪录。**

这样的财富积累给黄仁勋带来了难以想象的压力。因为英伟达的大部分价值并非基于公司已经取得的成就，而是基于投资者对公司未来可能实现的期望。这意味着在一个充满活力的竞争环境中，英伟达必须持续快速地进行创新并交付成果。在参加他的会议和投资者演讲时，我看着他在台上踱步，突然意识到普里姆在 25 年前所看到的那一幕：黄仁勋是孤军奋战的。

管理学教授们通常认为，一个 CEO 在理想状态下应该有 8 名到 12 名直接下属。然而，黄仁勋却有 55 名。他身边没有得力的助手，没有左膀右臂，也没有副手来分担他的重任。黄仁勋并未指定继任者，随着英伟达不断发展，其高管团队规模实际上有所缩减，这意味着无人须为错误承担责任。董事会成员谈及他的不可替代性，这并非夸大其词，黄仁勋的确凭一己之力将美国经济从衰退边缘挽救回来。在英伟达的崛起过程中，美国股市已遥遥领先于欧洲和亚洲股市。而这种卓越表现几乎全部归功于人工智能。英伟达 3 万亿美元的市值，据说代表了公司未来收益的预期价值，但实际上，**这是对这位 61 岁男子能力的豪赌，赌注的规模相当于一个国家的 GDP。**

邱定伟：黄仁勋让我得以从事“毕生的事业”

2022 年，根据 Glassdoor 网站上的员工评价，英伟达被评为美国最受欢迎公司。当然，员工们的溢美之词在一定程度上是因为公司股价的上涨，但即便回到游戏时代，英伟达的表现依然称得上出色。这有些令人意外，因为在英伟达工作不仅充满挑战，而且也并不总是有趣的。黄仁勋所培育的企业文化更接近微软而非谷歌，更接近 IBM 而非苹果。然而多年前，中国台湾地区的物理学家邱定伟曾对黄仁勋说，他让自己得以从事“毕生的事业”。黄仁勋一直将这句话铭记在心，现在他希望为员工提供同样的机会。公司在年度报告中写道：

> 我们希望英伟达成为可以帮助人们成就终身事业的地方，我们的员工往往来了就不愿离开。

英伟达的吸引力在于它能让你取得卓越的成就。众所周知，黄仁勋对团队的要求极为严格。这种高强度的工作环境吸引了那些决心成为发明家并留下发明遗产的坚定工作狂。就像畅销书作家笔耕不辍，众多实现了财富自由的英伟达工程师也日复一日地工作着，攻克一个又一个技术难题。这些工程师共同持有超过 15 000 项专利，但他们在探索之路上从未停歇。

英伟达的成功使它在挑选求职者时有了挑剔的资本。现如今，每一个职位的招聘都能吸引数百名求职者。**那些怀揣雄心壮志、渴望为人工智能革命添砖加瓦的人，往往将英伟达视为理想的选择。**从员工队伍来看——根据我于午餐时间在自助餐厅的粗略观察，员工中大约 1/3 来自南亚，1/3 来自东亚，还有 1/3 是白人。印度菜的队伍总是排得最长。虽然英伟达没有向我提供官方的人口统计数据，但从照片和采访中不难看出，21 世纪初，公司的员工主要还是美国白人男性。然而，随着时间的推移，员工构成逐渐向亚洲人过渡，这既是硅谷整体趋势的缩影，也反映了黄仁勋关注点的转变。一位公司“老臣”告诉我：“你知道吗，计算机图形学曾被视为一个缺乏魅力的领域，甚至有点儿上不了台面。”

但人工智能的兴起为这个行业带来了尊严。如今，申请加入公司的优秀人才不再只是穿着大裤衩、留着长发的美国人，更多是来自印度和中国顶尖技术学府的毕业生。曾在英伟达任职的一位经理描述了这些亚洲毕业生家庭对他们的期望。“这些孩子，他们的家人给他们的选择只有三个：成为医生、工程师或者……事实上，我不认为有第三种选择，”他说，“他们竞争力极强，也极其聪明，同时还承受着巨大的压力。”

这位经理是一名游戏玩家，自图形时代伊始便一直在英伟达任职，他对英伟达不断演变的文化进行了深思。图形设计曾是一个相对低收入、被视为怪异的领域。“我父母曾劝我不要涉足此行，”他坦言，“他们认为我应该找一份体面的工作。”随着公司的成功，他感受到英伟达过去那些满怀激情、特立独行的员工正逐渐被新一代墨守成规却成就斐然的人才取代。然而，这位经理也承认，新进的员工确实才智过人。“我是说，讲真的，他们具备编程能力吗？”他自问自答，“没错，他们的编程水平远胜于我。”

在英伟达早期，公司几乎未曾雇用过女性员工。在公司首次公开募股之际，戴维·柯克邂逅了他日后的妻子，她是一位来自蒙特利尔的同事。“那时，英伟达的所有男员工都对公司里女性员工的数量心知肚明，”他说道，“只有3位。”这一数字至少在一定程度上折射出合格的女性电气工程毕业生较为稀缺的状况，即使在今天，美国电气工程专业的毕业生中，男性占比仍超过90%。

2022年的一项调查显示，当被要求根据个人职业兴趣对学科进行排名时，美国女性工程专业的本科生将环境工程和生物医学工程并列排在首位，而电气工程则位列榜末。遵循黄仁勋的明确指导，英伟达积极致力于招聘更多女性员工。这一努力取得了显著成效，截至2024年，英伟达的员工中女性占比略超过25%。（值得一提的是，大约在2020年，英伟达推出的具有性别的CGI精灵Dawn也悄然从公司的营销材料中消失了。）黄仁勋的妻子洛丽为了抚养孩子已离开职场，当谈及疫情后继续推行英伟达的灵活远程办公政策时，我察觉到黄仁勋迫切希望能够做些什么，对自己妻子中断的职业生涯做出补偿。黄仁勋曾表示：

> 我们期望借助出色的视频会议技术，帮助年轻人特别是年轻女性，能够同时兼顾生活、家庭和事业，这一点我绝不会放弃。

然而，英伟达在招聘黑人员工方面的尝试则收效甚微。截至2020年，英伟达全球员工中黑人占比不足1%。这一比例也从侧面反映了合格的美国黑人电气工程毕业生的稀缺，但更显著的是，它可能反映了美国合格电气工程师整体的稀缺状况。这一学科从世界各地招揽人才，其中来自东亚、南亚、中东以及欧洲的申请者人数是美国本土申请者的 10 倍。“我们面临的多样性问题，主要在于无法吸引来自不同种族的美国人学习这一学科。”一位大学教授这样告诉我。

我注意到，在英伟达，许多与我交谈的工程师，其父母至少有一方也是工程师。（有些人的双亲都是工程师——对他们而言，这似乎成了一种家族传承。）萨默・哈勒佩特的父亲在他小学三年级时就教他焊接电路。“工程学，特别是电气工程学，非常深奥难懂，”他说，“所以你需要一些引导。你需要有人告诉你：‘你能够掌握这个。’”哈勒佩特曾试图将焊接技术传授给他的几个女儿，但没有成功。

当然，黄仁勋的父亲和两个兄弟都是工程师。黄仁勋的两个孩子黄敏珊和黄胜斌原本进入了酒店行业，但经过多年的耐心劝导，他终于把孩子们带回了工程师群体。黄敏珊在巴黎的 LVMH 集团接受厨师培训并有过相关从业经历，2020 年被英伟达聘为市场总监。黄胜斌曾在中国台北创办了一家鸡尾酒“实验室”，该酒吧还曾被评为亚洲五十大酒吧之一，但可惜在疫情期间倒闭了。他在 2022 年加入了英伟达的机器人研究小组。值得一提的是，在英伟达内部，黄胜斌和黄敏珊并未受到任何特殊照顾。“他们一起整理 PPT。他们参加没完没了的枯燥的电话会议。他们在食堂用餐。”一位员工说。

如果他们不能从我这里买，他们会自己制造

黄仁勋的公司长期以来都是全球化的受益者，过去，英伟达对地缘政治纷争并不太担忧。然而，这种局面在 2023 年 10 月 7 日发生了改变，当时哈马斯的武装分子侵入以色列，开始无差别地屠戮平民。Mellanox 的创始人埃亚尔·沃尔德曼的小女儿在这场大屠杀中遇难，英伟达工程师阿维纳坦·奥尔（Avinatan Or）被劫持，成为人质（截至 2024 年 11 月，奥尔依然下落不明）。在哈马斯的首次袭击中，有 1 100 多人被杀，250 多人被劫持。

随后，以色列展开了猛烈的反击。加沙超过半数的建筑要么遭到破坏，要么被夷为平地。全球各地都举行了抗议活动。战争爆发时，英伟达在以色列有大约 3 000 名员工；公司在约旦河西岸也有大约 100 名巴勒斯坦员工。在 400 名以色列员工应征入伍后，黄仁勋取消了原计划在以色列特拉维夫举办的人工智能会议，然后向公司全体员工发送了一封电子邮件，表明他将向该地区的员工发放奖金，“以绵薄之力为他们提供帮助”。他还承诺，英伟达将为员工的人道主义援助捐款提供等额配捐。“有些人想要为以色列的救援行动捐款，而另一些人则想要帮助无辜的巴勒斯坦人，”电子邮件中写道，“大家可以选择支持以色列、加沙或两地的人道主义援助。”

在公开声明中，黄仁勋并未表明对此次冲突的立场，而是反复强调保障员工的安全是他的首要任务。不过，他也指出了以色列高科技行业

对英伟达的重要性。“Blackwell 处理器的核心技术来自以色列，”他在 2024 年 3 月的 GTC 大会上对媒体表示，“我们将继续在以色列进行大量投资。”尽管冲突在一个月后仍未平息，但英伟达宣布将以 7 亿美元收购拥有 150 名员工的以色列初创企业 Run: AI。

在中国，英伟达面临更为复杂的局面。黄仁勋将中国视为其人工智能芯片的关键市场，并希望能尽可能多地向中国客户销售芯片。然而，美国政府对此却有不同的打算，于 2022 年禁止向中国销售英伟达的先进 A100 和 H100 芯片。黄仁勋通过销售经过修改的芯片版本以规避禁令，但此举引发了美国政府的不满，指责他利用了法案漏洞，并针对英伟达设备的销售发布了更广泛的禁令，包括部分高端游戏显卡。

在制裁生效前的几天里，英伟达匆忙出货，向 TikTok 的母公司字节跳动出售了足以训练 10 个 ChatGPT 模型的 A100 芯片。即便在禁令实施之后，高端芯片仍然继续流入中国。黄仁勋告诉我，他最优先考虑的是遵守法律，但他反对这些制裁：“如果他们不能从我们这里买，他们会自己制造。”

此外，由于台积电的制造设施是目前全球最为先进的，其他地方的设备生产的微芯片的处理速度和精度都无法同台积电生产的芯片相媲美。在疫情期间，台积电的生产放缓曾导致汽车交付时间推迟了数月。一场灾难可能将造成数年的延误——这不仅仅是汽车和人工智能领域，还包括智能手机、消费电子、医疗设备以及任何使用高端微芯片的其他产品。

但令我非常惊讶的是，英伟达对这种可能性并没有做任何应急计划。“如果台积电发生了什么事，其影响巨大，几乎就像是在问我如果加利福尼亚掉进大海我会怎么做一样。”德布·舒奎斯特说。舒奎斯特负责世界上最有价值的半导体公司的物流，但黄仁勋指示她永远不要考虑这个问题。

意识到国际局势的不稳定性，各国政府已开始资助建设本国的芯片制造基础设施。在美国，时任总统拜登已拨出数十亿美元的纳税人资金，用于在俄亥俄州和亚利桑那州建设相关设施。类似的计划也已在日本、韩国和欧盟启动。“半导体行业已不再是全球化的了。”张忠谋在2023年底的一次台积电活动中对员工说。

在美国亚利桑那州凤凰城北部的一片未开发的沙漠地带，台积电清理了超过4平方公里的灌木丛，将其作为两座大型芯片工厂的建造地。虽然从理论上说，该地区位于凤凰城广袤的市区边界内，但实际上是一片荒凉之地，尚未开发。附近唯一的娱乐设施是一个露天射击场。这个综合体自给自足，拥有专门的供水和天然气设施，还配备了一个精炼厂，用于提供纯净的氮气、氧气和氩气。索诺拉（Sonora）8月的气温可能超过43℃，为了节水，这些工厂将配备湿气回收系统，颇有点《沙丘》的味道。

好奇的邻居从附近的金字塔峰眺望该地点，看到39台建筑起重机同时作业，其中包括一台约55米高的马尼托瓦克履带起重机，它能一次举起将近 230 万公斤重物。台积电在凤凰城建造芯片工厂的总预算预计将超过 400 亿美元，这使其成为美国历史上最大的外国直接投资项目之一，也是全球最昂贵的超级工程之一。一旦完工，凤凰城的这家工厂预计将雇用 2 000 名员工，每年生产 60 万块芯片，足以满足美国国内的全部需求。

向南大约 65 公里，在钱德勒市的住宅区内，英特尔正斥资 320 亿美元进行扩张。在这片遍布高尔夫球场与节水型景观的牧场住宅之间，英特尔的项目施工工作昼夜不停：为确保地基能在酷热的夏季凝固，建筑工人们在混凝土混合物中加入了冰块，选择在午夜时分进行浇筑。他们总计铺设了约 30.5 万立方米的混凝土，足以填满整整 100 个奥林匹克标准游泳池。之后又运来了 3 万吨钢材，用以搭建上方的脚手架。无人机航拍画面显示，6 个巨型的中央制造建筑由北向南依次排开，通过错综复杂的工业管道网络与西侧一条平行排列的辅助结构相连。

亚利桑那州内这些相互竞争的工厂，以及世界各地正在筹建的其他类似工厂，都预示着未来可能会出现供应过剩的局面。已经退休、不再参与决策的张忠谋认为，在亚利桑那州的投资并不明智——他坚信，美国的工作文化永远无法与亚洲的生产力相抗衡，这一设施的建设进度终将落后于全球竞争对手。然而，当他的得意客户黄仁勋于 2023 年参观台积电在凤凰城的施工现场时，张忠谋依然微笑着迎接了他。

目前，美国政府已成功游说多方，阻止将制造过程中最为关键的组件——先进光刻机出口到中国大陆。

基于愿景的运气 vs. 超乎常人的智慧

财富的热潮不仅涌向了英伟达，整个半导体行业都陷入了一种狂热。高通、AMD、博通、超微等公司都获得了创纪录的估值。荷兰公司阿斯麦，作为建造光刻机的巨头，成为欧洲最有价值的科技股。而拥有无与伦比制造设施的台积电，则成为亚洲最有价值的科技股。

2024 年 3 月，《金融时报》报道称，法拉利在中国台湾的销量在过去 4 年里翻了一番。“这很容易理解，”一位当地商人解释道，“台湾地区的人很富有，而你能投资的地方却有限：你可以买房子，也可以买车。”

自 1999 年 1 月 22 日首次公开募股至 2024 年中期，英伟达的股价飙升了超过 300 000%。这一涨幅也让多年前一些草率决定带来的后果无限放大。德怀特·迪克斯在首次公开募股时卖掉了部分股票，为他的父亲购买了一辆车。“那辆凯迪拉克如今价值 10 亿美元。”他说道。

重返公司的布莱恩·卡坦扎罗和巴斯·阿尔斯都深切感受到了股票期权重新定价带来的痛苦，尽管最终两人都赚了不少。当然，普里姆早在多年前就已经将他所有的股票都套现了。他（联合创始）的公司最终成了众人羡慕的对象——只有他被排除到那些最值得羡慕的人之外。

2024 年底，英伟达的市值已是陷入困境的英特尔市值的 20 倍。（事实上，黄仁勋个人的持股财富已经超过了英特尔的市值。）2023 年 12 月，在对麻省理工学院学生的演讲中，英特尔新任 CEO 帕特·基尔辛格（Pat Gelsinger）称英伟达在其 GPU 项目上“运气极佳”。“他们当初甚至不愿支持自己的第一个人工智能项目。”他说道。

基尔辛格，这位来自宾夕法尼亚州乡村、身材瘦削且长着鹰钩鼻的电气工程师，曾多次试图将黄仁勋挤出该行业。在 20 世纪 90 年代后期，基尔辛格担任过英特尔 i740 的产品经理，这是一款未能取得成功的 3D 图形加速器。到了 21 世纪的第一个 10 年，他又负责从未面世的“挑战英伟达”项目 Larabee。2022 年，身为 CEO 的基尔辛格推出了英特尔 Arc，这是一款带有模仿性质的消费级图形芯片，但市场份额仅有 1%。在竞争对手采用灵活的“商用芯片”策略时，基尔辛格却更加专注于生产制造。在他的领导下，英特尔的股票在这个半导体行业最繁荣的时期惨遭腰斩。

2024 年末，英特尔董事会迫使基尔辛格离职，但他并不是唯一一个认为黄仁勋只是运气好的人。甚至包括卡坦扎罗在内，都无人预见到并行计算与神经网络会交会融合。阿尔斯对这两项技术的了解深入透彻，他对这种完美的融合惊叹不已。这两个曾被忽视、拿不到投资且遭行业与研究人员极其痛恨与厌恶的计算机科学分支，竟意外地结合成了一个蓬勃发展的实体，正朝着智能化方向迈进。“我只是觉得，英伟达不可能这么幸运，”阿尔斯说道，“深度学习与英伟达的业务契合得如此完美，简直令人难以置信，因为英伟达从未在此方面付出过任何努力！”

而黄仁勋则将其称为“基于愿景的运气”。

在比尔·戴利看来，英伟达的成功归功于黄仁勋不懈的工作热情。即便戴利自己也是分秒必争地工作，他仍无法完全相信他老板所付出的超人般的努力。“我们其他人的工作，仅仅是为了减轻詹森的负担而已。”戴利坦言。“我的意思是，他什么时候睡觉？”迪克斯附和道，“他的爱好就是工作、发电子邮件，然后再工作。”

不过，长时间工作的人也不在少数。霍斯特曼认为，黄仁勋之所以能成功，是因为他的适应能力。“我常常问自己，为什么当初我们在同一个隔间起步，智商差不多，也都同样努力，”霍斯特曼说，“可为什么这个人不仅创立了这家了不起的公司，还在身边建立起了一个愿意为他赴汤蹈火的人际网络？”霍斯特曼觉得，黄仁勋一直在不断地改变自我。他回忆起在LSI时的黄仁勋，总是能把模拟软件用到极致。霍斯特曼说：“现在，他依然在这样做，只不过他正在‘工程化’的是自己。**他并非生来就是一位伟大的CEO，也并非注定会成为这样的人。他通过不断的抽象思考，通过解决一个好CEO应该具备的输入和输出问题，把自己变成了这样一个人。**”

但说到底，还是张忠谋的看法最具分量。他并不认为黄仁勋之所以能成功，是因为他的工作伦理——在台积电，这只能算是略高于平均水平，他也没发现黄仁勋有什么特别的适应能力。我与张忠谋交谈时，他已是 92 岁高龄，身穿一件紫色绞花毛衣，坐在一幅醒目的抽象艺术作品前，面容安详，一头银发。在长达 70 年的公司生涯里，他的足迹遍布两大洲，其间他接触到了形形色色的高管。在他看来，**一切的成功都并非难以捉摸，而是有迹可循的："他们的智慧确实超乎常人。"**

第 21 章

向理性本身发起挑战：

我得保留点儿秘密

是领导者，更是先知

英伟达的员工对黄仁勋崇拜有加，这完全可以理解。毕竟，他们财富丰厚，令人难以置信地富足，而这一切都是黄仁勋带给他们的。他将一个原本小众的极客产品，打造成了这个时代的主导计算平台。在员工们眼中，黄仁勋不仅是一位领导者，更是一位先知。他能够预测未来的趋势，而这些预言往往都会成真。每当他的一个预言变为现实，公司里每个人的身价数字都会增加一个零。

为了巩固这种个人崇拜，黄仁勋可谓煞费苦心。他通过演讲、批斗会以及好话与辱骂交织的方式，让人们屈服于他的意志。此外，他还精心打造了自己的个人品牌，而不仅仅是通过穿着皮夹克来展现个性。在英伟达的发展历程中，黄仁勋曾以 Jen-Hsun 这个名字的音译而广为人知。然而到了 2023 年，他决定只使用 Jensen 这个更具标志性的单名。

2011 年，史蒂夫·乔布斯逝世，这让科技界失去了一个拥有标志性着装和远见的领袖，这样的角色在美国文化中举足轻重。而到了 2024 年，黄仁勋似乎正在逐渐填补这一空缺。

尽管如此，他依然保持着一定的神秘感。

即便你让他开口交谈，也须谨慎对待：黄仁勋肚子里装满了各种轶事，但其中的细节往往会有些许出入。我深知，直接引用他的话是存在风险的。他有时讲话振振有词，并不等同于他真心相信这些。与他交谈，话题可能天马行空，从狗的呕吐物、男性时尚、丹尼餐馆的鸡蛋品质，到任何突如其来、离奇的不相关的话题。一致性并非他的性格标签：那些看似深思熟虑的见解，乃至精炼的格言，实际上可能只是他即兴发挥，未必认真，过后也可能忘得一干二净。

黄仁勋常常自相矛盾，甚至在同场采访中抛出截然相反的观点。他并非在扮演魔鬼代言人——他只是乐于从两面夹击观点。“他无意成为政客，”霍斯特曼坦言，“也不追求信息传达的一致性。他更愿处理即时输入，并乐意暂时接纳矛盾的想法。”那些看似明确的声明，往往只是他思考时脱口而出的话。

唯有当他开始重复自己的观点时，我们才值得留心。**当一个念头真正触动黄仁勋时，它会在数日乃至数周内慢慢酝酿发酵。它融入他的词汇库，并在每次会议上被反复提及。诸如“零亿美元市场”或“光速”**

之类的概念，并非在黄仁勋的脑海中一闪而过，而是在历经数月沉思后，作为反复打磨的智慧结晶浮现。一旦这些概念出现，它们便会被深入地灌输给他的团队，员工们则眼神呆滞地逐字复述黄仁勋的标志性口号。

即使是那些已离开英伟达多年的员工，仍能凭记忆背诵那套信条。这背后自有其逻辑。黄仁勋的魅力和幽默感总能营造轻松的氛围。若说他的领导风格既混乱又独断，那至少不会令人感到沉闷无聊。有位员工在离开英伟达后，曾在新公司观看演示时感到一阵失落。“我们的 CEO 在做季度演示，我在看，心里想：‘天哪，幽默在哪里？难道总是这么乏味吗？’”他说道。其他员工在这位新员工不停更换坐姿时，向他投来疑惑的目光。“我心想：‘天啊，你们甚至不知道自己错过了什么。’”他补充道。

听黄仁勋的演讲总是乐趣无穷。记得 2023 年末，我曾看到他接受英伟达总部首席建筑师柯浩的公开采访。那次对话是在太平洋海岸的一家高档度假村进行的。我提早到达，只见两人面朝大海，正进行着平静的交谈。他们的着装极为相似，都是黑色皮夹克、黑色牛仔裤和黑色鞋子，只不过柯浩要高出许多。

我原本期待能听到一些关于计算未来的坦率论断；然而，我却听到了长达 6 分钟关于柯浩穿着的嘲笑和揶揄。“瞧瞧这位仁兄！”黄仁勋开口道，“他跟我穿得如出一辙。在模仿我呢——这招挺高明，只不过他的裤子口袋实在太多了。”柯浩尴尬地笑了笑，低头打量着自己那条设计感十足、确实多了几个拉链口袋的牛仔裤。“简约点，哥们儿！”

黄仁勋继续说道，然后转向我，“他之所以穿得跟我一样，原因就在这儿。他的那一套都是我教的。”这场由柯浩所在公司 Gensler 赞助的采访活动，现场汇聚了数百名建筑师。随着活动临近尾声，黄仁勋愈发卖力地表演，讲了一连串乏味的笑话，双脚也不停地换来换去。尽管黄仁勋每年都会做上几十场演讲，之前也已经对不同观众发表过讲话，但我惊讶地发现，他竟然很紧张。“我讨厌公开发言。”他坦言道。的确如此，他真的是非常厌恶公开发言。

然而，一站上舞台，他就显得魅力四射——柯浩几乎不需要提问。望着他身后公司总部的照片，黄仁勋开始批评其顶层的设计。原来，黄仁勋曾想在屋顶打造一个露天阳台，但柯浩未能及时落实。黄仁勋不禁怀疑这栋楼是否真的竣工了，进而，他开始质疑是否有任何建筑能真正完工。他随兴所至地畅想起人工智能时代的“变形”建筑，这种建筑能根据客户不断变化的需求进行自我重组。“也许到了凌晨一点，顶上的三层就瞬间变成了夜总会。”黄仁勋说道。

柯浩一脸困惑地看着他。而黄仁勋则越说越起劲。“试想，如果建筑变成了机器人，那整栋楼岂不是都由软件来驱动？”他向观众提问道。黄仁勋则推测，未来的办公楼将会收集员工行为数据，将这些数据输入人工智能系统，在 Omniverse 里重新设计出建筑的数字孪生体，再一夜之间就推出实体设计的更改。他甚至预测，Gensler 将会逐步从一家建筑公司转型为一家专门管理变形软件的科技公司。“就像我们操作计算机集群一样，你将来管理的就是这些建筑，”黄仁勋继续说道，

“而到了那个时候，Gensler，你们设计的下一个建筑项目将会是免费的——没错吧？它们之所以免费，是因为你们将通过运营这些建筑来盈利，并且获得难以想象的丰厚回报。这是专门分享给你们的独家创意。”

采访结束后，黄仁勋回答了观众提问，其中有一个问题是关于人工智能的潜在风险。“有种末日人工智能——从计算机中迸发出来，大量吞噬信息，自我学习，重塑自身态度和感知，并开始自己做决定，包括乱按各种按钮。”黄仁勋边说边假装在空中按按钮，全场顿时安静下来。“人工智能绝不应该在没有人类介入的情况下学习。”他说道。一位建筑师问及人工智能何时能开始自主理解问题。“推理能力还得 2 年到 3 年吧。”黄仁勋回答。人群中传来一阵低语。

之后，我找到了柯浩。他看起来有些紧张——他对黄仁勋的“采访”其实就只问了一个问题，而黄仁勋滔滔不绝地讲了 45 分钟。我安慰他说活动举办得非常成功，观众们的全神贯注是装不出来的。接着，我问柯浩对变形建筑的看法。“你看，我第一次见到他的时候，他在谈自动驾驶汽车，当时听着也挺疯狂的，”柯浩耸了耸肩说道，“我已经学会了不去质疑他。”

混沌无序的表象背后

随着英伟达股价的飙升，黄仁勋也从一名高管变成了名人。他的粉丝群如今已不再局限于玩家，还拓展到了他支持的科学家、推动人工智能技术发展的拥护者、因他而挽回投资损失的“婴儿潮”一代的退休者，以及那些孤注一掷地用全部积蓄购买英伟达股票期权的激进散户“投资者”。在 2024 年的 GTC 大会上，黄仁勋的主题演讲备受瞩目，因此会议地点选在了圣何塞市中心一座美国国家冰球联盟（NHL）的竞技场。尽管场地能容纳 1.7 万人，仍无法容纳汹涌而至的观众。8 000 名满怀期待的粉丝被拒之门外，只能通过直播观看这场演讲。

演讲以多媒体艺术家雷菲克·阿纳多尔（Refik Anadol）的人工智能艺术装置现场表演拉开帷幕。在竞技场后方的巨屏上，绚烂多彩、跳动的色块偶尔汇聚成清晰可辨的花卉、树木和鸟类轮廓，随即又崩解为一片由无序和多彩的像素形成的混沌。这一幕让我想起了奥维德在《变形记》中的描述：“在广袤无垠的自然界中，万物的面貌不过是混沌无序的表象。”

随后，黄仁勋登台亮相，赢得了热烈的掌声。紧接着，数千部智能手机摄像头齐刷刷地举起，共同记录下这一难忘的时刻。

他究竟只是这个时代的商业巨擘，还是有着更深远的影响？

自黄仁勋上一次亲临 GTC 大会以来，已过去 5 个年头。这段时间里，他的世界发生了翻天覆地的变化。岁月在他的脸上留下了痕迹；他的头发已然全白，曾经在中年时保持的健硕身材也略显消瘦。他向观众展示了一幅自己手绘的计算历史地图，起点是 1964 年 IBM 的 S/360 计算架构，一直延伸至他所引领的新工业革命。"我为大家绘制了一幅小图，"他说道，"确切地说，是我亲笔绘制的。"接着，他继续探讨 AlexNet，他称之为人工智能的"初次邂逅"时刻，与此同时，屏幕上出现了他用于训练 AlexNet 的 GeForce 显卡的爆炸图特写。

黄仁勋觉得，计算领域正在经历一场重塑。在过去的 60 年里，IBM 的架构一直占据主导，但现在，它的地位正被并行计算、神经网络及云计算所撼动。**未来的计算，将摆脱与烦琐屏幕或设备的笨拙交互。用户只须用自然语言向机器发出指令，便能即刻执行近乎无穷的强大操作。**这仿佛让人类化身巫师，引得观众纷纷喝彩。

坐在我身旁的一位技术播客主持人，兴奋得直抖腿。黄仁勋展示了诸多创新成果：可加速推理以及协助研究人员开发新软件的新型硬件和"微服务"，还有一个名为 GR00T 的新的机器人训练平台。演讲尾声，他同两个约 0.9 米高的机器人走下舞台，现场掌声雷动。

随后的 4 天，会议在附近的会议中心继续举行。数百家参展商带来了五花八门的技术，其中不乏机器人酒保这样的新奇玩意儿。每当黄仁勋登台，总会被索要签名的人群团团围住，他们希望他能把签名留在他们的会议徽章或游戏 GPU 上。黄仁勋对此总是以平和的态度和幽默感应对，不过某次他试图前往男洗手间时，几乎难以穿过人群。“居然有人在洗手间给我拍照，这还真是头一遭。”他笑道。看着他穿梭于会场，我不禁思索：他究竟只是这个时代的商业巨擘，还是有着更深远的影响？

成功，困惑，巨额财富

近距离观察下，我发现黄仁勋在面对成功时，似乎也有着些许的困惑。他睡眠不多，频繁的公开露面给他造成了不小的压力。2024 年，在加州理工学院的毕业典礼上，他的演讲依旧精彩绝伦。然而，我在演讲结束后见到他时，他正坐在一张木凳上，双臂抱胸，面露不悦。

每当我遇见黄仁勋，他总是穿着那件相同的纯黑色 T 恤，胸前印着 BURBERRY（博柏利）的字母标志。他在 2020 年一口气买了 24 件这样的 T 恤，之后的 4 年里，他每天都换着穿。穿着这一身固定的装扮，他摆出了我所熟悉的姿势，坐在长凳上，身体向后斜倚，双腿舒展，那双昂贵的鞋子紧贴在鹅卵石铺成的庭院地面上。他的个人资产随着股市起伏而波动，但在那一天，他的身价至少已经突破了 1 000 亿美元。“我现在非常有钱，”他说道，“你知道我有多有钱吗？”这并非炫耀之词。我好奇地问他有何打算，如何使用这笔巨额财富。“我不知道，”他坦言，“完全没想法。”

那天，黄仁勋向我透露，他早上 3 点 30 分就醒了，当时还有一只狗依偎在他的腿间。如今，黄仁勋已是标准普尔 500 指数中任职时间最长的科技股公司 CEO。

他坦承自己无须早起，也确实不想早起。他自问："今天有没有什么特别的事会让我们丢掉生意？"答案是没有，确实没有。但有没有什么即将发生的大事呢？嗯，或许有。英伟达的最大客户现已开始自研微芯片。AMD 意识到单靠硬件行不通，正在大批招聘软件工程师。倘若英伟达的工程师不紧紧跟随客户需求，神经网络技术或许会令人大失所望，进而减少对他旗下产品的需求。

凌晨 4 点，黄仁勋便已起身投入工作。他总是从自己最看重的长期项目开启新一天，坚信只要着手这个项目，无论当天遭遇何种变故，这一天都算不上失败。在多次与他交谈的过程中，我察觉到他似乎胸怀大计，但他三缄其口。"我得保留点儿秘密。"他说。

不过我大概能猜到一二。一直有传言称 OpenAI 正在研究一个名为"草莓计划"的神经网络。据称，这是一种理性的人工智能，专注于进行纯数学方面的研究。黄仁勋从未跟我谈起过"草莓计划"，但他有几次随口问过我，是否能想象一个只需点击按钮就可以按需生成数学证明的世界。"计算的成本几乎已经降到零，这为我们开启了令人难以置信的可能性，"他这样说道，"那么，你问问自己，当进行数学研究的边际成本降为零时，你会怎么做？"

我想到了加州理工学院。那里的所有科学家，他们的所有智慧，似乎瞬间就被无数排布的晶体管所超越。那么，接下来会发生什么呢？我们会给计算机颁发菲尔兹奖吗？我们会在物理学领域实现统一场论吗？我的思绪飘到了帕斯卡的齿轮（帕斯卡发明的计算机），它第一次转动是为了进行机械计算，但黄仁勋已经攻克了算术的难题。如今，他的机器将向理性本身发起挑战。

第 22 章

深不见底的恐惧：

AI 会是人类的终结者吗？

约书亚·本吉奥：这仿佛是一场外星邂逅

2023 年初的一个冬日，恐惧感悄然降临在约书亚·本吉奥（Yoshua Bengio）的心头。这位蒙特利尔的人工智能领军人物，是早期神经网络的积极倡导者之一。长期以来，他对这项技术满怀热忱，即便在经济衰退的艰难时期也始终不渝地支持着它。2019 年，因为在该领域的开创性贡献，他荣获了计算机科学界的诺贝尔奖——图灵奖，与他的长期合作伙伴杨立昆和辛顿共享这一殊荣。

本吉奥身形瘦削，浓密的眉毛下是一双锐利的眼睛。他的父母都是来自摩洛哥的塞法迪犹太人，在 20 世纪 70 年代迁居蒙特利尔，投身于前卫的表演艺术界。本吉奥则选择了计算机科学作为自己的职业道路，尽管在 20 世纪 90 年代，神经网络的研究几乎与实验戏剧一样被视为另类。但他的努力为 AlexNet 的诞生奠定了基石，到了 21 世纪 10 年代中期，他终于感受到了一定程度的认可。多年前他发表在小众期刊上的那些晦涩难懂的研究论文，如今已成为一个崭新科学领域的基石。本吉奥是一位纯粹的学者，对商业活动并不太感兴趣，但他以父亲般的慈爱目光关注着人工智能领域的蓬勃发展。

然而，和该领域的许多研究者一样，本吉奥偶尔也会想象一个人工智能过于强大的世界。不过，在他漫长的职业生涯中，这样的思想实验更像是一种调侃：如果人工智能真要征服地球，那为什么筹集 1 万美元的研究经费都如此困难重重呢？

但在 ChatGPT 公开发布后，本吉奥第一次真正感到了担忧。ChatGPT 的能力令他震惊不已，他也从未料想到，自己有生之年会亲眼见证计算机以看起来如此智能的方式与人类交流。然后，在 2022 年底的某日，这项技术就这样横空出世了。对他而言，这仿佛是一场外星邂逅。

无论天气如何，本吉奥总会在每个清晨外出散步，以此来整理思绪。而在那个恐惧降临的日子，气温异常温和，蒙特利尔的街道上覆盖着一层雪泥。置身于光秃秃的树木和灰白的雪地之间，本吉奥感受到了一种前所未有的奇异情绪。他将其称为“转变”。“我想到了我的孩子和孙子，”他向我坦言，“20 年后他们会过上怎样的生活？他们还能有生活吗？”

这种恐惧深不见底，而当你试图抛开情感去理性地审视它时，它只会变得更可怕。本吉奥将其比作核战争的威胁。然而实际上，情况可能更为糟糕：他推测，在核战争中或许还会有人幸存，但若人工智能决定毁灭人类，它便能设计出致命的病原体，让地球上的每一个人都无处可逃。“我觉得在危险性方面，没有什么能与之相提并论。”他说。

散完步后，本吉奥联系了他经常合作的朋友辛顿，想对这个想法进行一次合理性检查。但这没有必要——辛顿独立地得出了相同的结论。事实上，他几乎在同一时间，以同样的方式得出了相同的结论：先是探测到 ChatGPT 的能力，感到满足，随后是个人层面的验证，紧接着是逐渐产生的不安。不久后，辛顿辞去了在谷歌的职务，全职投入警告人类关于人工智能失控风险的工作。ChatGPT 的创始人苏茨克弗也越来越担忧，并提议全职解决“对齐”问题，以确保超级智能人工智能的目标与人类利益一致。**本吉奥、辛顿和苏茨克弗，这样一个组合实在令人不安。他们是当今被引用次数最多的计算机科学家，分别位列第一、第二和第三。三人都对人工智能可能会危及全人类感到担忧。**

无论人工智能系统多么智能，它都将听命于我们

当然，并非所有人都持这样的观点。与本吉奥、辛顿共同获得图灵奖的杨立昆就觉得他的同事们很荒谬。1998 年，杨立昆首次提出了一种可以识别手写数字的神经网络，并将其授权给邮局和金融机构，用于

地址识别和纸质支票分析。杨立昆的手写数字识别是多层神经网络在工业界的首次广泛应用。

来自巴黎的杨立昆幽默风趣，说话时带着一种权威感，他的直觉多次被科学研究证实。本吉奥曾与他多次合著论文，包括那篇著名的论文。[①] 他们的母语都是法语，并在多年的共同研究中结下了深厚的友谊。然而，如今他们对人工智能风险的不同看法正在给这段关系带来裂痕。"理论上我们仍然是朋友"，本吉奥告诉我，"但如今我们常会在公众场合以一种朋友之间不会出现的方式争论。"

杨立昆毫不畏惧人工智能，他觉得本吉奥是在将人类特征强加于一个无害的机器之上。"某些人类对支配权，或至少是影响力的渴望，是进化赋予我们的根深蒂固的特质，因为我们是一个具有等级制度的社会性物种，"杨立昆告诉《时代周刊》，"无论人工智能系统多么智能，它都将听命于我们。我们为它们设定目标，它们本身并不具备任何内在的支配欲望。"杨立昆认为，一个神经网络可能会产生支配欲，但没有人会愚蠢到去制造这样的东西："制造那样的东西确实非常愚蠢，而且毫无用处。反正也没人会买。"值得一提的是，杨立昆的话与帕斯卡尔的观点不谋而合，后者曾在 17 世纪中期凝视着他的计算器的齿轮，试图寻找意识的存在。"加法机器所产生的结果，比动物的任何行为都更接近思考，"帕斯卡尔写道，"但它无法提供任何证据来证明自己具有意志。"

① 即杨立昆等人的论文《基于梯度学习的文档识别》（*Gradient-Based Learning Applied to Document Recognition*）。——编者注

本吉奥觉得杨立昆过于自信了。人们，不管是单独个体还是整个社会，都做过不少愚蠢和具有破坏性的事情。目前，由于训练人工智能技术成本高昂，其发展主要限于一些相对负责任的组织。然而，随着英伟达降低计算成本，它将训练人工智能的能力传播给了每个人，而流氓超级智能只要出现一次就足够了。"人工智能越强大，就越可能试图控制运行它的计算机，以便为自己获取更多奖励，"本吉奥说，"这就是我们的故事结局。"

辛顿对此表示赞同，并警告说这种情况可能在不经意间发生。"假设某个人工智能只有一点点动力，哪怕是非常微小的动力，也能帮助到它自己，"辛顿表示，**"人工智能会占上风的，它会为自己争取更多资源。事实上，最自私的变体将表现最佳，你应该能看出这是一条非常危险的道路。"**

99 与 1：人工智能是否会带来灾难后果

本吉奥和杨立昆之间的分歧反映了整个人工智能社区的分裂。这场争论有时用一个名为 p（doom）的参数变量来表达，它代表你认为人工智能有一天可能消灭人类的概率。对杨立昆而言，p（doom）是零。而对本吉奥来说，p（doom）是 50%。这两者代表了问题的极端观点，尽管任何大于零的数字都令人担忧。

在 2023 年初与本吉奥交谈时，辛顿认为人工智能带来厄运的概率是 50%。换言之，全球最著名的人工智能科学家曾认为，人工智能给人类带来灾难性后果的可能性高达一半。然而，当我 2024 年与辛顿交谈时，他将这个概率降到了 10% ～ 20%。他解释说，他调低这个预估，是因为许多他敬重的聪明人强烈反对他的看法。“其中最突出的，无疑是詹森。”辛顿说。

黄仁勋认为人工智能带来灾难性后果的概率为零——事实上，尽管从技术上讲，灾难性后果的概率不可能为负，黄仁勋却以某种方式做到了这一点。黄仁勋公开驳斥了整个评估框架，认为这个问题非常愚蠢，并指责讨论这个问题的人阻碍了人类的进步。在丹尼餐厅，他甚至暗示辛顿因考虑这样的推测是在损害辛顿自己的学术声誉。

这让辛顿重新调整了自己的立场，本吉奥却坚定自己的观点。值得一提的是，本吉奥是唯一一位从未接受过硅谷资金的一线人工智能科学家。辛顿和本吉奥都支持加利福尼亚州的一项法案，该法案要求对训练成本超过 1 亿美元的人工智能模型进行监管。这项《前沿人工智能模型安全创新法案》（简称 SB 1047）在硅谷备受冷落。它遭到了风险投资家、科技公司联盟以及萨克拉门托游说团体的共同反对。一些政治家发表声明反对该法案，斯坦福大学的人工智能教授李飞飞等一些学者也持反对意见，他们认为该法案会阻碍创新，但无法有效降低风险。曾在谷歌以合成猫图像闻名的吴恩达教授则把人们对人工智能接管的担忧比作对火星假设性人口过剩的担忧。民意调查显示，近 80% 的公众支持 SB

1047 法案，但在 2024 年 9 月，加利福尼亚州州长加文·纽森否决了该法案。

黄仁勋未对 SB 1047 发表任何公开评论，但他持续强调，目前并无数据支撑那些关于人工智能风险的（确实相当疯狂的）猜测。当我向本吉奥转述黄仁勋的反对意见时，他情绪变得激动。“显然，现在没有数据！”他说，“人类还没灭绝呢！难道我们要等到人类灭亡多次后才说，哦，现在我们有数据了？！”他的论点很有力。全球所有数据都未能预见到 AlexNet 的突破或 Transformer 架构的成功。**短短 10 年间，人工智能已经两次实现了不可预见且永久的能力跃升。本吉奥认为，当前的模型尚不会对人类生命构成直接威胁，但谁又能预料下一次的突破呢?没人能够断言它将带来什么，或何时会到来。**

即便超级人工智能在未来 10 年内未出现，但它在 20 年、30 年甚至 100 年后或许就会出现。这是一个超出投资回报预测范围，却在人类历史范畴之内的时间跨度。**在一两代人之后，智人可能不再是地球上占主导的物种。然而，风险投资家们并未考虑得如此长远。**

短期内的利润与长期潜在风险之间的不匹配，已在人工智能初创公司内部造成了不小的动荡。以 OpenAI 为例，这家公司在 2023 年 11 月上演了一场非同寻常的董事会政变。苏茨克弗率先投票罢免奥尔特曼，却在几天后请求恢复其职位。最终，奥尔特曼赢得了这场争斗，其他非营利性董事会成员则被替换。

奥尔特曼重新掌权后，情况变得显而易见：尽管 OpenAI 有着非营利的使命声明，但微软“受限”的利润分配模式[①]正在推动该组织继续研发史上最为复杂的人工智能模型。政变过后，苏茨克弗回避了媒体，但当我于 2023 年 9 月与他交谈时，他表示自己已将重心从构建更大的语言模型，转向了如何让人工智能的超级智能与人类利益结合起来。**“关于具体的模型，我无可奉告，”苏茨克弗说，“但我正在构思一个方案，我相信能够解决人们的担忧，即人工智能可能失控并做出极不受欢迎之事。”**

截至 2024 年底，尽管 OpenAI 的产品变得越来越大、越来越强大，但这种解决方案仍未出现。2024 年 5 月，OpenAI 发布了 GPT-4o，其中，“o”代表“全方位”，这是一种多媒体人工智能，能够接受任何组合的文本、音频、图像和视频，并返回任何组合的文本、音频和图像输出。该模型能够实现无缝响应时间，得益于最新一代英伟达芯片所提供的闪电般快速推理能力。在 GPT-4o 发布的第二天，苏茨克弗便辞去了职务。

OpenAI 很快将一个对话模块与 GPT-4o 打包在一起，其响应延迟几乎无法察觉，与之交谈的感觉就如同在与一个超级智能的人进行对话——许多人将其与电影《她》中的人工智能相提并论。就在 OpenAI 发布 GPT-4o 的同一天，谷歌也展示了其 Astra，这是一款增强现实人

① 即微软对 OpenAI 的投资回报模式，这种模式对微软的利润分配有一定的限制条件。——编者注

工智能助手，它似乎能够在瞬间回答任何问题、记住任何细节，并描述任何环境。而另一家初创公司 Anthropic 所推出的 Claude 模型，在众多基准测试中也不逊色于 GPT-4o，甚至在某些方面还有所超越。

国家政府因不愿把敏感数据租给云端，正着手构建大规模的主权人工智能训练中心。马斯克的人工智能项目 xAI 已与甲骨文公司达成一项高达 100 亿美元的协议，租用其 GPU 服务器——他在 2015 年对人工智能所表达的生存忧虑似乎已有所缓解。马克·扎克伯格的 Meta 则进行了史上最大手笔的投资，宣称将斥资 300 亿美元采购 100 万个英伟达芯片，并会确保有专用的核反应堆为其供电。

这些举措可能因加利福尼亚参议院的一项法案而统统受阻，这一想法对州政府权力寄托的信赖有些过于美好。随着英伟达 GPU 速度的提升，经济增长的预期也水涨船高。硅谷的行业巨头们已纷纷下注，而限制他们的上升空间无疑会引发股市崩盘。没有哪位政治家能拥有足够的影响力去做到这一点。

然而，即便本吉奥、辛顿和苏茨克弗被资本边缘化，他们所提出的观点依然不容忽视。他们比任何人都更深刻地洞察到人工智能技术的潜力，并拥有学术资历作为支撑。如果他们现在都感到担忧，那么我认为这值得引起我们的关注。**“目前有 99 位极其聪明的人正致力于让人工智能变得更出色，但也有一位极其聪明的人正试图探明如何阻止它接管一切。”辛顿说道。**

马克·吐温错了：历史并没有重复

我必须坦言，我也怀有同样的恐惧。这正是我当初研究英伟达的初衷，也是我撰写此书的动因。自从 ChatGPT 问世的那一刻起，我便深感自己的职业生涯已接近尾声。GPT-4 虽算得上是个勉强合格的写手，但它在 AP 英语语言与写作[①]考试中的得分却仅位于人类平均水平的后22%——我有信心我会排在稍靠前 1% 的位置。但模型一直在改进，或许更重要的是，它们已经写得比我本科时要好。如果在我年轻的时候就有这样的工具，那么我在 36 岁首次发表作品之前经历的那段漫长的学徒期，似乎就变得毫无意义了。

作家即将消亡，这对我来说是一个小小的个人悲剧，但我也得承认，马车夫可能也讨厌汽车——但至少街道上不再满是马粪了。我能够适应变化，绝不是一个反对技术进步的人。我热爱技术，热爱互联网，热爱太空旅行，想要一辆自动驾驶汽车，并且在第一款 iPhone 推出的当天就购买了它。我也没有对资本主义持任何意识形态的偏见——事实上，作为一个美国人，我觉得让大公司满足我的需求是我与生俱来的权利。

然而，人工智能却让我感到不安，甚至让我夜不能寐。在这方面，我并不孤单：本吉奥告诉我，他也做过噩梦。就在 GPT-4o 发布仅仅几

① AP 英语语言与写作是一门高中水平的英语课程，旨在培养学生的英语沟通能力和写作能力。——编者注

个月后，OpenAI 推出了 GPT-o1，这是他们首次尝试打造一个能够进行复杂科学和数学推理的人工智能。在发布 GPT-o1 的同时，OpenAI 还公布了一份对人工智能给人类带来潜在风险的最新分析报告。随着 GPT-o1 的问世，OpenAI 得出结论，本吉奥最为担忧的那种风险，即人工智能可能被用于研发出一种无法阻挡的生物武器的风险，已经从“低”级别上升到了“中”级别。

我们真的能掌控这些系统吗？在未来几年的某个时候，将会有人推出首个拥有 100 万亿参数的模型，其参数数量可与人类大脑中的突触数量相媲美。到那时，人类将扮演什么角色呢？加速主义者，也就是主张技术快速发展的群体坚称，人工智能将开启新的就业模式，就像上一次工业革命一样。但根据我的经验，如果你追问并给乐观主义者施压，你会发现，这种轻率的比较只是为了方便而已，我们根本无法确定这是否真的正确。马克·吐温错了：历史并没有重复。

所谓“太阳底下没有新鲜事”的说法其实并不可靠。事实上，新鲜事物一直都层出不穷，从穴居人到恐龙皆是明证——当然，一个有 100 万亿个突触、以每秒 50 亿次循环运行的机械大脑，在历史、宗教或哲学中确无前例。在人工智能时代，地球上居民的命运如何，无人能断言。

但黄仁勋仍然坚信人工智能对我们来说是安全的。他有他的动机，比如金钱与骄傲。经过漫长而孤独的斗争，让并行计算实现盈利之后，黄仁勋决心享受胜利果实。他似乎对那些一面购买他的硬件、一面又表演性地谴责人工智能风险的技术人员深感不满。我颇能理解他的看法，因为人工智能开发者们一边使用末日论调，一边又训练出越来越庞大的模型，这种矛盾做法确实令人不快。

黄仁勋的信心还来源于人工智能与生物大脑间的诸多差异。大脑并非通过反向传播来学习，这一点确凿无疑。而神经网络仅仅是模仿神经元。例如，神经网络没有支持神经元的神经胶质细胞，也没有与自主神经系统相连。神经网络没有下丘脑、海马或松果体。它们不受激素影响，没有性欲驱动，不会入睡，不能爱其子女，亦从未有过梦境。

一个训练有素的模型或许能模仿甚至超越我们的思维能力，但它没有感官记忆、没有情感、没有想象力、没有生殖功能，也没有生存本能。从这个角度来说，人们无法称其真正“活着”，它甚至连最原始的单细胞生物的自我维持能力都不具备。尽管训练神经网络与进化之间确有相似之处，但人工智能并非那冷酷无情的、达尔文式的、杀与被杀、吃与被吃的地球实验室的产物，而生物生命正是诞生于此。

还有积极的一面需要考虑。以提出曲别针最大化（paper-clip-maximizing）理论而声名远扬的波斯特洛姆如今正在思考一个不同的问题：在一个由人类创造的拥有无限人工智能的世界中，人类将会做些什么？波斯特洛姆在 2024 年出版的《深度乌托邦》（*Deep Utopia*）一书中，邀请读者去想象一个所有令人不快的任务都由机器人来处理的世界，而且任何可以想象的体验都可以在模拟器中复制。这些并非无稽之谈，随着图像识别技术的发展，李飞飞现在正努力构建这个由人工智能解决问题的世界。

在 2024 年英伟达的 GTC 大会上，她首次公开了名为 Behavior-1K 的项目。当与英伟达首席科学家比尔·戴利同台时，李飞飞描述了她如何利用亚马逊的 Amazon Mechanical Turk 服务组建了一个多元化的受访者群体，以对一个问题的数千个答案进行排序："如果机器人为你做这件事，你会得到多少好处？"排在最前面的是人们最不喜欢的任务：刷厕所、擦洗地板和清理派对后的混乱场面；排在最后的是那些能激发人类快乐的活动：挑选珠宝、打壁球和拆开礼物。利用这些结果，李飞飞现在正在英伟达的 Omniverse 平台上训练人工智能去完成那些最令人不快的任务。也许在不久的将来，这些神经网络中的一个将被安装在现实世界的机器人身上，并被用于清理厕所。

这个理想化的世界多么有吸引力。人们可能会对打壁球和拆开礼物感到厌倦，但正如李飞飞的研究所显示的那样，是行为而非哲学论点推动了结果。很容易想象出一个消费场景，在 10 年或 20 年内，拥有一支乐于做家务的机器人队伍就像今天拥有冰箱一样，成为发达国家中人们的默认期望。也许一个没有人需要再清理厕所的世界存在一定的生存风险，但我怀疑这是一笔几乎每个人都会接受的交易，即使只是含蓄地赞同。那么，我会想要一个厕所机器人吗？当然。2024 年底，围绕人工智能的舆论氛围已明显从悲观论调转向乐观主义。关于 AI 风险的评论文章和深度分析不再引发广泛关注，取而代之的是对新兴技术系统的积极展望。

正如 OpenAI 的 CEO 山姆·奥尔特曼在 2024 年 9 月的雄文中所言:“经过数千年的科学发现和技术进步，人类学会熔化沙子、添加杂质，并以极小的尺度和令人惊讶的精度排列到计算机芯片中，随后通电形成日益强大的人工智能系统。这或许是人类文明史上最具重大意义的事实。”

可即便尝试去接受人工智能带来的益处，我内心的焦虑却始终无法消散。随着对人工智能模型的使用日益频繁，我愈发质疑自己的角色定位。它们不仅迅速在写作上超越了我；假以时日，甚至连我的采访工作都可能被人工智能取代。我设想过与某位权势显赫的高管进行视频对话，却在浑然不觉中采访了他的数字人工智能复制品。在我看来，我的职业生涯正走向终结。现实的终结似乎也在悄然逼近。更进一步说，意识的终结也若隐若现。黄仁勋是否被他自己所创造的力量所诱惑，以致正将我们整个物种的未来置于险境?

我必须弄个明白。我必须最后一次向他问个清楚。

The Thinking Machine

第 23 章

思考机器：

唯有黄仁勋这位“代达罗斯”，才能真正洞悉这全貌

这绝非荒谬的科幻故事

我与黄仁勋的最后一次采访安排在星期五，2024 年 GTC 大会闭幕之后。我们在英伟达的南部园区他的会议室碰面。我坐在他对面的一张长长的木桌旁；四周的墙壁上，贴满了他手写的精确图表和日程。房间的另一头，挂着一个日历，上面标注着黄仁勋即将发布的新 GPU 和软件产品的时间线。他身后的白板上绘制着一幅至少有 9 米长、详尽的英伟达计算堆栈图。这幅图从 GPU 起始，用彩色马克笔和大写字母，一路勾勒至他最新引入的微服务架构。但即便是这块巨大的白板，也显得不够用——书写的内容绕过远处的墙壁，一直延伸到我身后房间的磨砂玻璃外墙上。

经过连续 4 天的不断演讲、采访和技术演示，黄仁勋显得相当疲惫。他的开幕主题演讲规模空前，我能够察觉到这对他而言是多么巨大

的消耗。我曾亲眼见证，在面对400名建筑师进行一场无关紧要的问答环节时，他身体语言中透露出的焦虑——我简直无法想象，在对着满场狂热粉丝的冰球场发表人生中最重要的演讲之前，他内心所经历的恐惧。

我注意到，外界对他不乏批评之声。在GTC大会的新闻发布会上，有人质询他是否会成为新时代的罗伯特·奥本海默（Robert Oppenheimer）。（“奥本海默是在制造炸弹，”黄仁勋回应道，“我们可不是在干那个。”）《60分钟》（*60 Minutes*）节目的主持人比尔·惠特克（Bill Whitaker）曾暗指黄仁勋“是个难缠的上司”。（“或许确实如此吧。如果你想成就非凡，那就注定不会容易。”黄仁勋说道。）英伟达的定价策略正激起政府核心层的反应；美国联邦贸易委员会主席莉娜·卡恩（Lina Khan）一直以审慎的态度关注着这家公司，而英伟达的法国办公室则因涉嫌反竞争行为遭到了当局的突击检查。

不过，起初我们的访谈氛围颇为融洽。我向黄仁勋致以主题演讲的赞赏，随后询问了他在台湾的生活、家庭状况，以及他如何应对新近获得的名声。他给出了直截了当的回答。我特别提及人工智能可能催生的新工作岗位。

“嗯，你自问一下，当计算的边际成本趋于零时，你会做些什么？”他反问道。

“我不知道。”我坦言。

“好吧，你刚才问我的是同样的问题。你和我一样聪明，肯定能找到这个问题的答案。”他鼓励我。

我稍作停顿，感到有些茫然。这个问题对我来说太过深奥；尽管黄仁勋对我的智慧表示了肯定，但我深知自己远未达到他的境界。不知该如何继续话题，我决定向黄仁勋展示阿瑟·克拉克的一段文字，就是这段文字激发了布莱恩·卡坦扎罗热情奔放的演绎。在克拉克滔滔不绝地描述机械进化的前景时，我注意到黄仁勋的脸色渐渐发白，好似面部的血色都被抽走了。

“我觉得你找错采访对象了，”他低声嘀咕，“你现在仿佛在采访埃隆·马斯克，可我不是他。”我愣了一下，不知所措，但反应过来时已经晚了。我显然触碰到了他的敏感点。

“机械进化会……会毁掉工作机会吗？”黄仁勋越来越气愤，声音也不由自主地提高。“难道计算器的出现就毁灭了数学吗？这种问题真是老掉牙了，我听得耳朵都生茧了，”他抱怨道，“我不想再谈这个话题了！同样的问题，反复讨论，没完没了。想想看，我们发明了农业，让生产食物的边际成本几乎归零，这对社会难道不是好事吗？我们大规模生产电力，使砍伐树木、生火、携带火把的成本几乎为零，然后我们就可以腾出手去做更多其他的事情了。紧接着，我们会去降低计算的边际成本——长除法！我们将其降至零！”他的嗓门开始提高：“我们一直在努力将各种事物的边际成本降为零，一代一代又一代，而这样的争论每次都会上演！”

我尝试转移话题，但未能如愿。他的话语中流露出愤怒与厌恶。他开始以对待叛逆少年的口吻训斥我。他坦言，曾对我抱有厚望，如今却大失所望。我耗费了他的时间，也浪费了大家的时间；现在，整本书的策划都受到了质疑。当时采访现场有黄仁勋的两位公关代表，但他们均未尝试介入——显然不想引火烧身。

柯克猜测，黄仁勋的愤怒可能是策略性的表现。但说实话，我当时并未感受到这一点。他的愤怒显得肆无忌惮、铺天盖地，甚至太不合时宜了。我并非黄仁勋的员工，他对我发火并无任何益处。针对自己所创建工具的负面问题，他简直烦透了。他认为这个问题十分愚蠢，且已被反复问及太多次了。

“这绝非荒谬的科幻故事，”他说着，指向桌子另一头两位目瞪口呆的公关代表，“你们懂吗？我并非在诸多科幻故事的熏陶下长大，这可不是什么科幻片。这些人在做的是严肃的工作！”他继续说道：“这不是闹着玩的！这跟克拉克毫无关系，我压根儿没读过他的破书，也毫不在意那些书！这不是——我们不是在重演科幻剧！**这家公司绝非《星际迷航》的翻版！我们做的可不是那种事！我们是认真的人，做认真的工作。再者，这是一家认真的公司，我是个认真的人，只是做着认真的工作。”**

接下来的 20 分钟，黄仁勋以责备、恼怒与轻蔑交替的语气，质疑我的专业精神、采访方式，以及对项目的投入程度。他指责我企图对他进行精神分析，表示他多么反感回答我的传记作者式问题，尤其是那些试图挖掘他心理状态的问题。“我讨厌这些刨根问底的问题，”他说，“我不喜欢谈论自己，好吗?！我不是在做心理治疗。”他暗示我的问题很愚蠢，形容它们“乏味至极”。他否认自己有任何特别之处，尽管有悖所有的证据。“听着，我——我极其普通。”他说。

“我从未见过像你这样的人。”我说。

“我极其普通。”黄仁勋说。

慢慢地，愤怒平息了。黄仁勋数次转移话题，聊起即将推出的产品，询问他的公关代表状况，并缅怀已故的约翰·尼科尔斯对 CUDA 项目发挥的重要作用。在某个时刻，他谈起了罗马帝国。接着，他又轻声地责备起我来，显然，他对我已经失去了兴趣。于是，我被匆匆地请出了门。离开采访现场时，我感到十分困惑。虽然我与高管们有过不少紧张的对话，但从未有人像这样对我发火。我深感震惊——不过，说实话，我也感到一丝莫名的兴奋。能成为黄仁勋愤怒的对象，从某种意义上说，竟也算是一种荣幸：这是每个进入他核心圈子的人都必须经历的考验。走出会议室时，我转向其中一位公关人员。

“这次还挺有意思的。”我说道。

他笑了笑，回应道："哦，是吗？这还不算什么呢。"

每当电路脉冲一次，它都会变得更加智慧

采访一结束，我便被安排前往参观 Eos，这是一台位于附近数据中心的万卡级芯片超级计算机。Eos 的速度令人叹为观止；举个例子，它竟然在不到 4 分钟的时间内就完成了 OpenAI 的 GPT-3 模型的训练。在那里，我遇到了资深超级计算机工程师马克·汉密尔顿（Marc Hamilton）。他领我穿过气闸，步入无菌的数据中心。在地板上，数十个英伟达硬件机架被分隔成一个个封闭的小隔间，在荧光灯的照耀下持续脉动。

对于人类而言，踏入这片计算机领域，就仿佛侵犯了某种神圣之地。成千上万的计算机风扇同时运转，汇聚成沉闷而连绵的轰鸣声，宛若远方的掌声，但我的心思仍在别处；黄仁勋的训斥仍让我心有余悸。我不禁揣测，他是有意为之吗？那看似无缘无故的怒火，回想起来或许别有深意。在脑海里再现我们的对话，我意识到黄仁勋的愤怒并非突然爆发。相反，在几分钟的时间里，他反复强调我给他看阿瑟·克拉克的文字是多么愚蠢，似乎有意为之，他的怒气不断积累，让自己进入越来越愤怒的状态。

我从未觉得那有多愚蠢，至今依然如此认为：机械大脑是否会超越

物理大脑的进化速度向一个靠制造机械大脑发家的人提问这个问题合情合理。但我也并未强求黄仁勋给出答案，当问题显然触怒他时，我曾屡次试图转移话题至更安全的领域。然而，他并未给我这个机会。

如今回想起来，我清楚地意识到黄仁勋是蓄意发怒；他是有意做出痛斥我的决定。一旦怒火燃起，他的愤怒是真实的，但这一切都是为了凸显他更宏大的观点。黄仁勋不仅不读科幻小说，而且对其深恶痛绝。他是个严肃的人。

黄仁勋之所以能在并行计算、人工智能、Omniverse 等他人失败的领域取得成功，源于他不容忍对未来进行毫无根据的臆测。他总能冷静地从第一性原理出发去审视技术，既不受乐观情绪影响，也不被恐惧所左右，仅凭一种冷静且耐心的商业逻辑，将企业远见推至极限。对除此之外的一切，他既不看也不去想象。人类灭绝的可能性并不属于企业战略层面的问题，对他来说，这纯属无稽之谈。

我回想起与英伟达高管们交谈时所感受到的那种严明的纪律性：黄仁勋把他们管理得如同紧绷的钢琴弦一般。他们自信、聪慧，对每一个细节都准备得异常充分——我从未见过他们犯下任何失误。同时，我也清晰地记得，那些高管们是多么不愿意探讨他们正在研发的技术可能带来的未来影响。那种不情愿，我感觉已经溢出成为不安，甚至是恐惧。如今，我终于明白了那份恐惧的根源。比起担忧技术会灭绝人类，高管们更害怕黄仁勋的严厉训斥。

我的沉思被打断，当我靠近一个计算舱门时，它自动滑开了。我退后一步，挺直背脊，手臂上的汗毛根根竖起——随后，我踏入其中。舱内，空气从四面八方涌来，两侧机架上的冷却风扇轰鸣不断，地板格栅吹出的强劲气流将我的裤管吹得飘动。噪声几乎让人无法思考。

此刻，我正站在计算机的大脑内部，周围的电路每秒执行着惊人的 1 000 亿亿次计算。它或许会毁灭我们，也或许会拯救我们；但无论未来如何，这一切都将发生在黄仁勋缔造的芯片之上。我试着去想象整个技术堆栈，从埃米级精度的晶体管，到错综复杂的电路结构，再到巴克的数值技术，然后是阿尔斯的编译器，还有尼科尔斯的 CUDA 工具包。而最终，也是最重要的，是那些以超乎自然的速度不断演进的庞大分层模拟神经网络。身处此地，我开始领略到英伟达成就的广阔范围，从原子层面直至机器意识觉醒的曙光。然而，唯有黄仁勋这位美国的代达罗斯，才能真正洞悉这全貌。

为了让自己的声音不被淹没，我提高嗓门询问，Eos 正在攻克何种难题。汉密尔顿回应道，它正在训练一个内部的英伟达模型，风格类似于 GPT-4。换言之，我此刻正被一个语言模型所环绕：一个正追赶我的模型，我感觉到它取代我的那一天会很快来临。汉密尔顿在风扇的咆哮声中大声告知我，为了完成这次训练，计算机将执行总计 3 000 亿亿亿次的操作。我环顾四周，顿感自己的躯体陈旧衰老，而且如此不堪。**这个机舱是如此美妙，而我，却微不足道，毫无招架之力。这便是思考机器，每当风扇旋转一圈，每当电路脉冲一次，它都会变得更加智慧。**

The Thinking Machine

黄仁勋的技术之思

对 AI、AGI 的极度乐观

即便是人工智能领域最乐观的展望者，也主张应保持一定程度的审慎，例如，OpenAI 的成立背景便是防范灾难的发生。而几乎只有黄仁勋坚信，人工智能只会带来益处：

> 当人工智能网络能够学习并掌握从字节、语言、图像到蛋白质序列等多种数据的理解时，一场变革性、开创性的能力便应运而生了。我们突然间拥有了能够理解单词内涵的计算机。得益于生成式 AI，信息得以在不同模式间自由转换，比如从文本到图像、从蛋白质到文本、从文本到蛋白质，乃至从文本到化学品等。这一原本作为函数逼近器（Function Approximator，数学领域的重要概念，用于多个领域）及语言翻译器而存在的工具，如今所面对的问题是，我们如何能充分利用它？全球范围内创业公司如

雨后春笋般涌现，它们结合了这些不同的模型与能力，展现出无限可能。

因此，我认为真正令人惊叹的突破在于，我们现在能够理解信息的真正意义。这意味着，作为数字生物学家，你能理解所观数据的含义，从而于万千数据中精准捕捉到关键信息；作为英伟达的芯片设计师、系统设计师，或是农业技术人员、气候科学家、能源领域的研究者，在探寻新材料的过程中，这无疑是开创性的壮举。

黄仁勋认为，人工智能带来灾难性后果的概率为零。

从 CPU 到 GPU，与人工智能携手“制造”智能

回顾历史，农业革命让我们生产出了更多的食物，工业革命则让我们的钢铁产量大幅提升。进入信息技术时代，信息的数量更是爆炸式增长。而今，在这个智能时代，英伟达与人工智能正携手“制造”智能。

从编码到机器学习，从 CPU 到 GPU，标志着一个全新的时代的到来。

而且，由于GPU的功能异常强大，我们现在能够开发的软件类型堪称非凡，而在这一强大基础之上，则是人工智能的蓬勃发展。这正是其出现所带来的变革，计算机科学因此发生了巨大变化。现在，我们需要思考的是，这样的变化将如何影响我们的行业？我们都在竞相利用机器学习去探索新的人工智能领域。那么，究竟什么是人工智能呢？这其实是一个大家耳熟能详的概念，即认知自动化和解决问题自动化。解决问题的自动化可以归结为三个核心概念：观察并感知环境，理解并推理环境，然后提出并执行计划。

我们正在创建Copilots、ChatGPT等智能工具，这些都是我们创造出的不同类型的智能“消费者”，它们实际上就像灯泡和烤面包机一样，是消耗能量的设备。但想象一下，那些令人惊叹的、我们所有人都会使用的智能设备，它们将连接到一个新的工厂。这个工厂曾经是交流电发电厂，但现在，新的工厂将是数字智能工厂。

从工业的角度来看，我们实际上正在创造一个新的产业，这个产业在吸收能量并产生数字智能，而这些数字智能可以被应用于各种不同的场景。我们相信，这个数字智能产业的消耗量将是巨大的，而这个行业在以前是不存在的，就像交流电发电行业在以前也不存在一样。

坚守加速计算引擎 CUDA，从芯片公司转型为 AI 芯片公司

英伟达的加速计算之旅始于 2006 年发布的 CUDA 和首款用于科学计算的 GPU。CUDA 的核心理念在于，将原本用于视频游戏的并行计算电路重新定向给科学家使用。黄仁勋深信：在某个角落，定有某位狂热者，其理念将通过 CUDA 得以验证；在某处，定有某位研究生将跳过烦琐的资助申请，用微薄的生活津贴换购一个英伟达 GPU，从而掀起一场技术革命；在某处，定有某个被忽视的科学领域，正静候 CUDA 的强力加持，以彻底颠覆旧有范式。

黄仁勋断定：神经网络将彻底变革社会，而他可以通过 CUDA 在必要的硬件市场中占据重要地位。他宣告自己将举公司之力投入这个项目的发展。英伟达迅速从一家图形芯片公司转型为 AI 芯片公司。

CUDA 库是英伟达不断取得进步的核心所在，黄仁勋称

其为“加速计算的引擎”，它赋能了从 AI 驱动的医疗突破到量子电路模拟的一切。包括诺贝尔奖获得者在神经网络和蛋白质预测方面取得的突破性进展，都是在英伟达技术支持下实现的。

黄仁勋表示：“AI 将加速科学发现，变革各行各业，并彻底改变全球每一个 100 万亿美元规模的市场。”

AI for Science：为科学家提供算力支持

黄仁勋积极开拓除游戏玩家之外的客户，为那些需要大量算力的客户，如气候科学家、放射科医生、深海石油勘探者等提供支持。

我在 2018 年的超算大会上曾介绍过人工智能，但当时遭遇了诸多质疑。原因在于，那时的人工智能更像是一个“黑箱”。时至今日，它依然在一定程度上保持着“黑箱”的特性，但已比过去更加透明。比如，你我皆为“黑箱”，但现在我们可以向 AI 发问：“你为何提出这样的建议？”或者“请逐步阐述你得出这一结论的过程。”通过此类提问，AI 正变得愈发透明和易于解释。因为我们可以借助问题来探究其思考过程。重要的不仅仅是获取答案，更在于答案的合理性以及是否基于第一性原理。这在2018年是无法做到的。

AI目前尚未能从第一性原理中直接得出答案，它是通过观察数据来学习和得出结论的。因此，它并非模拟第一性原理的求解器，而是在模仿智能、模仿物理。那么，这种模仿对科学而言是否有价值呢？我认为，其价值不可估量。因为在众多科学领域，我们虽然理解第一性原理，如薛定谔方程、麦克斯韦方程等，但面对大型系统时，我们却难以模拟和理解。因此，我们无法仅凭第一性原理进行求解，这在计算上存在局限，甚至是不可能的。然而，我们可以利用AI，训练它理解这些物理原理，并借助其模拟大型系统，从而帮助我们理解这些系统。

如今，我们或许已拥有了计算机科学技术，使数字生物学家、气候科学家以及处理异常庞大复杂问题的科学家们能够首次真正理解物理系统。这是我的期望，希望在这一交叉领域能够实现这一愿景。

黄氏定律，AI时代的摩尔定律

黄仁勋为我们勾勒了一幅充满希望的光明未来，而这在很大程度上得益于黄仁勋和英伟达在过去 10 多年间对该领域的卓越贡献。摩尔定律在业界一直备受瞩目，而近年来，“黄氏定律”逐渐为人们所熟悉。在早期的计算机行业中，英特尔提出的摩尔定律曾预言计算能力每 18 个月翻倍。然而，在过去 10 到 12 年间，特别是在黄仁勋的引领下，计算能力的增长速度甚至超越了这一预测，实现了每年翻倍甚至更高速度的增长。大语言模型在过去 12 年里的计算需求每年都以 4 倍以上的速度激增。若以此速度持续 10 年，计算需求的增长将是一个惊人的数字——高达 100 万倍。

我们正身处一个趋势之中：神经网络的规模越大，用于训练的数据量越多，AI 似乎就表现得越智能。这一经验法则与摩尔定律有着异曲同工之妙，我们不妨称之为“规模定律”（Scaling Law），且这一定律似乎仍在持续发挥作用。然而，我们也清醒地认识到，仅仅依靠预训练，即利用全球范围内的海量数据自动挖掘知识，是远远不够的。接下来，还有后训练阶段，也就是深入钻研某一特定技能，这要求强化学习、人类反馈、AI 反馈、合成数据生成以及多路径学习等多种技巧的综合运用。简而言之，后训练就是选定一个特定领域，并致力于对其进行深度钻研。

而在这之后，我们最终会迎来所谓的“思考”阶段，也就是所谓的测试时间计算。有些事情你一眼就能看出答案，而有些则需要我们将其拆解成多个步骤，并从第一性原理出发，逐一寻找解决方案。这可能需要我们进行多次迭代，模拟各种可能的结果，因为并非所有答案都是可预测的。因此，我们称之为思考，且思考的时间越长，答案的质量往往越高。而大量的计算资源将助力我们产出更高质量的答案。

虽然今天的答案已是我们所能提供的最佳结果，但我们仍在寻求一个临界点，即所得到的答案不再局限于我们当前所能提供的最佳水平。在这一点上，你需要判断答案是否真实可靠、是否有意义且明智。我们必须达到这样一个境界，即所得到的答案在很大程度上是值得信赖的。我认为，这还需要数年的时间才能实现。

与此同时，我们仍需不断提升计算能力。正如你之前所提到的，过去 10 年里，我们将计算性能提升了 100 万倍。而英伟达的贡献在于，我们将计算的边际成本降低了同样的幅度。想象一下，如果生活中有你所依赖的事物，如电力或其他任何选择，当它的成本降低了 100 万倍时，你的行为习惯将会发生根本性的变化。

对于计算，我们的看法也已经发生了翻天覆地的变化，而这正是英伟达有史以来最伟大的成就之一。我们利用机器去学习海量的数据，这是研究人员无法单独完成的任务，而这正是机器学习能够取得成功的关键所在。

一切都将焕然一新

这是一本讲述如何让人工智能成为现实的人物传记。主人公名叫黄仁勋，其长达 32 年的任期在所有大型科技公司 CEO 中是跨度最长的。过去的 30 多年里，黄仁勋屡次将财富押注在那些外界认为“成功希望渺茫”的前瞻性技术上——他早期对人工智能的孤注一掷，堪称史上最成功的投资之一。在我撰写这本书时，黄仁勋领导的英伟达已成为全球最具价值的公司，而他本人也成为世界上最富有的人之一。

黄仁勋本人是非常专注的，有干劲儿且精力充沛。在外人眼中，他常戴着眼镜，脚蹬锃亮的黑皮鞋，身着名牌皮夹克。尽管已经 61 岁，却仍保持着年轻人的活力。这个拥有巨额财富和影响力的人，更喜欢独自出行。无论是在英伟达庞大总部的宽敞楼层间穿梭，还是在台北熙熙攘攘的街道上品尝小吃，你总能发现黄仁勋独自行走的身影。

黄仁勋 1963 年出生，在家中排行第二。他大约在 5 岁时离开中国台湾，先后前往泰国和美国。当我与他见面时，他已在美国生活了近 50 年——然而，在我们的交谈中，他坦言从未觉得自己是个西方人。“我始终是个移民，”他说，“在内心深处，我永远是中国人。”在采访过程中，我常常能从黄仁勋身上察觉到他对中国文化的深厚眷恋：他全身心投入工作，高度重视家庭，点餐时总爱客气地点很多。

在美国，黄仁勋的成功之路并非一帆风顺。他初到美国时，遭受了严重的种族歧视；当他的职业生涯刚刚起步时，在美国许多公司，华裔鲜少被视为“管理人才”。即便在黄仁勋克服了这些障碍之后，他在商界多年来仍被视为一个“有争议”的人物——这其实是一种委婉的说法，直白点说是英伟达的股价一直不见起色。在撰写本书过程中我了解到，在人工智能到来之前，黄仁勋经历了无数次失败。他的第一款产品失败了，第二款也失败了，第三款差点也失败了。无论是在调制解调器市场，还是在内存控制器芯片市场，他都未能取得成功。人工智能横空出世，连黄仁勋都毫无预料，而在此之前，他针对科学计算市场的策略看起来也是失败之举。时至今日，除了利润丰厚的人工智能产品线，英伟达仍在资助数十种其他探索性产品，其中许多看起来都不太可能成功。

这正是英伟达与黄仁勋带给我们的启示：**勇者无畏，不惧失败。**黄仁勋身上凝聚着诸多不凡特质。一千个人里，都未必有一个人能有他那样的职业道德，也许一万个人里，都未必有一个人具备他那样的聪明才智。然而，黄仁勋最为难能可贵的品质当属他的勇气：**他敢于摒弃传统观念，依循自己的理性判断行事。正是他坚定的信念，使他在一众人中脱颖而出。**

鲜有人走的路——对规模庞大、利润丰厚视而不见

正因如此，英伟达为企业家们提供的启示是有违直觉的。事实上，其中最重要的一条启示在商业层面上似乎完全讲不通。纵观其发展历史，**英伟达一直对规模庞大且利润丰厚的市场视而不见，反而专注于规模较小、处于边缘地带的市场。**这并非一条显而易见的成功之道，但沿着这条鲜有人涉足的道路前行，英伟达所遭遇的竞争极少 —— 而且只要有耐心，这些小客户也能发展壮大。一旦出现这种情况，英伟达便能独享其成。

英伟达在人工智能市场的主导地位，正是这种不同寻常的策略所造就的成果。英伟达初露锋芒于千禧年之交，当时它是视频游戏图形硬件的供应商。对于像英特尔这样的行业巨头而言，这一小众市场似乎微不足道——然而事实证明，渲染逼真的计算机图形是计算机最难攻克的任务之一。学术界被英伟达芯片的强大性能所吸引，开始“擅自改造”这些显卡，将它们用于科学研究。

黄仁勋接纳了那些对他的硬件进行改造和利用的客户。很快，他不惜重金专门为他们开发科学软件，花费数十亿美元去开拓一个被其他所有人都忽视的细分市场。英伟达在这些科学软件上的投入远超其目标市场的收入——这可不是商学院教授会推荐的策略！这一策略侵蚀了英伟达的利润率，并且多年来一直拖累着股价。一度，这一策略差点让黄仁勋失去职位。

复制黄仁勋成功之路的首要之务

但凭借着深厚的工程专业知识，黄仁勋拒绝让步。**没错，他确实是在冒险，但他并非盲目冒险 —— 他对微芯片及其内部运作原理的了解程度不逊色于世上任何一个人。**2005 年左右，他察觉到微芯片组件变得极其微小，电流泄漏问题开始显现。他还发现，业内其他高管都未对这一事实的影响予以重视。因此，**黄仁勋的勇气并非鲁莽之举，而是有理性作为支撑的。他立足于基本原则，坚信自己必须取得成功。**

2012 年，多伦多的学术研究人员利用黄仁勋开发的科学软件，将两块英伟达游戏显卡改造成了 AI 加速器。黄仁勋迅速把握这一机遇，凭借这些成果，使得英伟达在接下来的 10 年里崛起为 AI 领域的超级巨头。英伟达此前并未预料到人工智能会成为其科学平台的“杀手级”应用，因此有人称黄仁勋在 AI 领域是“运气好”。然而，事实并非如此。

黄仁勋的成功是其勇气与世界级工程专业知识的完美结合。**渴望复制黄仁勋成功之路的企业家们，务必要遵循他的成功蓝图：首要之务是（持续）掌握所在领域顶尖的专业知识。**这是一个终身的过程，既需要前期的教育投入，也离不开持续学习的热忱。一旦成为这样的终身学习者，就要勇于尝试，敢于冒险，推动所在领域向前发展。

英伟达就是这么做的。如今，图形业务在英伟达的业务中只占一小部分。英伟达的大部分利润来自向那些被称作“数据中心”的巨型超级计算仓库出售微芯片，这些数据中心是用于训练和部署人工智能的。随着数据中心规模越来越大，芯片性能越来越强，人工智能也变得越发智能。2022 年中，随着 Midjourney 和 Dall-E 等服务的出现，人工智能学会了绘图；2022 年末，随着 ChatGPT 的横空出世，人工智能学会了写作；此后，人工智能又学会了说话、演奏音乐以及制作动画视频；到了 2024 年末，人工智能开始进行数学推理。

展望未来，人工智能必将持续推动各领域的发展，成为一位永不止步的学者。而当这一刻真正到来，人工智能将开启自我进化之旅。关于这一临界点所带来的影响，众说纷纭——正如本书所展现的，即便是全球顶尖的计算机科学家也莫衷一是。有人担忧巨大的风险或将危及整个人类，而像黄仁勋这样的人则仅看到其中蕴藏的无限潜能。在这个颇具争议的话题上，你需要独立做出判断。

我唯一能确定的是，这些进展值得我们每个人密切关注。因此，这本书并不仅仅是为技术专家或企业家所写，而是面向每一位读者。在未来的岁月里，人工智能将以我们几乎无法想象的方式重塑我们的世界。无论是艺术、科学、商业、战争，还是体力劳动，人类活动的每个领域都将发生变化。

推动这一史无前例变革的核心力量，便是数据中心，也就是黄仁勋所说的“AI 工厂”。而这一切的基石，都离不开黄仁勋和他那令人叹为观止的微芯片。

一切都将焕然一新，没有东西能够维持原状。

我要向黄仁勋以及英伟达团队的其他成员表达衷心的感谢，感谢他们无私地贡献出时间，坦诚地分享见解。特别要感谢鲍勃·谢宾（Bob Sherbin），正是他的不懈努力，才使得这个项目得以成形。鲍勃，衷心感谢你为我所做的一切。你给了我一个千载难逢的宝贵机会。同时，我也要向所有在这本书中与我分享他们故事的人们表示感谢，尤其是詹斯·霍斯特曼、柯蒂斯·普里姆和戴维·柯克。

我还要感谢威林·戴维森（Willing Davidson）以及《纽约客》团队的其他成员，正是他们委托我撰写的杂志专栏，为这本书的诞生奠定了基础。威林是一位卓越的编辑，我强烈推荐大家向他提出自己的想法。

此外，我要向维京出版公司的艾利森·洛伦岑（Allison Lorentzen）和博德利·黑德出版公司的斯图尔特·威廉姆斯（Stuart Williams）表示感谢，感谢他们收购、编辑并出版了我的作品。艾利森和斯图尔特，你们的见解和建议对我来说是无价之宝。

同时，我也要感谢肖恩·莱弗里（Sean Lavery）、Yinuo Shi 和安娜·科尔敦斯基（Anna Kordunsky）对手稿进行的事实查证工作。另外，我永远感激我的经纪人克里斯·帕里斯－兰姆（Chris Parris-Lamb），在过去的 10 多年里，他一直支持和推动着我的事业发展。能遇到克里斯，我感到非常幸运。

麦根·麦克内里（Meghan McEnery）鼓励我追求这个项目，并给予了我大量的精神和情感支持。麦根，衷心感谢你，没有你的支持，我无法完成这本书。我也要感谢我的朋友杰伊·布齐克（Jay Budzik）和马库斯·莫雷蒂（Marcus Moretti），他们和我一样对英伟达充满热情，并与我深入交流了数小时。同时，我要向我的父母伦纳德和戴安娜表达感激，他们始终在我身边给予支持。还有我的妹妹艾米莉，她始终是我灵感的源泉。当然，更不能忘记我的女儿简，当爸爸沉浸在昏暗的卧室中连续数日写作时，她展现出了极大的耐心。

谢谢你，简。这本书是为你而写的。

黄仁勋人物关系表

亲人	
洛丽·米尔斯	黄仁勋妻子，毕业后进入硅图公司，之后为了家庭放弃了事业
黄胜斌	黄仁勋儿子，2022 年加入了英伟达的机器人研究小组
黄敏珊	黄仁勋女儿，2020 年被英伟达聘为市场总监
亲密朋友	
詹斯·霍斯特曼	电气工程师，黄仁勋在 LSI 期间的好朋友
乔恩·佩迪	计算机图形领域专家，黄仁勋创办英伟达初期曾请教佩迪的意见
乔·罗曼诺斯基	黄仁勋朋友、乒乓球搭档，两个家庭经常一起聚会
联合创始人	
克里斯·马拉科夫斯基	原太阳微系统公司芯片工程师，联合创立英伟达并担任高级副总裁和研究员
柯蒂斯·普里姆	原太阳微系统公司芯片工程师，联合创立英伟达并担任 CTO，之后因与黄仁勋理念不合而离开

核心员工

比尔·戴利	前斯坦福大学计算机科学系主任，并行计算的长期倡导者，后成为英伟达首席科学家
戴维·柯克	知名图形专家，黄仁勋智囊团成员，擅长挖人和招聘
德怀特·迪克斯	英伟达初创成员，如今是英伟达软件主管，总能在第一时间推出新兴工具
约翰·尼科尔斯	CUDA 缔造者，坚定并行主义，坚信 CUDA 终将改变世界
布莱恩·卡坦扎罗	英伟达的首位专职人工智能研究员，负责 cuDNN 项目
伊恩·巴克	推出了开源编程语言“Brook”，让并行计算变得触手可及，后被黄仁勋邀请加入英伟达
巴斯·阿尔斯	第一个 CUDA 编译器的编写者
丹·维沃利	营销专家，借助 TNT 使英伟达成了一个知名品牌，开创了 GPU 这一术语，成功使英伟达与 GPU 挂钩
本·加利克	英伟达程序员，技术精湛但性格内敛
杰夫·费舍尔	英伟达初创成员，至今仍是公司一员
德布·舒奎斯特	负责管理英伟达的全球供应商网络；在激励舒奎斯特的过程中，黄仁勋采用了一种名为“光速”的调度策略

商业合作伙伴

张忠谋	台积电 CEO，最初就对黄仁勋有好感，并与他签订合同；台积电与英伟达长期合作
比尔·盖茨	微软联合创始人，多次与英伟达合作

埃隆·马斯克	特斯拉创始人兼 CEO，认为 AI 会威胁人类，但同时又恳求黄仁勋能多提供些 AI 芯片
山姆·奥尔特曼	OpenAI 的 CEO，2016 年，颇具慧眼的黄仁勋就为 OpenAI 量身打造了一台 AI 加速计算机
拉里·埃里森	甲骨文创始人，希望黄仁勋能多提供些 AI 芯片
威尔弗雷德·科里根	LSI 创始人，黄仁勋前老板；英伟达初创时期，给予黄仁勋大力支持
吉姆·盖瑟	硅谷最受欢迎的律师，认为黄仁勋是天生的领袖，在看到黄仁勋的当下就决定与其合作
唐·瓦伦丁	红杉资本创始人，资助了初期的英伟达，使其可以开展业务
马克·史蒂文斯	作为红杉资本的代表，成为英伟达董事会成员
坦奇·考克斯	作为萨特·希尔资本的代表，成为英伟达董事会成员
马克·安德森	风险投资公司 a16z 创始人，知名投资人，认为英伟达是绝佳的投资标的

科学界合作伙伴

杰弗里·辛顿	2024 年诺贝尔物理学奖得主，人工智能“教父”，深度学习先驱，研发了一种能自我进化的神经网络
亚历克斯·克里泽夫斯基	创建名为 AlexNet 的神经网络，开创了多项编程技术，发现 GPU 训练神经网络的速度比 CPU 快数百倍
伊利亚·苏茨克弗	共同创建 AlexNet 的神经网络，OpenAI 前首席科学家、联合创始人，机器学习领域的顶尖学者
李飞飞	斯坦福大学计算机科学家，发起 ImageNet 竞赛，后获得英伟达投资

竞争对手	
苏姿丰	AMD 的 CEO，黄仁勋远房亲戚，但两人关系十分疏远
亚历克斯·勒普	3dfx 的 CEO，3dfx 被英伟达打败后，其优秀员工被英伟达招募
吉姆·克拉克	硅图公司 CEO，硅图公司无法与英伟达抗衡，其优秀员工被英伟达招募
其他	
约翰·卡马克	《毁灭战士》与《雷神之锤》的首席程序员，为英伟达的产品背书；为了满足卡马克渲染游戏图形的需求，英伟达开始研发“并行计算”
柯浩	设计英伟达大楼的首席建筑师

未来，属于终身学习者

我们正在亲历前所未有的变革——互联网改变了信息传递的方式，指数级技术快速发展并颠覆商业世界，人工智能正在侵占越来越多的人类领地。

面对这些变化，我们需要问自己：未来需要什么样的人才？

答案是，成为终身学习者。终身学习意味着永不停歇地追求全面的知识结构、强大的逻辑思考能力和敏锐的感知力。这是一种能够在不断变化中随时重建、更新认知体系的能力。阅读，无疑是帮助我们提高这种能力的最佳途径。

在充满不确定性的时代，答案并不总是简单地出现在书本之中。“读万卷书”不仅要亲自阅读、广泛阅读，也需要我们深入探索好书的内部世界，让知识不再局限于书本之中。

湛庐阅读 App：与最聪明的人共同进化

我们现在推出全新的湛庐阅读 App，它将成为您在书本之外，践行终身学习的场所。

- 不用考虑“读什么”。这里汇集了湛庐所有纸质书、电子书、有声书和各种阅读服务。
- 可以学习“怎么读”。我们提供包括课程、精读班和讲书在内的全方位阅读解决方案。
- 谁来领读？您能最先了解到作者、译者、专家等大咖的前沿洞见，他们是高质量思想的源泉。
- 与谁共读？您将加入优秀的读者和终身学习者的行列，他们对阅读和学习具有持久的热情和源源不断的动力。

在湛庐阅读 App 首页，编辑为您精选了经典书目和优质音视频内容，每天早、中、晚更新，满足您不间断的阅读需求。

【特别专题】【主题书单】【人物特写】等原创专栏，提供专业、深度的解读和选书参考，回应社会议题，是您了解湛庐近千位重要作者思想的独家渠道。

在每本图书的详情页，您将通过深度导读栏目【专家视点】【深度访谈】和【书评】读懂、读透一本好书。

通过这个不设限的学习平台，您在任何时间、任何地点都能获得有价值的思想，并通过阅读实现终身学习。我们邀您共建一个与最聪明的人共同进化的社区，使其成为先进思想交汇的聚集地，这正是我们的使命和价值所在。

北京市版权局著作权合同登记号　图字：01-2024-5808

图书在版编目（CIP）数据

黄仁勋：英伟达之芯 /（美）斯蒂芬·威特（Stephen Witt）著；周健工译. -- 北京：中国财政经济出版社，2024.12（2025.12重印）. -- ISBN 978-7-5223-3556-8

Ⅰ. K837.125.38

中国国家版本馆 CIP 数据核字第 2024B0E286 号

责任编辑：罗亚洪　潘　飞　　　　责任校对：张　凡
封面设计：ablackcover.com　　　责任印制：张　健

黄仁勋：英伟达之芯
HUANGRENXUN: YINGWEIDA ZHI XIN

中国财政经济出版社 出版
URL：http://www.cfeph.cn
E-mail:cfeph@cfemg.cn
（版权所有 翻印必究）
社址：北京市海淀区阜成路甲 28 号　　邮政编码：100142
营销中心电话：010-88191522
天猫网店：中国财政经济出版社旗舰店
网址：https：//zgczjjcbs.tmall.com
唐山富达印务有限公司印装　　各地新华书店经销
成品尺寸：170mm×230mm　　16 开　　24.75 印张　　282 300 字
2024 年 12 月第 1 版　　2025 年 12 月河北第 4 次印刷
定价：89.90 元
ISBN 978-7-5223-3556-8
（图书出现印装问题，本社负责调换，电话：010-88190548）
本社图书质量投诉电话：010-88190744
打击盗版举报热线：010-88191661　　QQ：2242791300